Ich bin eine Spinne, na und? 3

Zeichnungen:
Asahiro Kakashi

Story:
Okina Baba

Charakterdesign:
Tsukasa Kiryu

Ich bin eine Spinne, na und?

INHALT

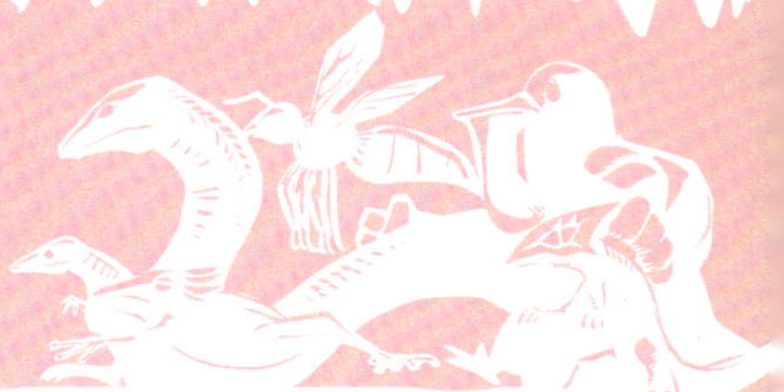

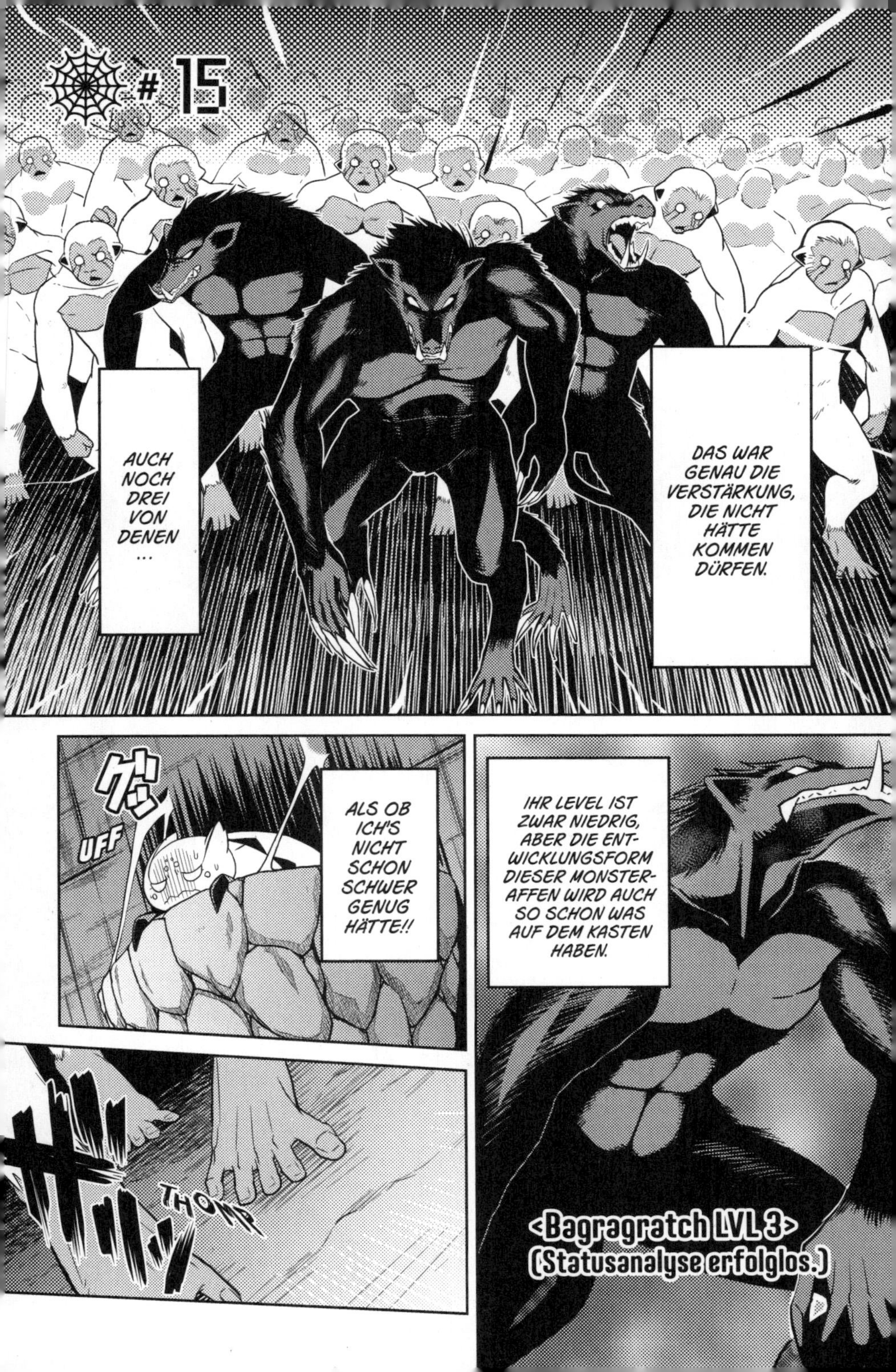
#15
DAS WAR GENAU DIE VERSTÄRKUNG, DIE NICHT HÄTTE KOMMEN DÜRFEN.
AUCH NOCH DREI VON DENEN …
IHR LEVEL IST ZWAR NIEDRIG, ABER DIE ENT-WICKLUNGSFORM DIESER MONSTER-AFFEN WIRD AUCH SO SCHON WAS AUF DEM KASTEN HABEN.
<Bagragratch LVL 3>
(Statusanalyse erfolglos.)
ALS OB ICH'S NICHT SCHON SCHWER GENUG HÄTTE!!
UFF
THOMP

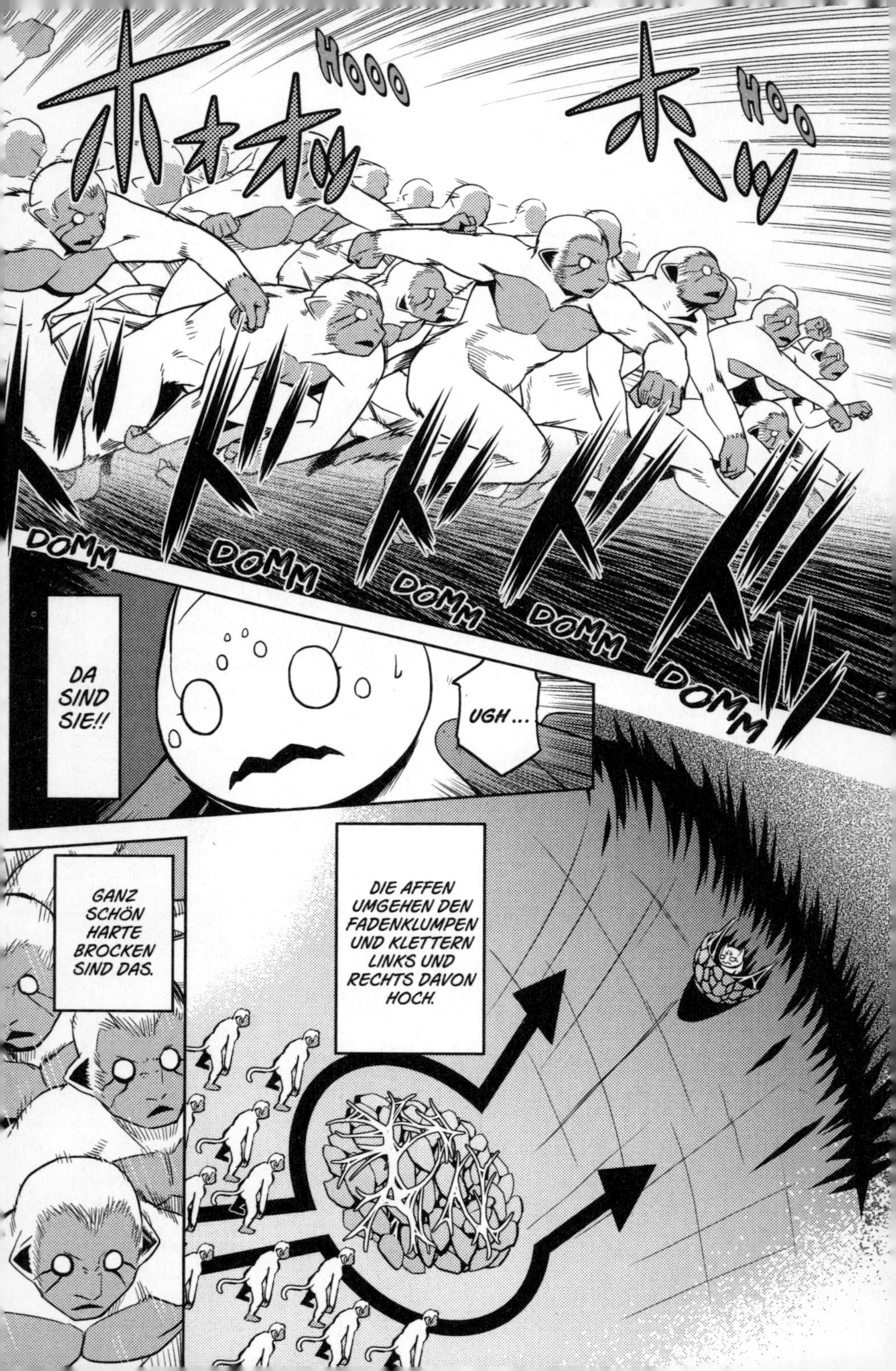
HOO
HOOO
DOMM
DOMM
DOMM
DOMM
DOMM
UGH ...
DA SIND SIE!!
DIE AFFEN UMGEHEN DEN FADENKLUMPEN UND KLETTERN LINKS UND RECHTS DAVON HOCH.
GANZ SCHÖN HARTE BROCKEN SIND DAS.

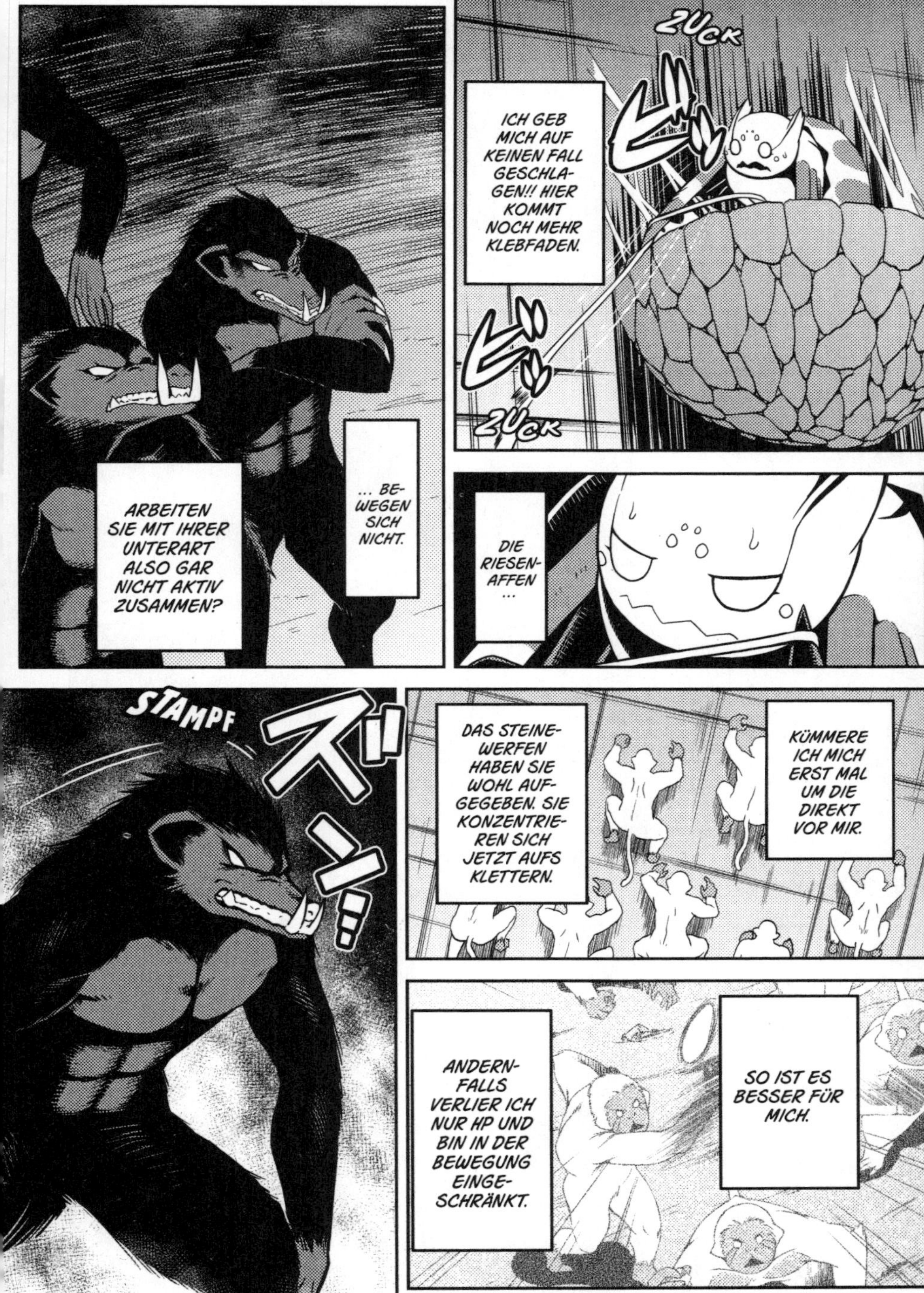
ZUCK
ICH GEB MICH AUF KEINEN FALL GESCHLA-GEN!! HIER KOMMT NOCH MEHR KLEBFADEN.
ZUCK
DIE RIESEN-AFFEN …
… BE-WEGEN SICH NICHT.
ARBEITEN SIE MIT IHRER UNTERART ALSO GAR NICHT AKTIV ZUSAMMEN?
KÜMMERE ICH MICH ERST MAL UM DIE DIREKT VOR MIR.
DAS STEINE-WERFEN HABEN SIE WOHL AUF-GEGEBEN. SIE KONZENTRIE-REN SICH JETZT AUFS KLETTERN.
SO IST ES BESSER FÜR MICH.
ANDERN-FALLS VERLIER ICH NUR HP UND BIN IN DER BEWEGUNG EINGE-SCHRÄNKT.
STAMPF

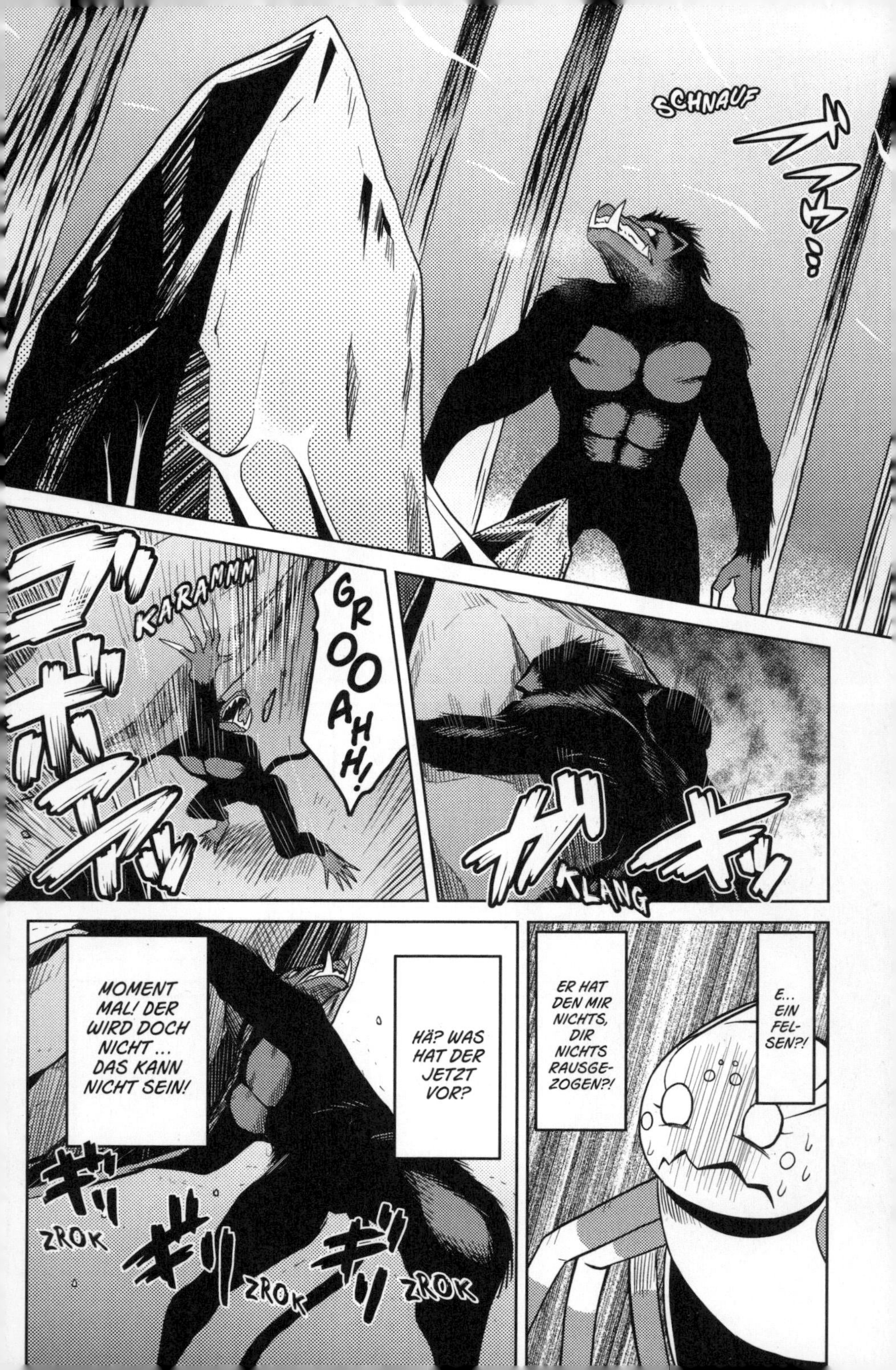

SCHNAUF
GROOOAHH!
KARAMMM
KLANG
E… EIN FEL-SEN?!
ER HAT DEN MIR NICHTS, DIR NICHTS RAUSGE-ZOGEN?!
HÄ? WAS HAT DER JETZT VOR?
MOMENT MAL! DER WIRD DOCH NICHT … DAS KANN NICHT SEIN!
ZROK
ZROK
ZROK

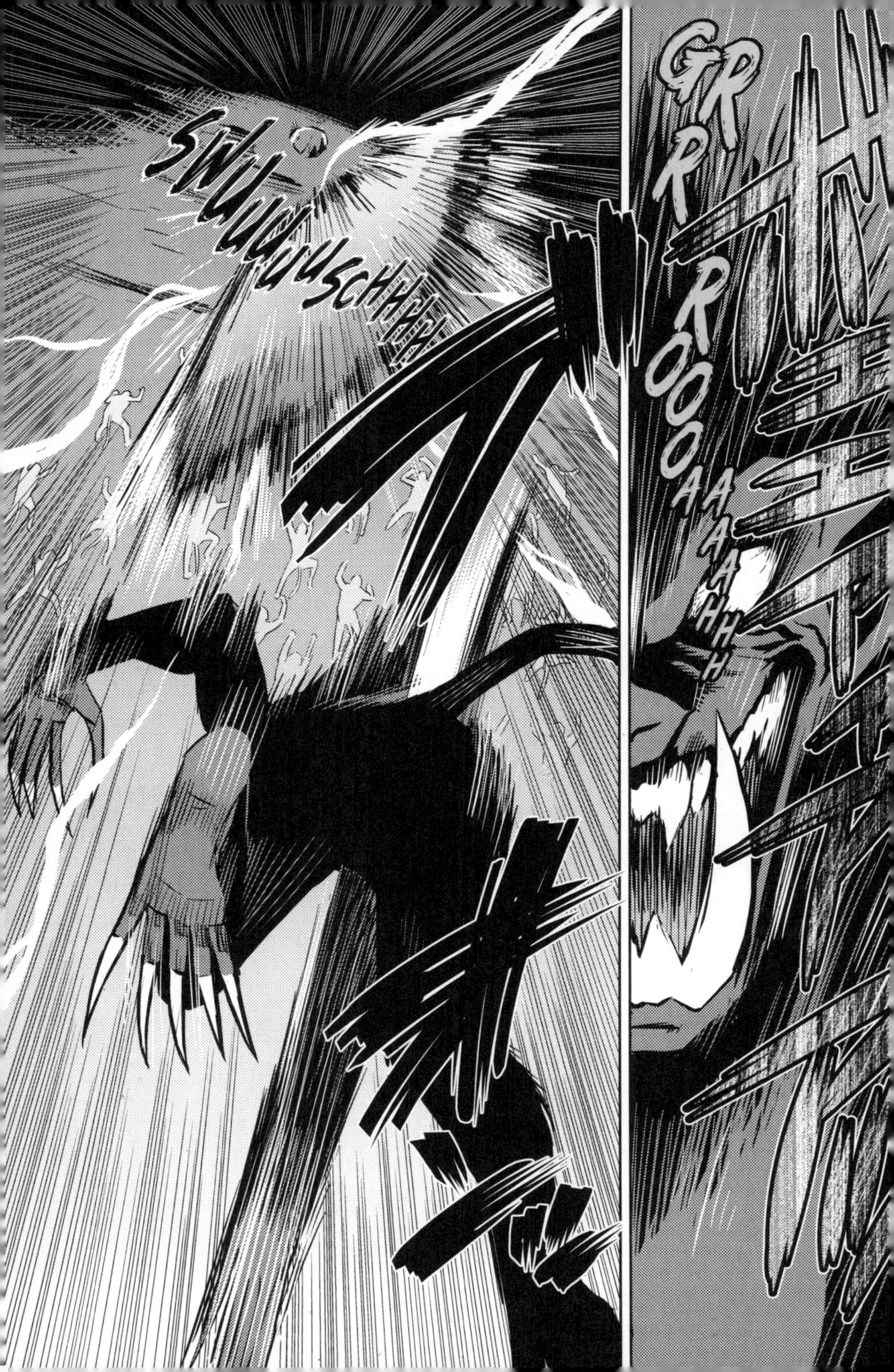
SWUUUUSCHHHH
GRRROOOAAAAHHH

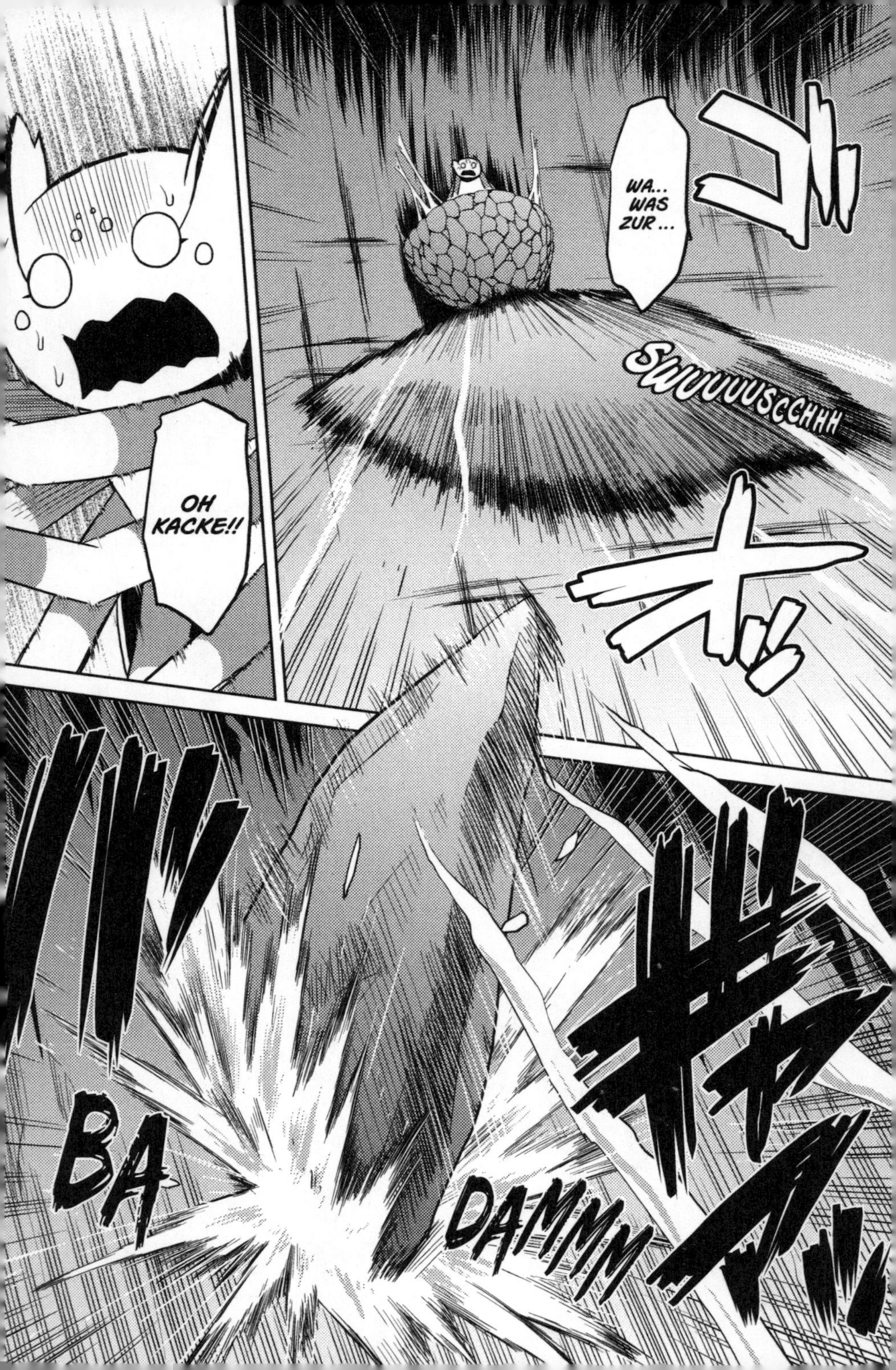
WA... WAS ZUR ...
SWUUUUSCCHHH
OH KACKE!!
BA
DAMMM

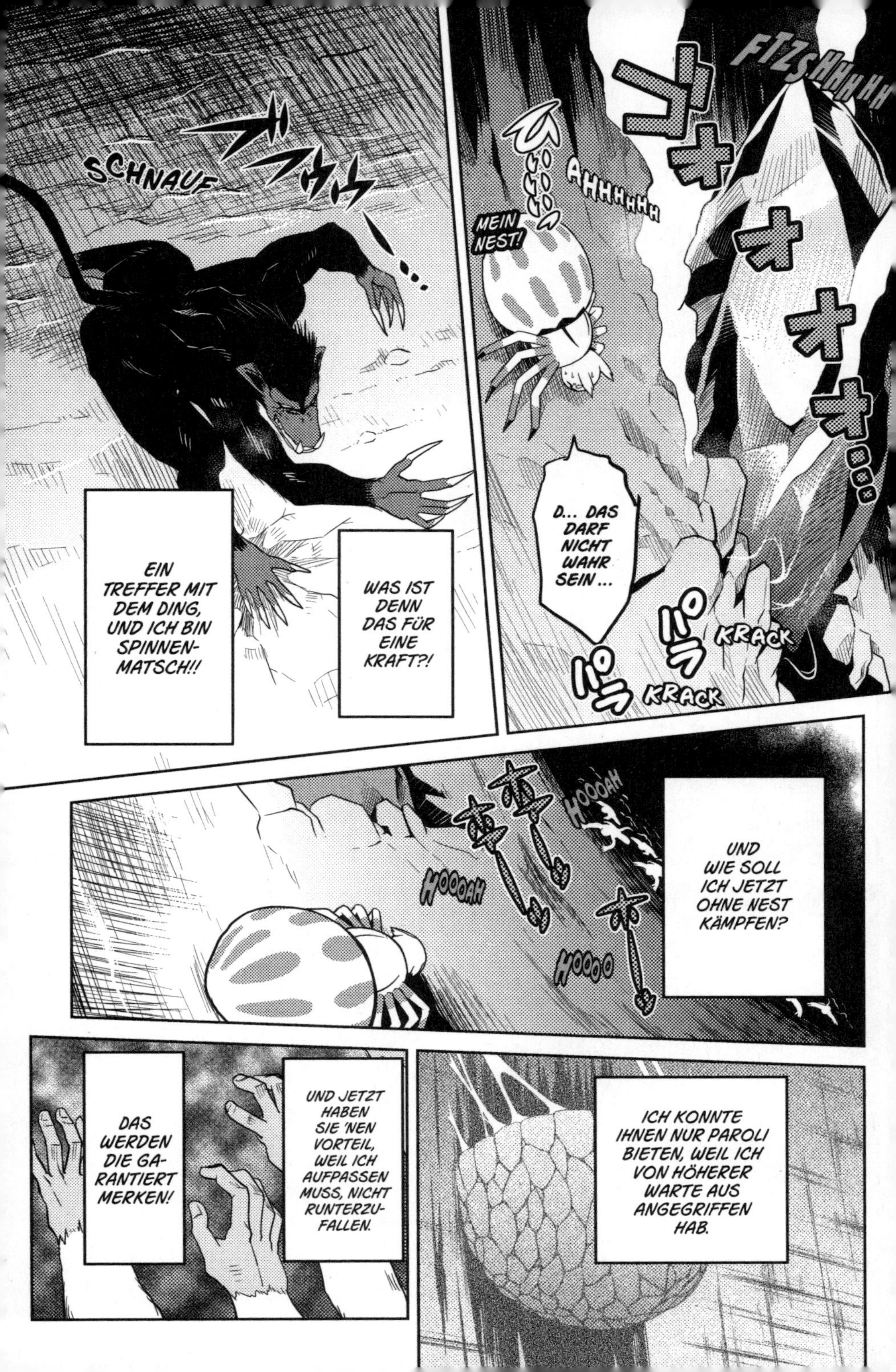

FTZSHHHHH
MEIN NEST!
AHHHHHH
D... DAS DARF NICHT WAHR SEIN ...
KRACK
KRACK
SCHNAUF
WAS IST DENN DAS FÜR EINE KRAFT?!
EIN TREFFER MIT DEM DING, UND ICH BIN SPINNEN-MATSCH!!
HOOOAH
HOOOAH
HOOOO
UND WIE SOLL ICH JETZT OHNE NEST KÄMPFEN?
ICH KONNTE IHNEN NUR PAROLI BIETEN, WEIL ICH VON HÖHERER WARTE AUS ANGEGRIFFEN HAB.
UND JETZT HABEN SIE 'NEN VORTEIL, WEIL ICH AUFPASSEN MUSS, NICHT RUNTERZU-FALLEN.
DAS WERDEN DIE GA-RANTIERT MERKEN!

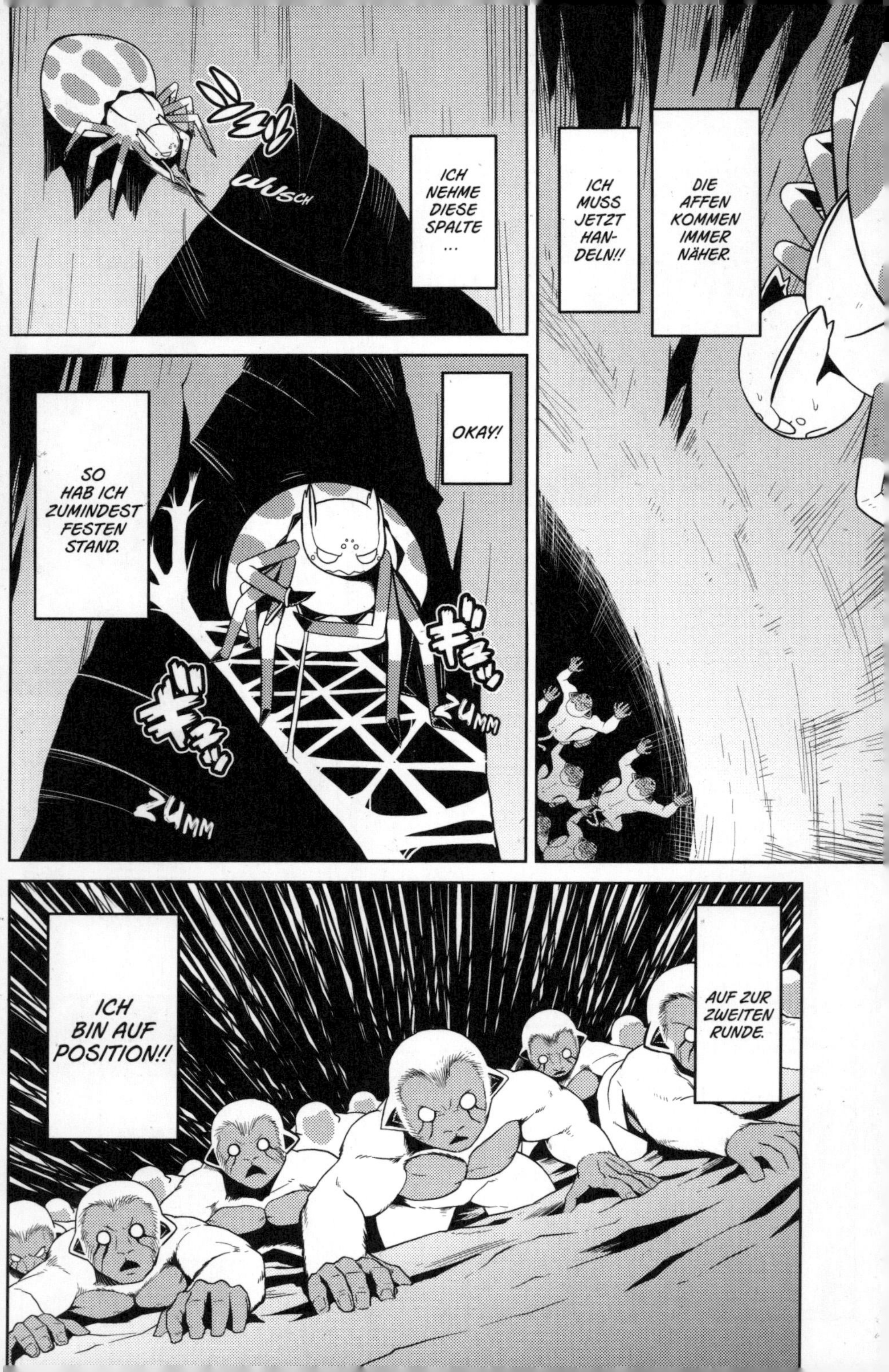
DIE AFFEN KOMMEN IMMER NÄHER.
ICH MUSS JETZT HAN-DELN!!
ICH NEHME DIESE SPALTE ...
WUSCH
OKAY!
SO HAB ICH ZUMINDEST FESTEN STAND.
ZUMM
ZUMM
AUF ZUR ZWEITEN RUNDE.
ICH BIN AUF POSITION!!

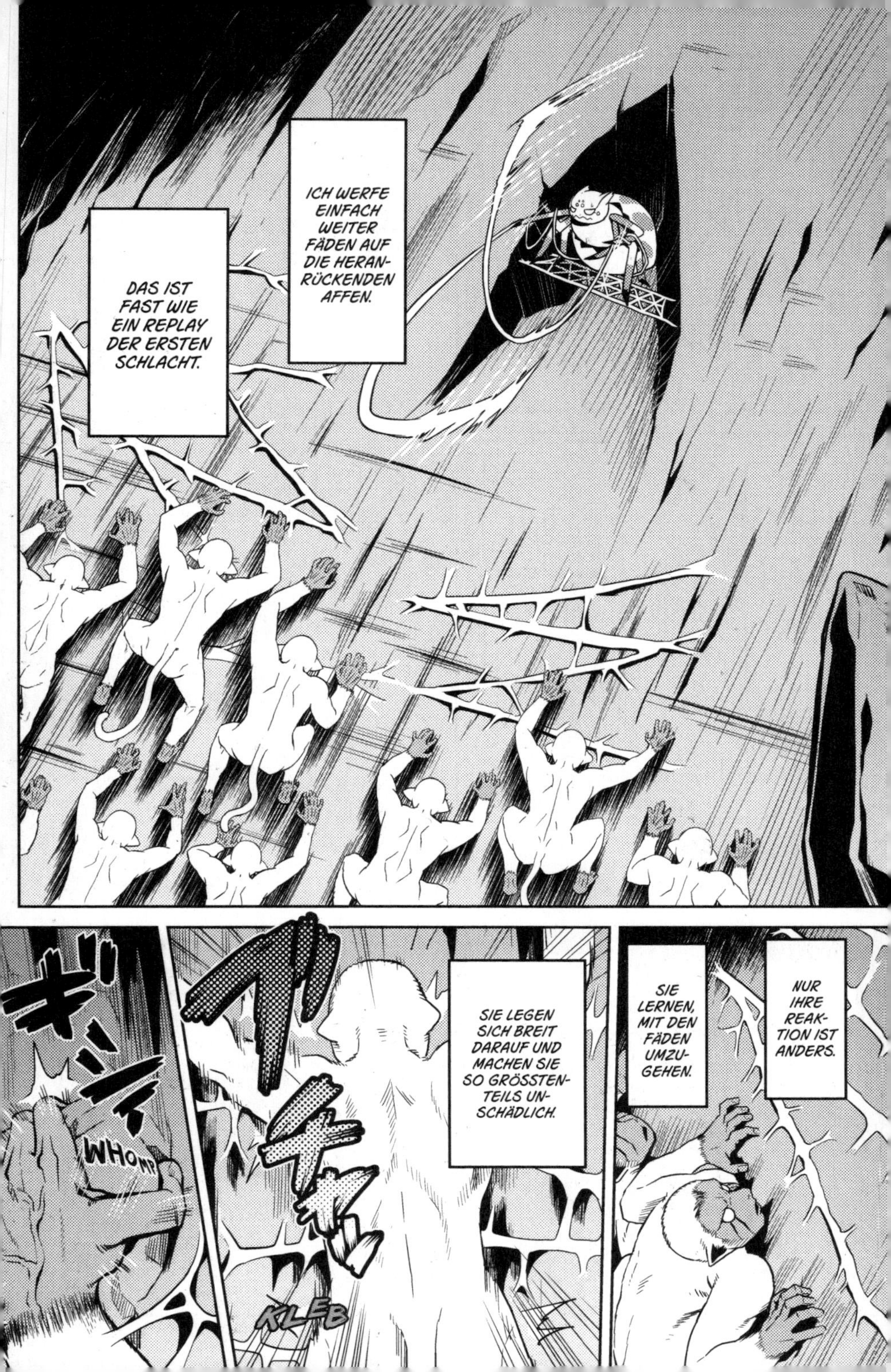
ICH WERFE EINFACH WEITER FÄDEN AUF DIE HERAN-RÜCKENDEN AFFEN.
DAS IST FAST WIE EIN REPLAY DER ERSTEN SCHLACHT.
NUR IHRE REAKTION IST ANDERS.
SIE LERNEN, MIT DEN FÄDEN UMZU-GEHEN.
SIE LEGEN SICH BREIT DARAUF UND MACHEN SIE SO GRÖSSTEN-TEILS UN-SCHÄDLICH.
KLEB
WHOMP

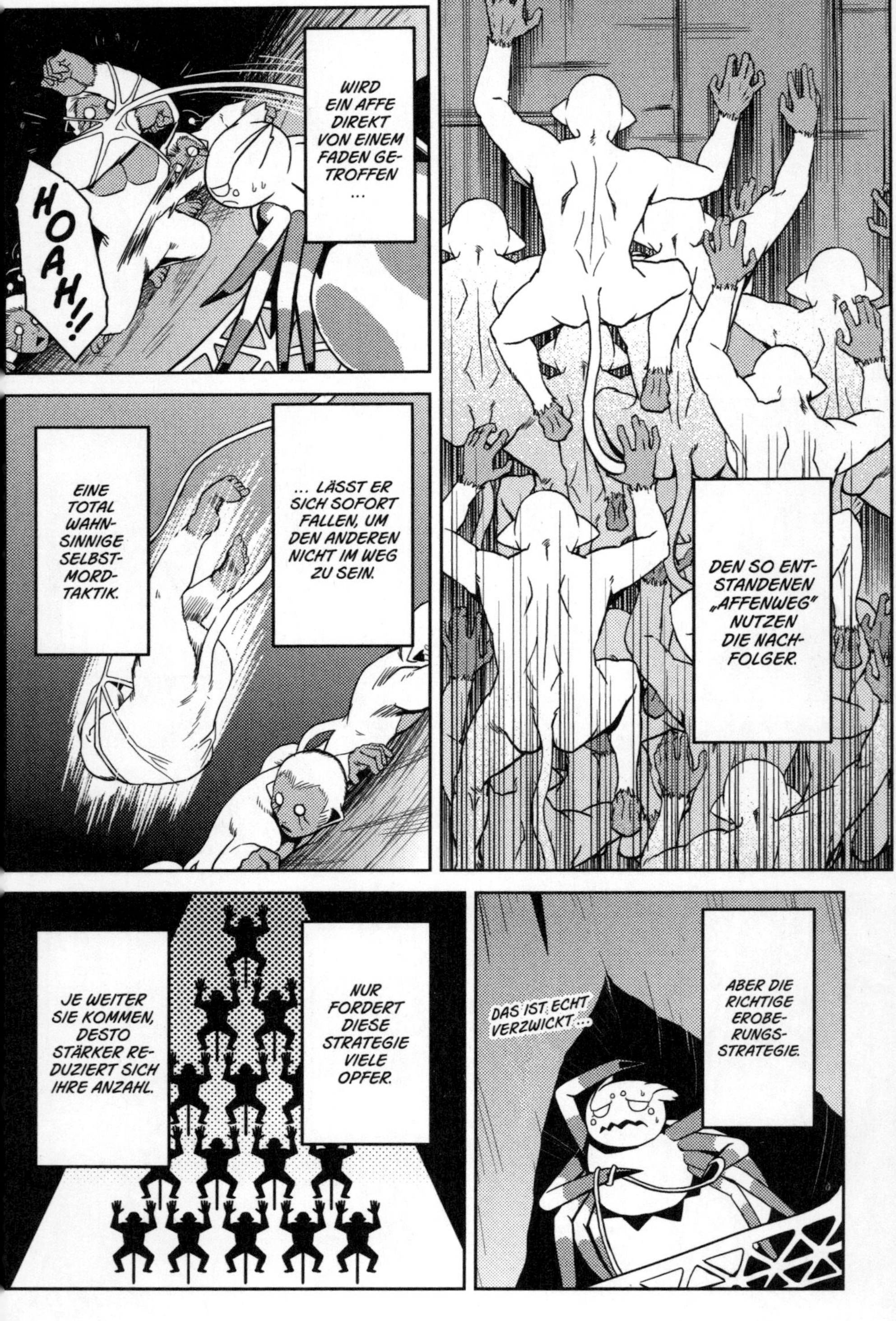
WIRD EIN AFFE DIREKT VON EINEM FADEN GETROFFEN …
HOAH!!
… LÄSST ER SICH SOFORT FALLEN, UM DEN ANDEREN NICHT IM WEG ZU SEIN.
EINE TOTAL WAHNSINNIGE SELBSTMORDTAKTIK.
DEN SO ENTSTANDENEN „AFFENWEG“ NUTZEN DIE NACHFOLGER.
NUR FORDERT DIESE STRATEGIE VIELE OPFER.
JE WEITER SIE KOMMEN, DESTO STÄRKER REDUZIERT SICH IHRE ANZAHL.
ABER DIE RICHTIGE EROBERUNGSSTRATEGIE.
DAS IST ECHT VERZWICKT …

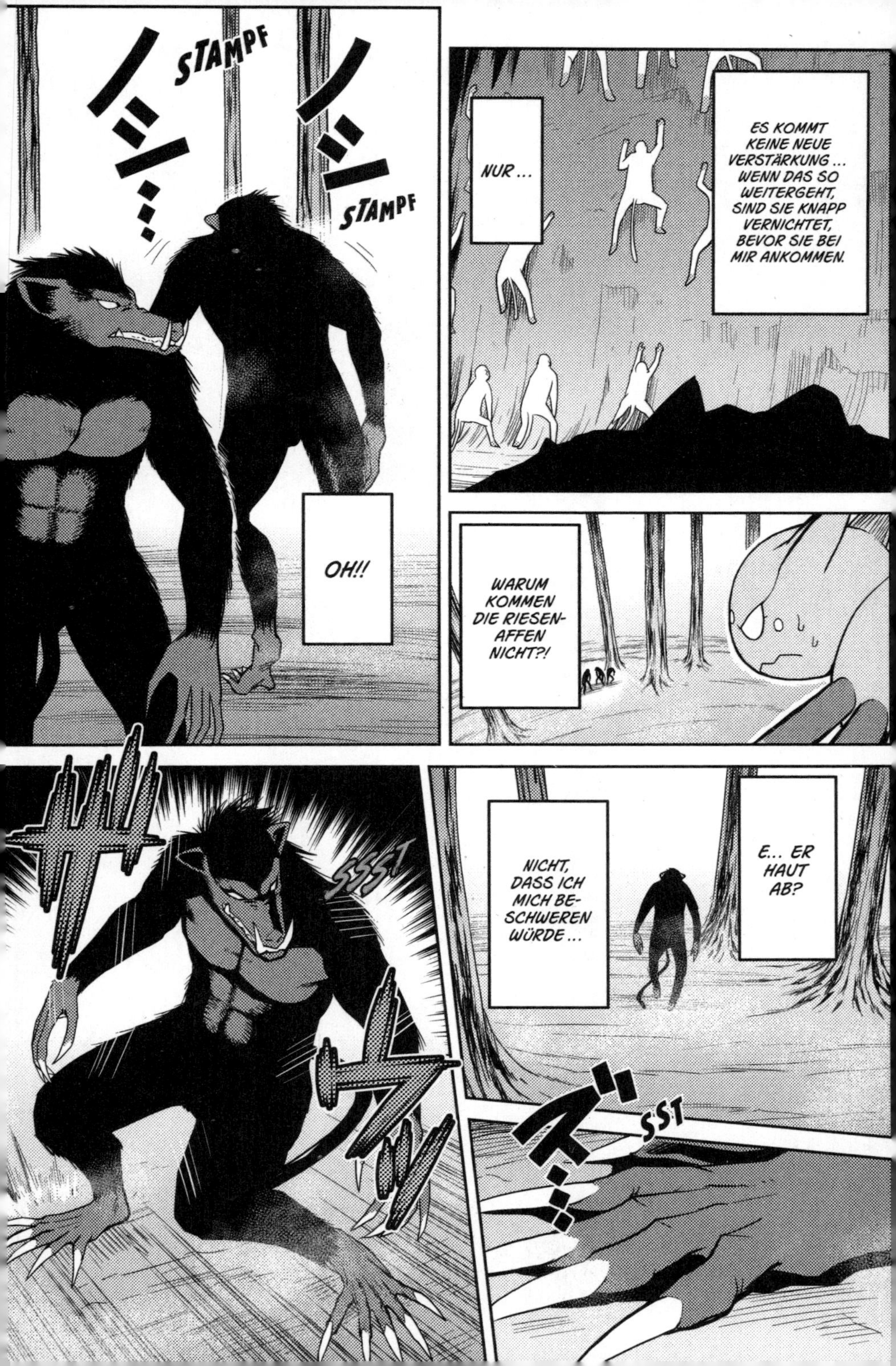
ES KOMMT KEINE NEUE VERSTÄRKUNG … WENN DAS SO WEITERGEHT, SIND SIE KNAPP VERNICHTET, BEVOR SIE BEI MIR ANKOMMEN.
NUR …
WARUM KOMMEN DIE RIESEN-AFFEN NICHT?!
STAMPF
STAMPF
OH!!
E… ER HAUT AB?
NICHT, DASS ICH MICH BE-SCHWEREN WÜRDE …
SST
SSST

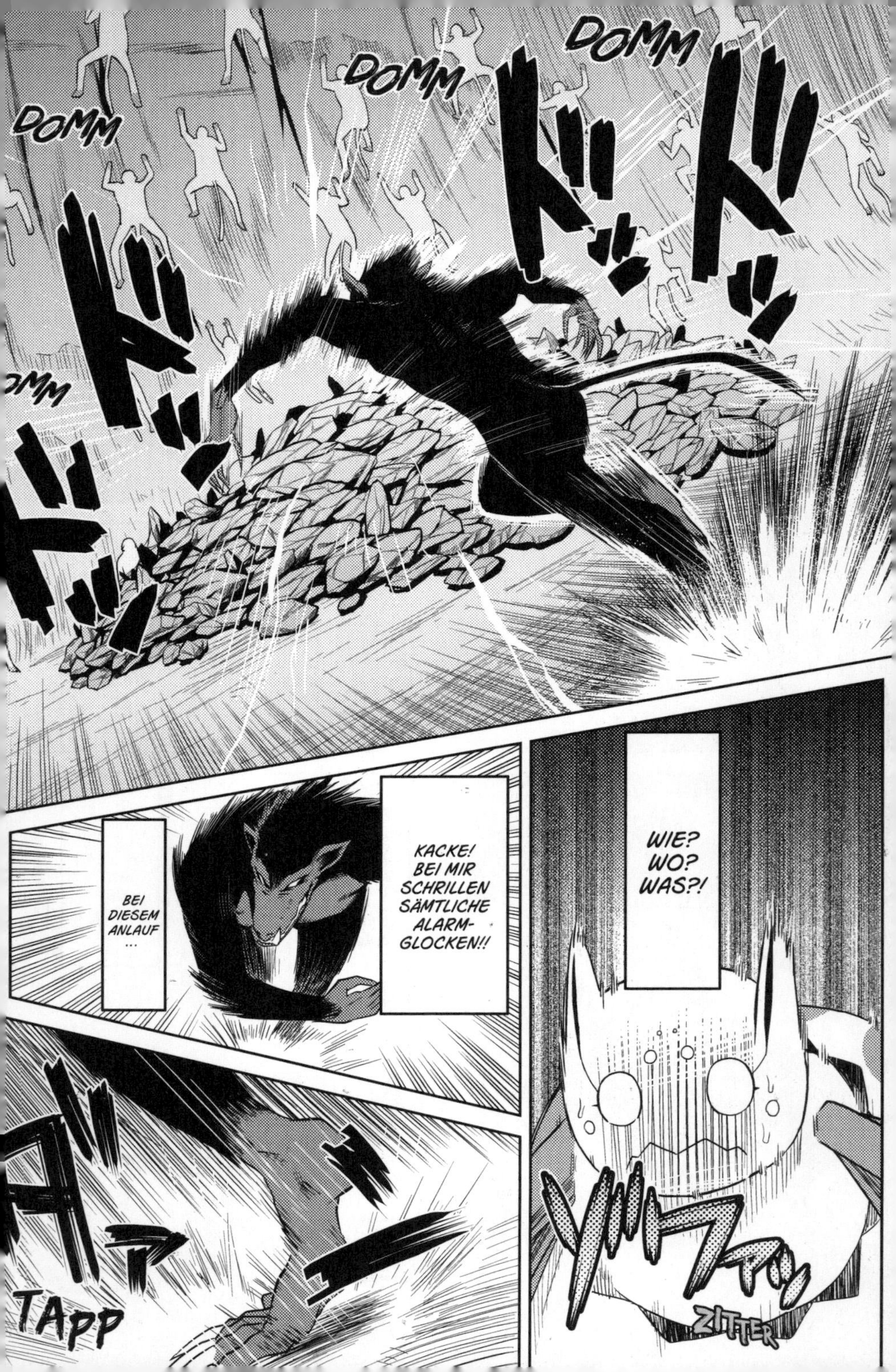
DOMM
DOMM
DOMM
DOMM
KACKE! BEI MIR SCHRILLEN SÄMTLICHE ALARM-GLOCKEN!!
BEI DIESEM ANLAUF …
WIE? WO? WAS?!
ZITTER
TAPP

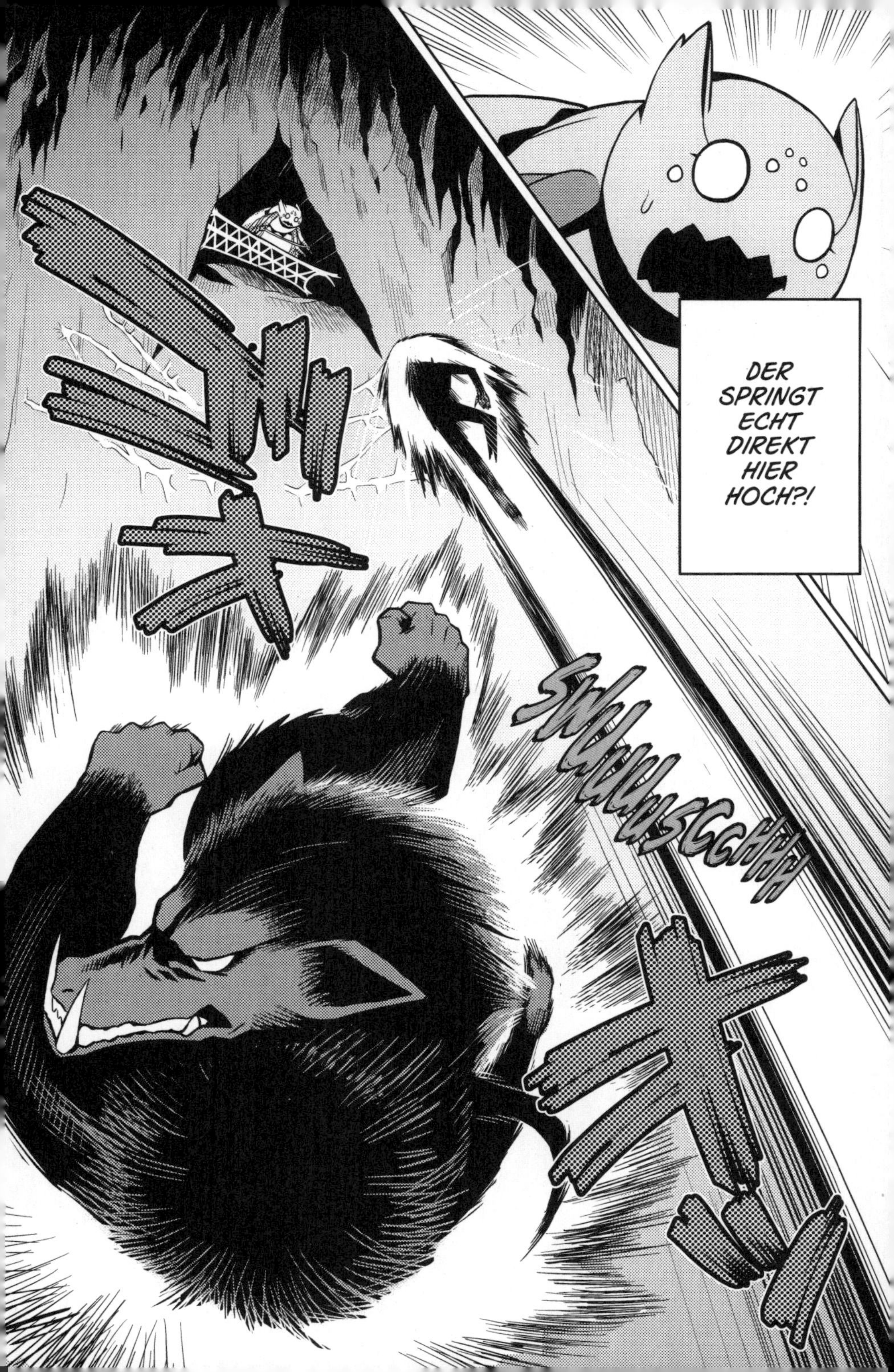
DER SPRINGT ECHT DIREKT HIER HOCH?!
SWUUUSCCHHH

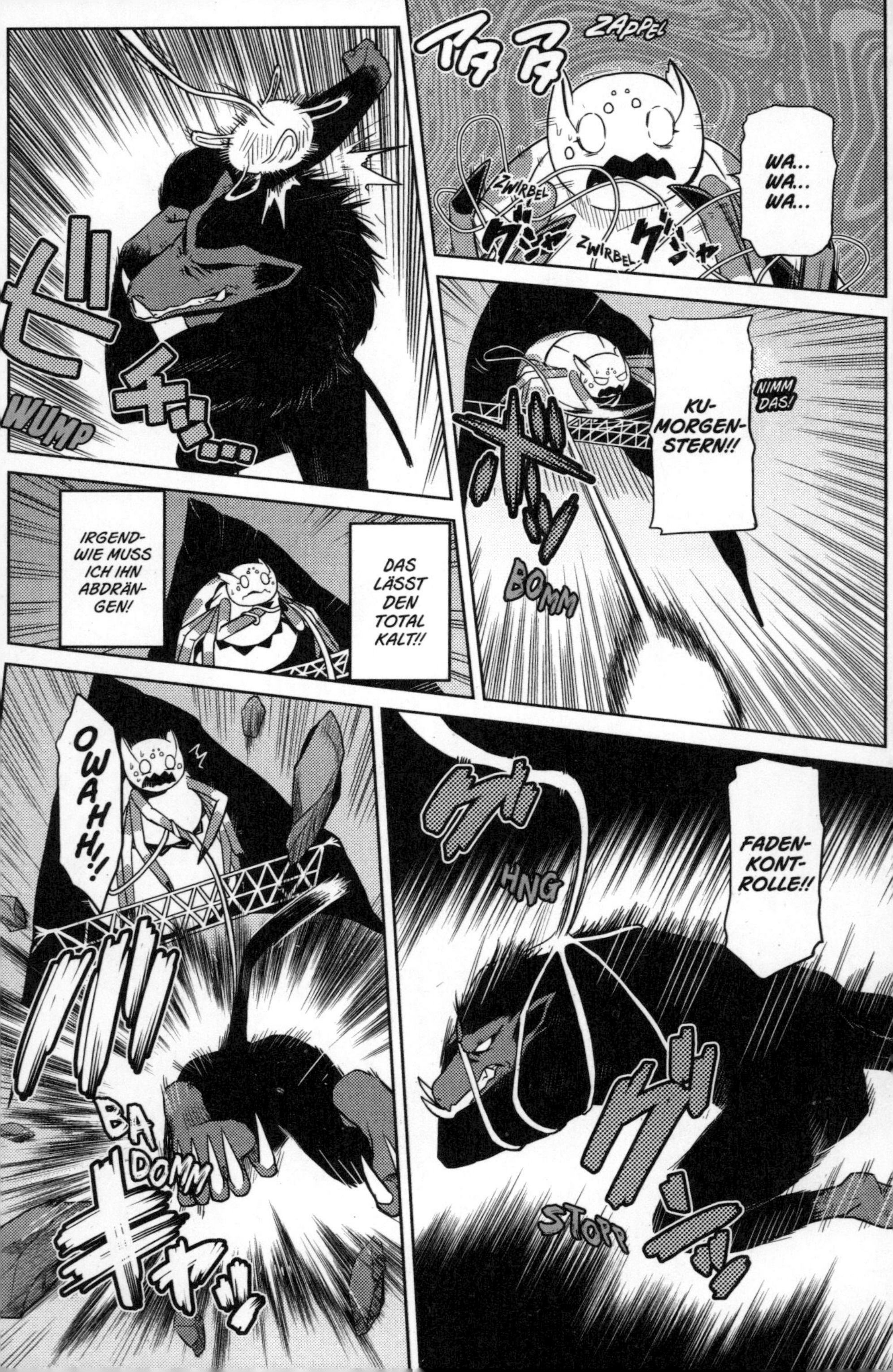
ZAPPEL
WA... WA... WA...
ZWIRBEL
ZWIRBEL
WUMP
NIMM DAS!
KU-MORGEN-STERN!!
BOMM
DAS LÄSST DEN TOTAL KALT!!
IRGEND-WIE MUSS ICH IHN ABDRÄN-GEN!
FADEN-KONT-ROLLE!!
HNG
STOPP
OWAHH!!
BA DOMM

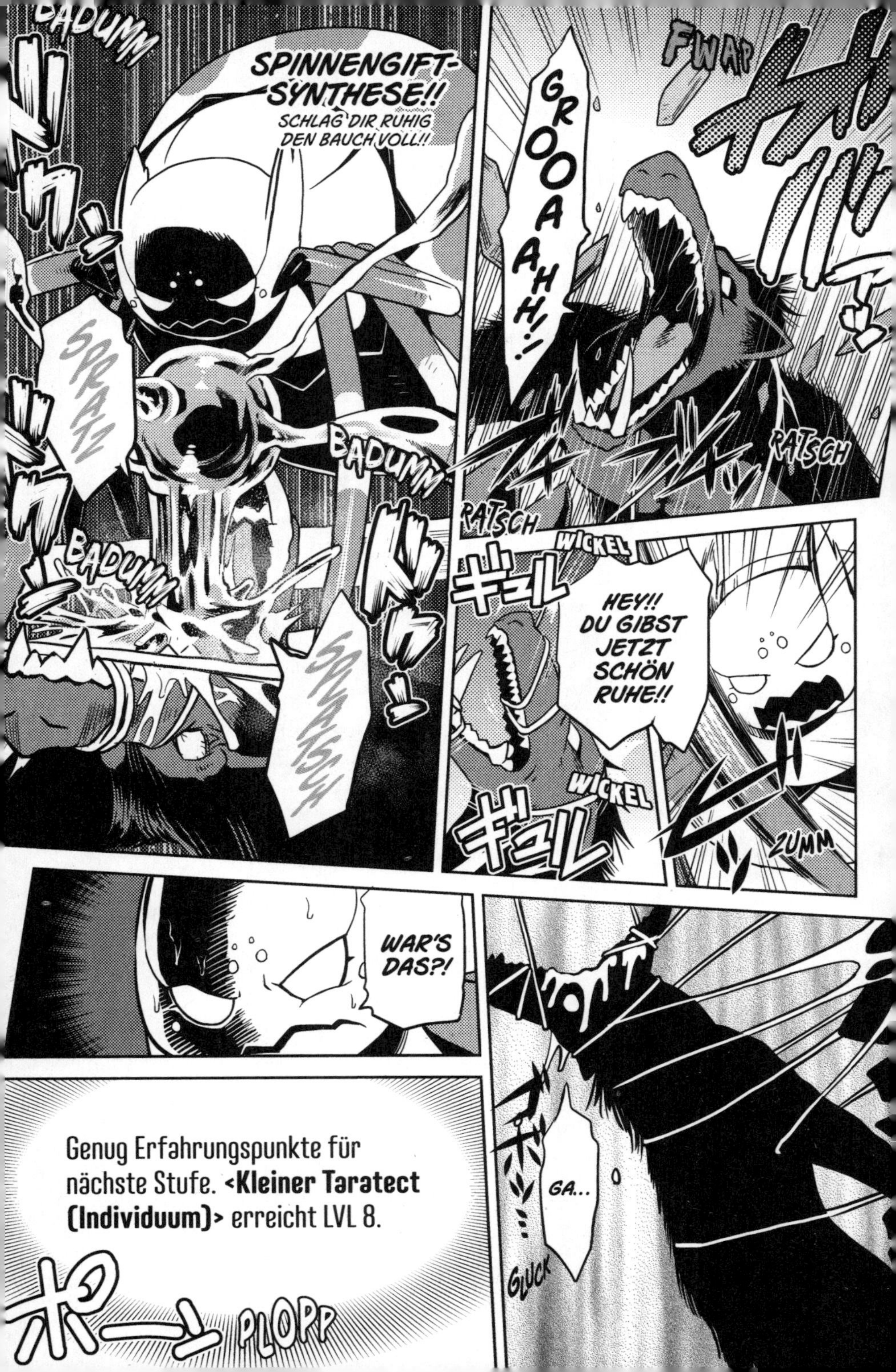

GROOOAAHH!!
FWAP
SPINNENGIFT-SYNTHESE!!
SCHLAG DIR RUHIG DEN BAUCH VOLL!!
BADUMM
SPRAZZ
BADUMM
BADUMM
SPLASCH
RATSCH
RATSCH
WICKEL
HEY!! DU GIBST JETZT SCHÖN RUHE!!
WICKEL
ZUMM
WAR'S DAS?!
GA...
GLUCK
Genug Erfahrungspunkte für nächste Stufe. **<Kleiner Taratect (Individuum)>** erreicht LVL 8.
PLOPP

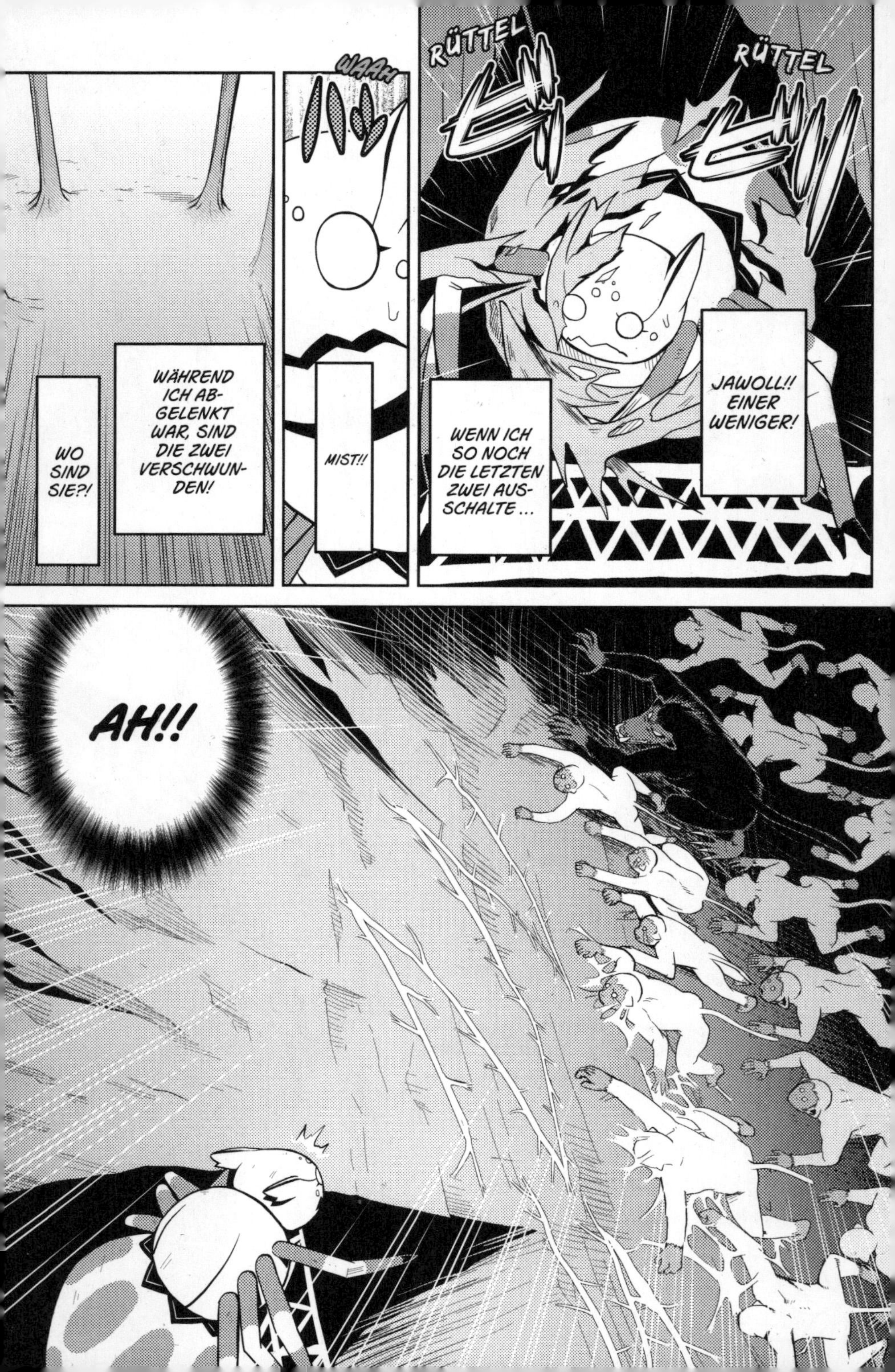
RÜTTEL
RÜTTEL
JAWOLL!! EINER WENIGER!
WENN ICH SO NOCH DIE LETZTEN ZWEI AUS-SCHALTE …
WAAH
MIST!!
WÄHREND ICH AB-GELENKT WAR, SIND DIE ZWEI VERSCHWUN-DEN!
WO SIND SIE?!
AH!!

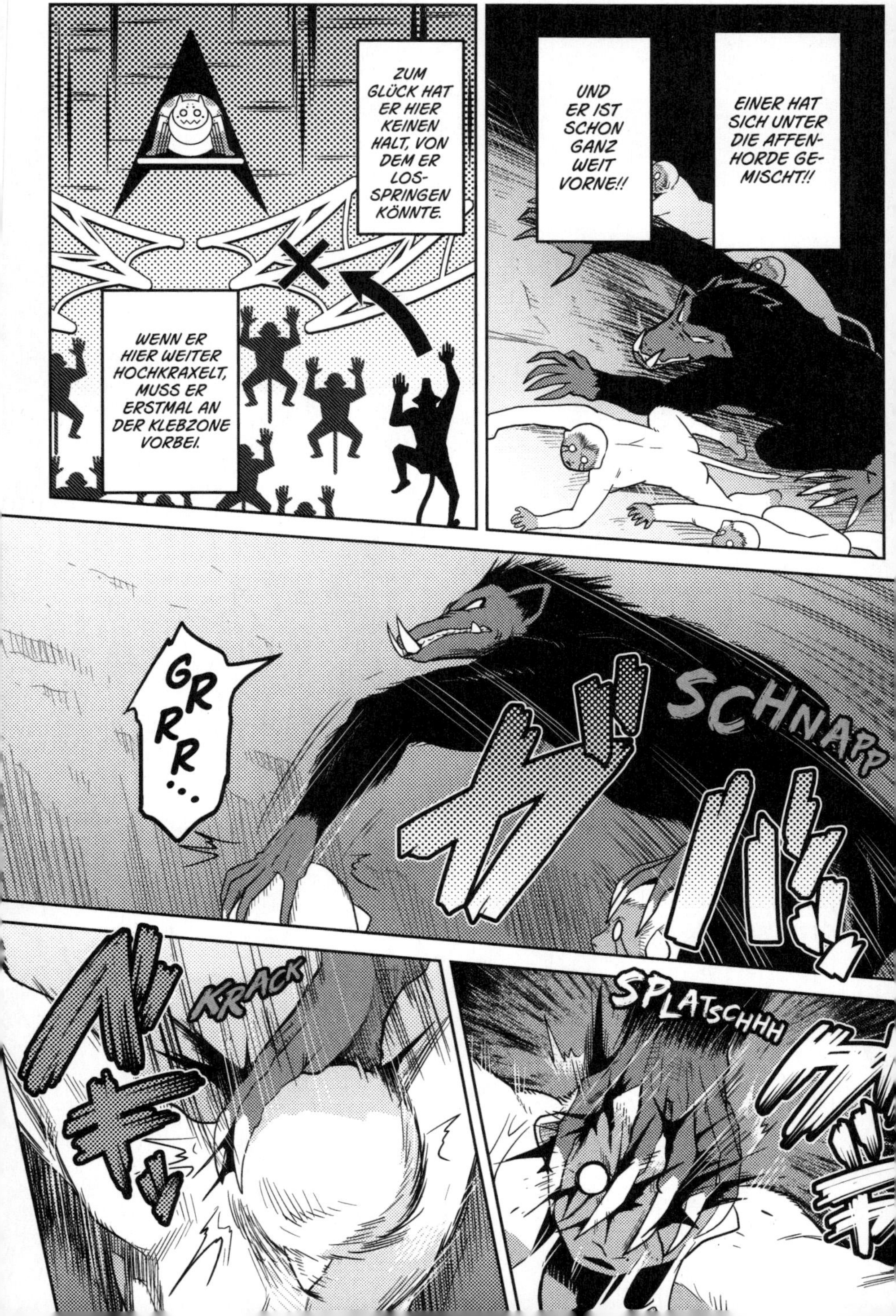

EINER HAT SICH UNTER DIE AFFEN-HORDE GE-MISCHT!!
UND ER IST SCHON GANZ WEIT VORNE!!
ZUM GLÜCK HAT ER HIER KEINEN HALT, VON DEM ER LOS-SPRINGEN KÖNNTE.
WENN ER HIER WEITER HOCHKRAXELT, MUSS ER ERSTMAL AN DER KLEBZONE VORBEI.
SCHNAPP
GRRR...
SPLATSCHHH
KRACK

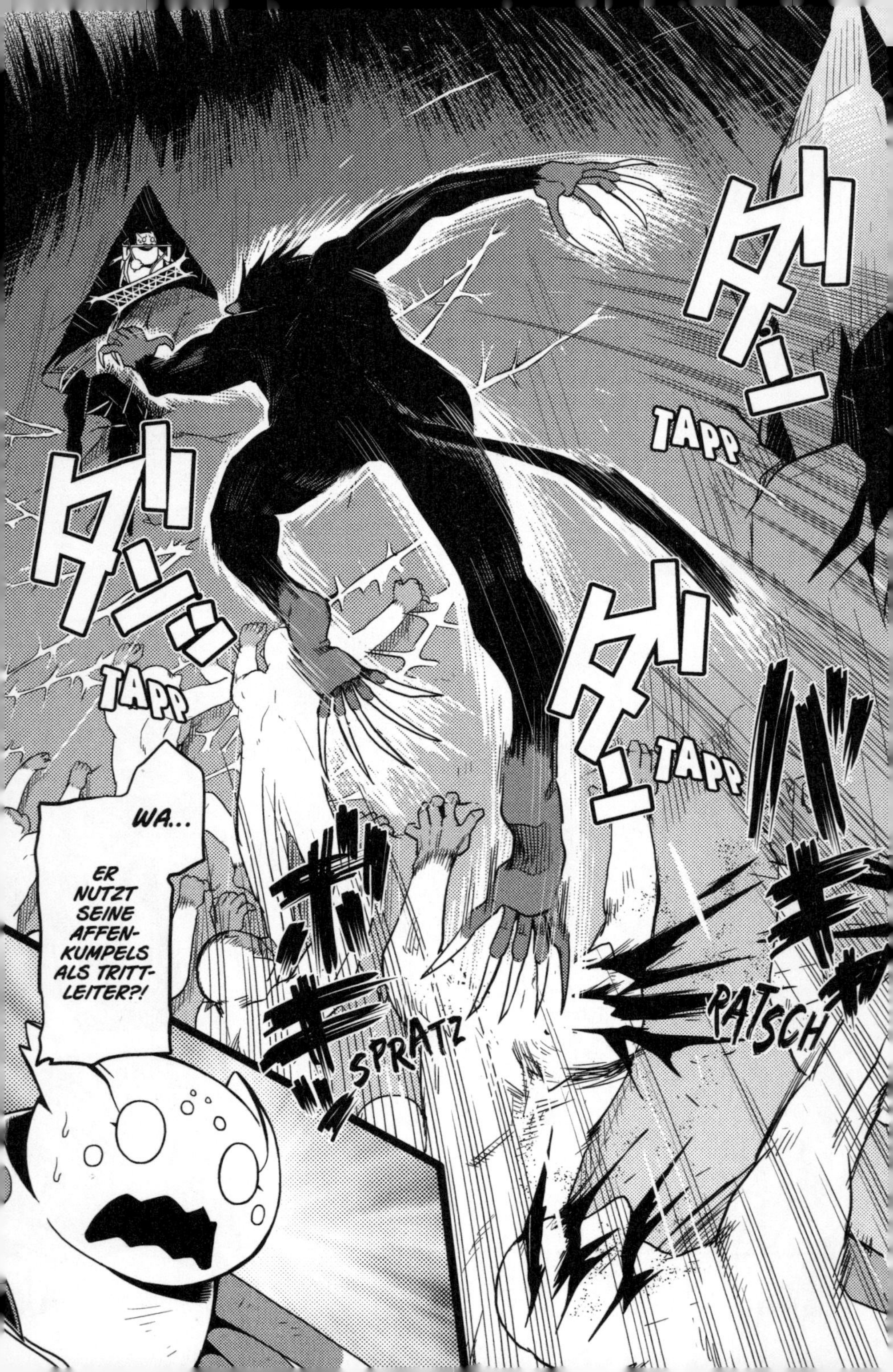
TAPP
TAPP
TAPP
WA...
ER NUTZT SEINE AFFEN-KUMPELS ALS TRITT-LEITER?!
RATSCH
SPRATZ

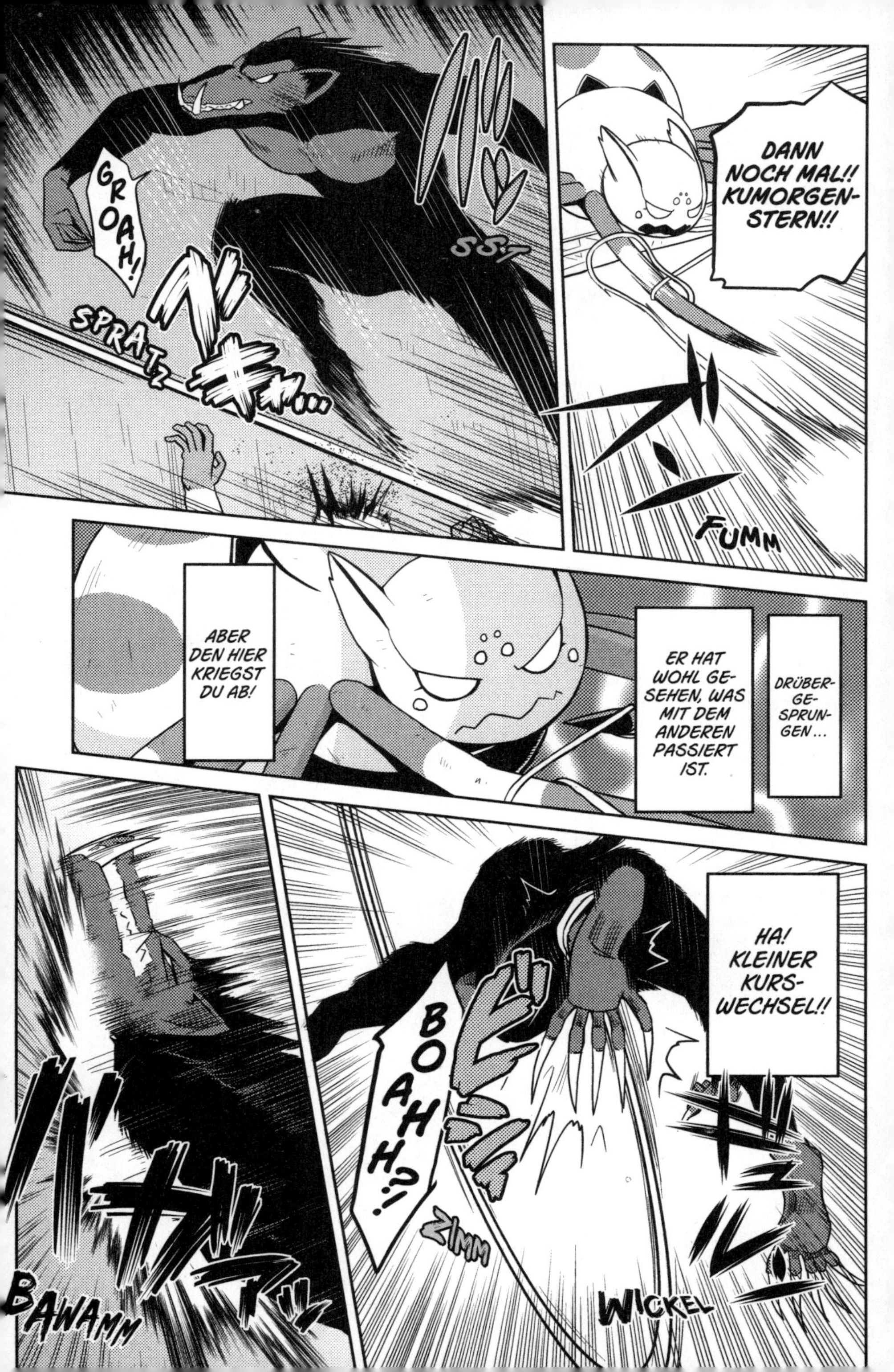
DANN NOCH MAL!! KUMORGENSTERN!!
FUMM
GROAH!
SPRATZ...
DRÜBERGESPRUNGEN ...
ER HAT WOHL GESEHEN, WAS MIT DEM ANDEREN PASSIERT IST.
ABER DEN HIER KRIEGST DU AB!
HA! KLEINER KURSWECHSEL!!
BOAHH?!
ZIMM
WICKEL
BAWAMM

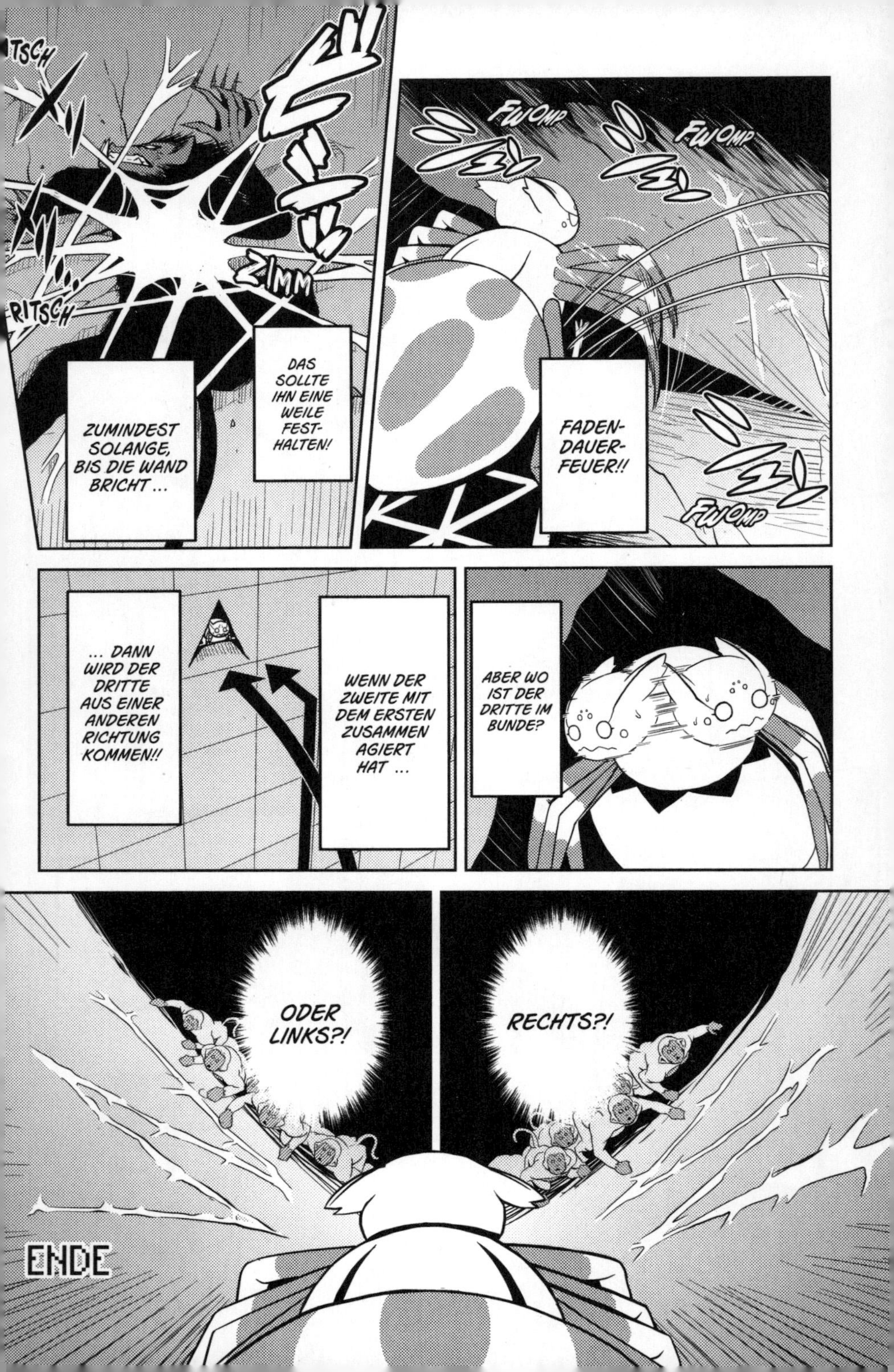
FWOMP
FWOMP
FADEN-DAUERFEUER!!
FWOMP
ZIMM
DAS SOLLTE IHN EINE WEILE FESTHALTEN!
ZUMINDEST SOLANGE, BIS DIE WAND BRICHT …
RITSCH
ABER WO IST DER DRITTE IM BUNDE?
WENN DER ZWEITE MIT DEM ERSTEN ZUSAMMEN AGIERT HAT …
… DANN WIRD DER DRITTE AUS EINER ANDEREN RICHTUNG KOMMEN!!
RECHTS?!
ODER LINKS?!
ENDE

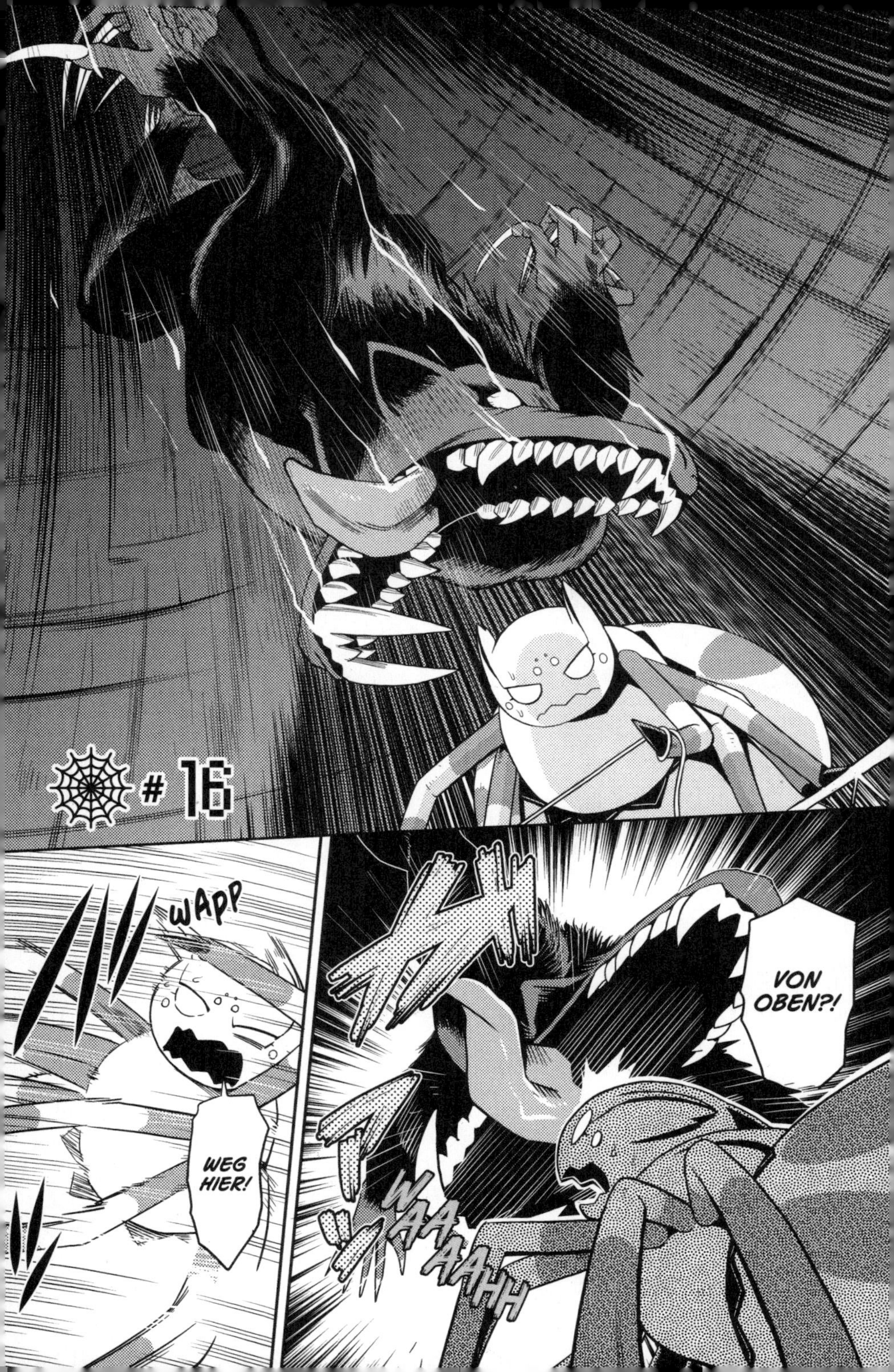
#16
VON OBEN?!
WAAAAAHH
WAPP
WEG HIER!

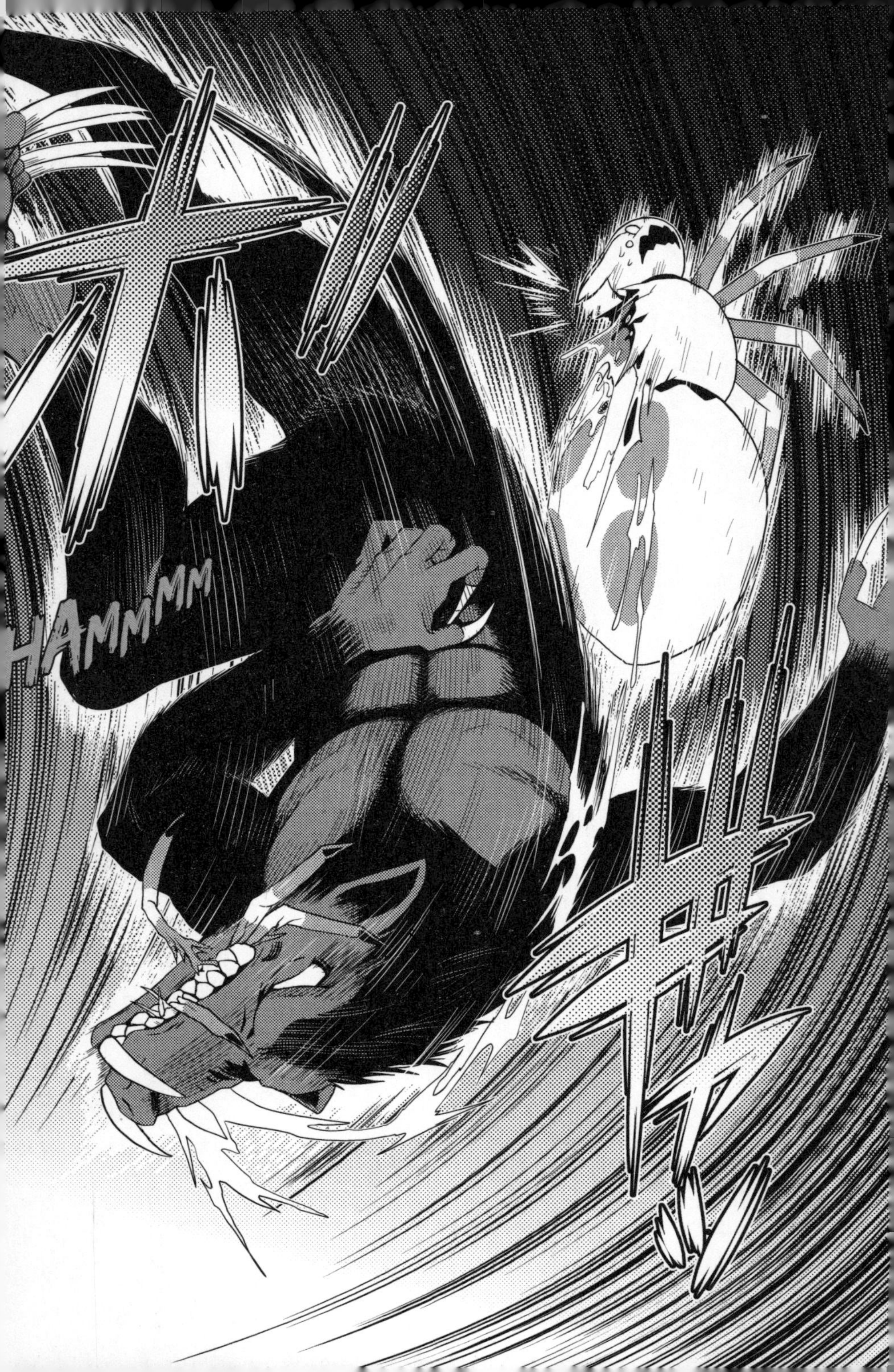
HAMMMMM

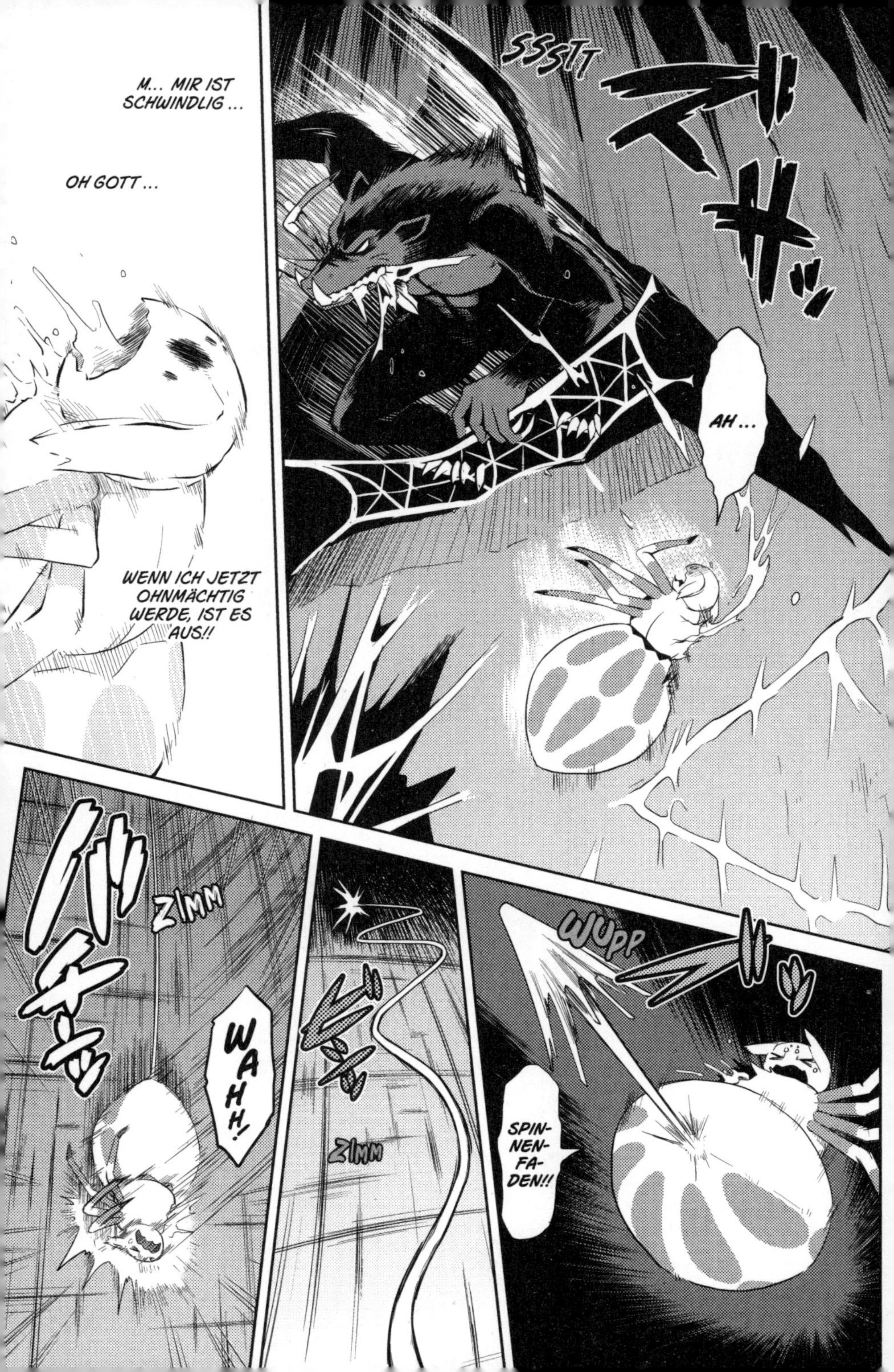
SSSTT
M… MIR IST SCHWINDLIG …
OH GOTT …
AH …
WENN ICH JETZT OHNMÄCHTIG WERDE, IST ES AUS!!
WUPP
SPIN-NEN-FA-DEN!!
ZIMM
ZIMM
WAHH!

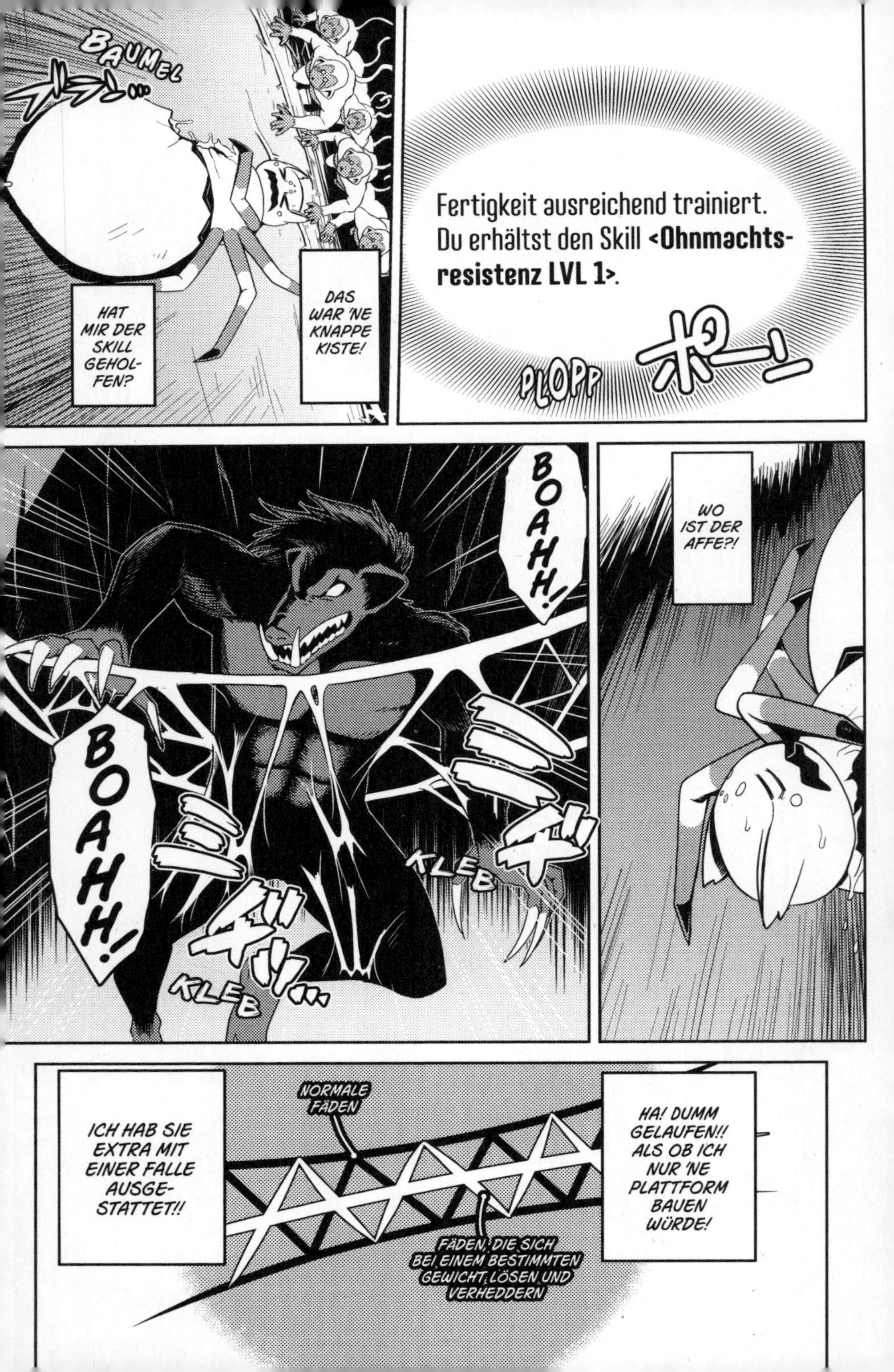
Fertigkeit ausreichend trainiert. Du erhältst den Skill <Ohnmachts-resistenz LVL 1>.
PLOPP
BAUMEL
DAS WAR 'NE KNAPPE KISTE!
HAT MIR DER SKILL GEHOLFEN?
WO IST DER AFFE?!
BOAHH!
BOAHH!
KLEB
KLEB
HA! DUMM GELAUFEN!! ALS OB ICH NUR 'NE PLATTFORM BAUEN WÜRDE!
NORMALE FÄDEN
FÄDEN, DIE SICH BEI EINEM BESTIMMTEN GEWICHT LÖSEN UND VERHEDDERN
ICH HAB SIE EXTRA MIT EINER FALLE AUSGESTATTET!!

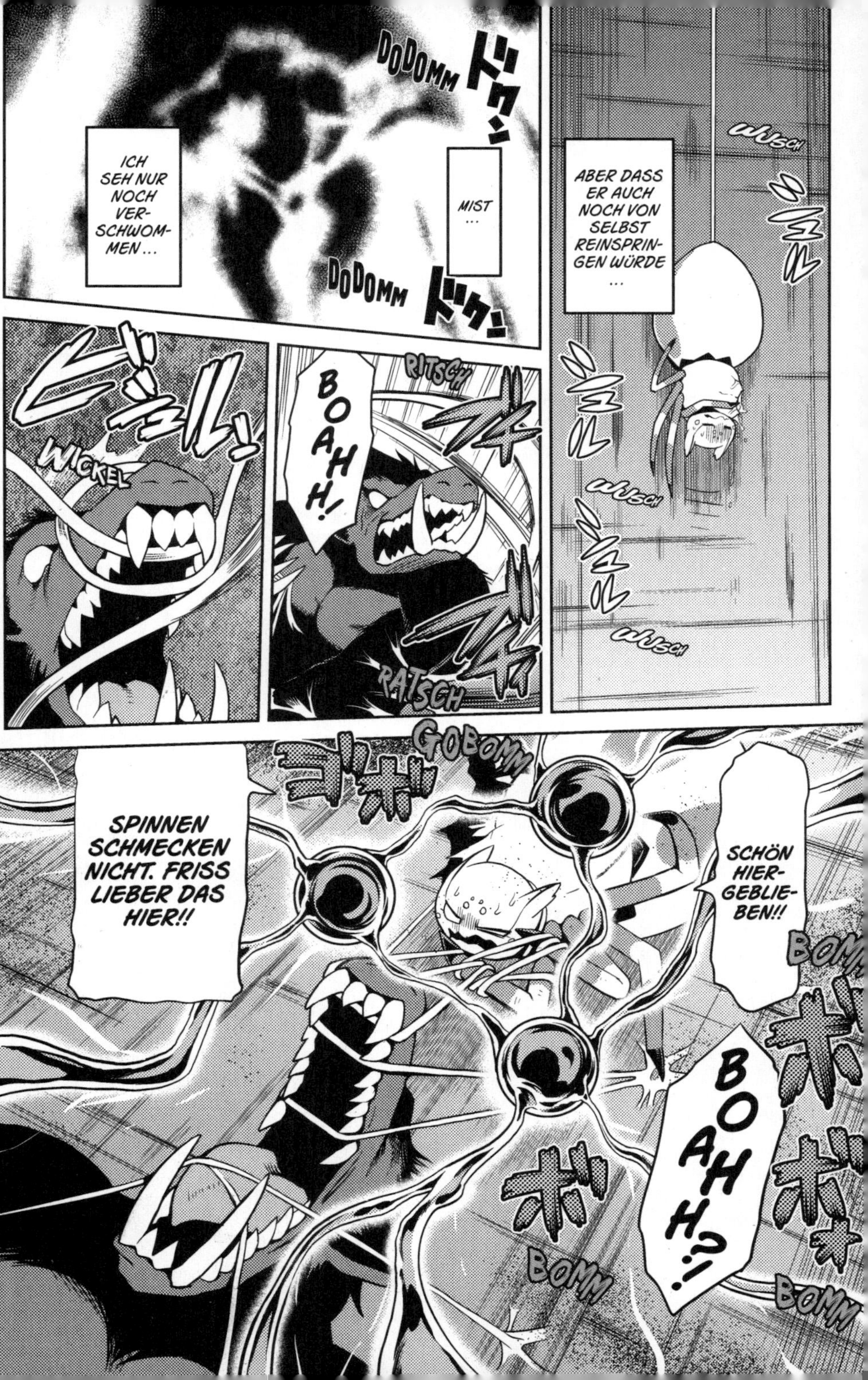

ABER DASS ER AUCH NOCH VON SELBST REINSPRINGEN WÜRDE …
WUSCH
WUSCH
WUSCH
DODOMM
MIST …
ICH SEH NUR NOCH VERSCHWOMMEN …
DODOMM
RITSCH
BOAHH!
RATSCH
WICKEL
GOBOMM
SCHÖN HIERGEBLIEBEN!!
SPINNEN SCHMECKEN NICHT. FRISS LIEBER DAS HIER!!
BOMM
BOAHH?!
BOMM
BOMM

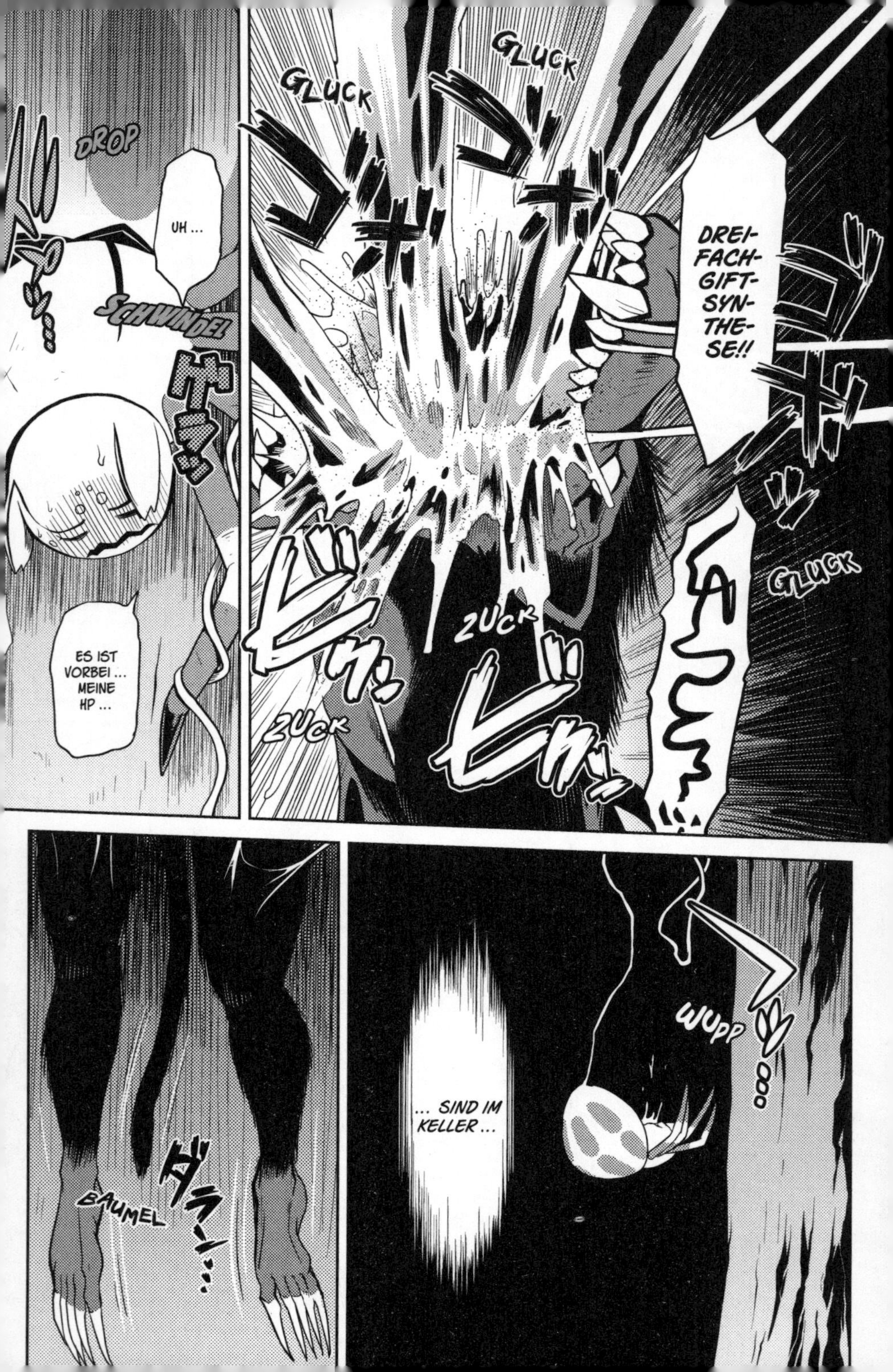
GLUCK
GLUCK
DREI-FACH-GIFT-SYN-THE-SE!!
GLUCK
ZUCK
ZUCK
DROP
UH …
SCHWINDEL
ES IST VORBEI … MEINE HP …
WUPP
… SIND IM KELLER …
BAUMEL

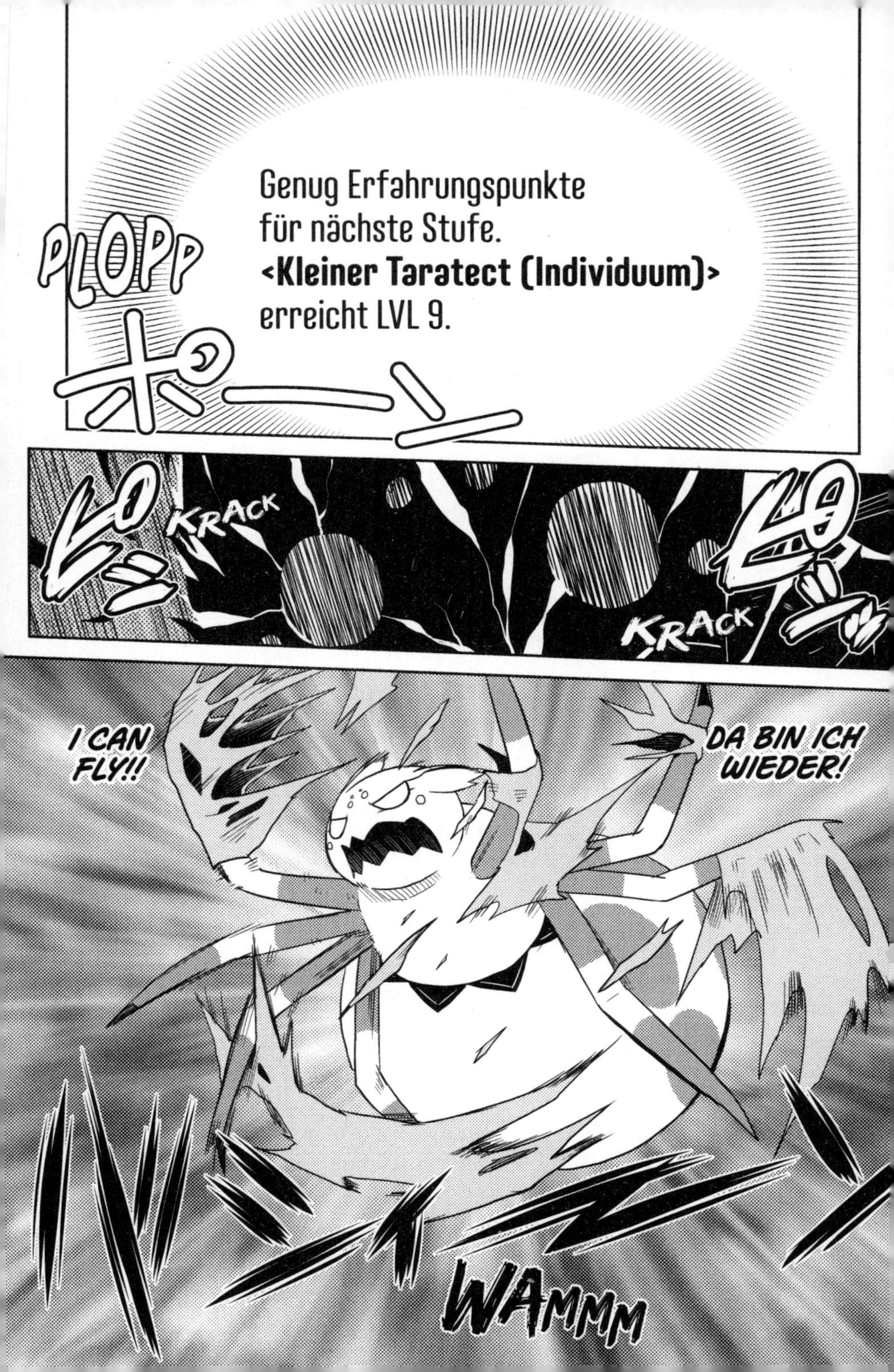
Genug Erfahrungspunkte für nächste Stufe. **<Kleiner Taratect (Individuum)>** erreicht LVL 9.
PLOPP
KRACK
KRACK
DA BIN ICH WIEDER!
I CAN FLY!!
WAMMM

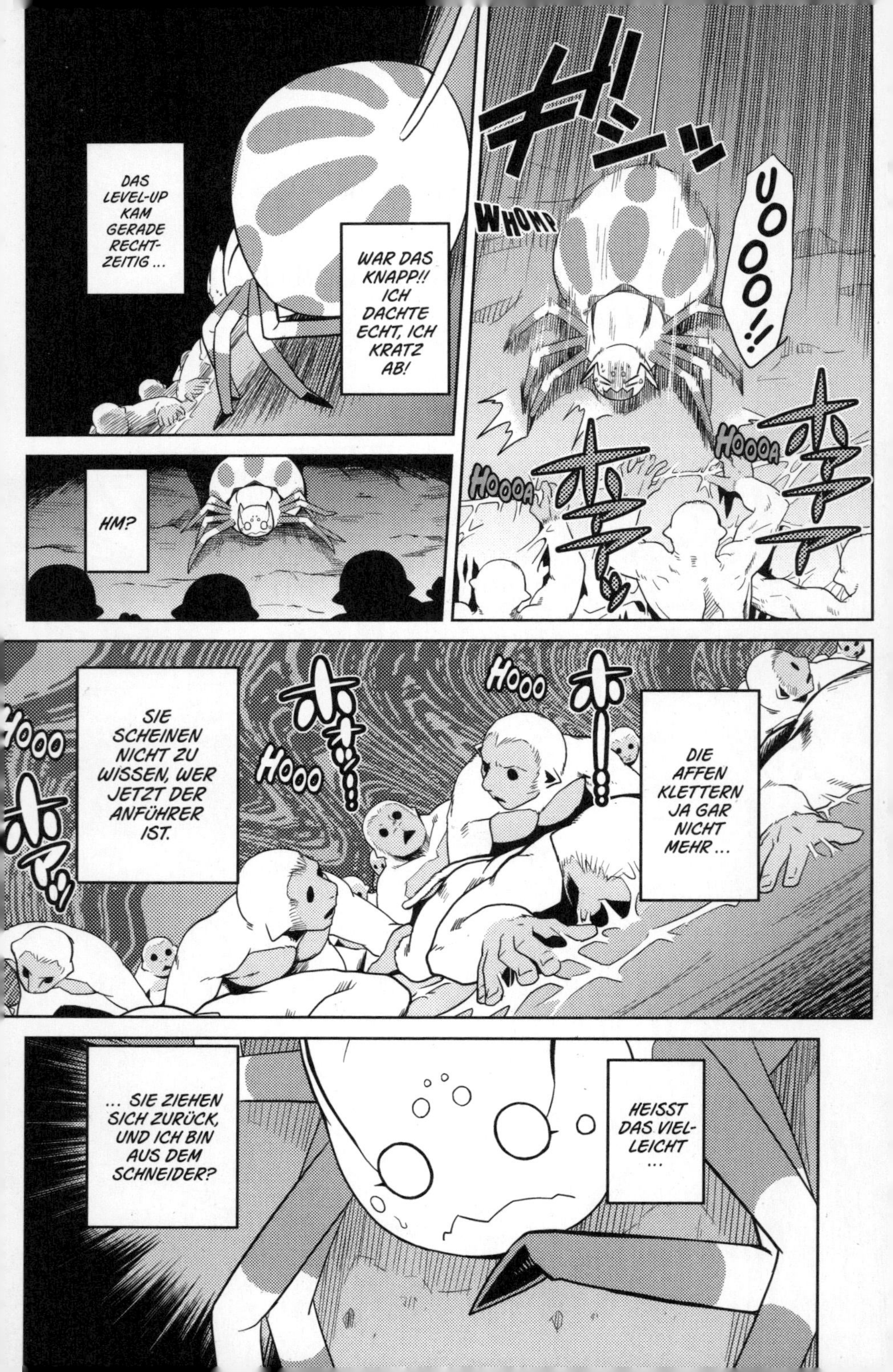

WHOMP
UOOOO!!
HOOOA
HOOOA
WAR DAS KNAPP!! ICH DACHTE ECHT, ICH KRATZ AB!
DAS LEVEL-UP KAM GERADE RECHT-ZEITIG …
HM?
DIE AFFEN KLETTERN JA GAR NICHT MEHR …
HOOO
HOOO
SIE SCHEINEN NICHT ZU WISSEN, WER JETZT DER ANFÜHRER IST.
HOOO
HEISST DAS VIEL-LEICHT …
… SIE ZIEHEN SICH ZURÜCK, UND ICH BIN AUS DEM SCHNEIDER?

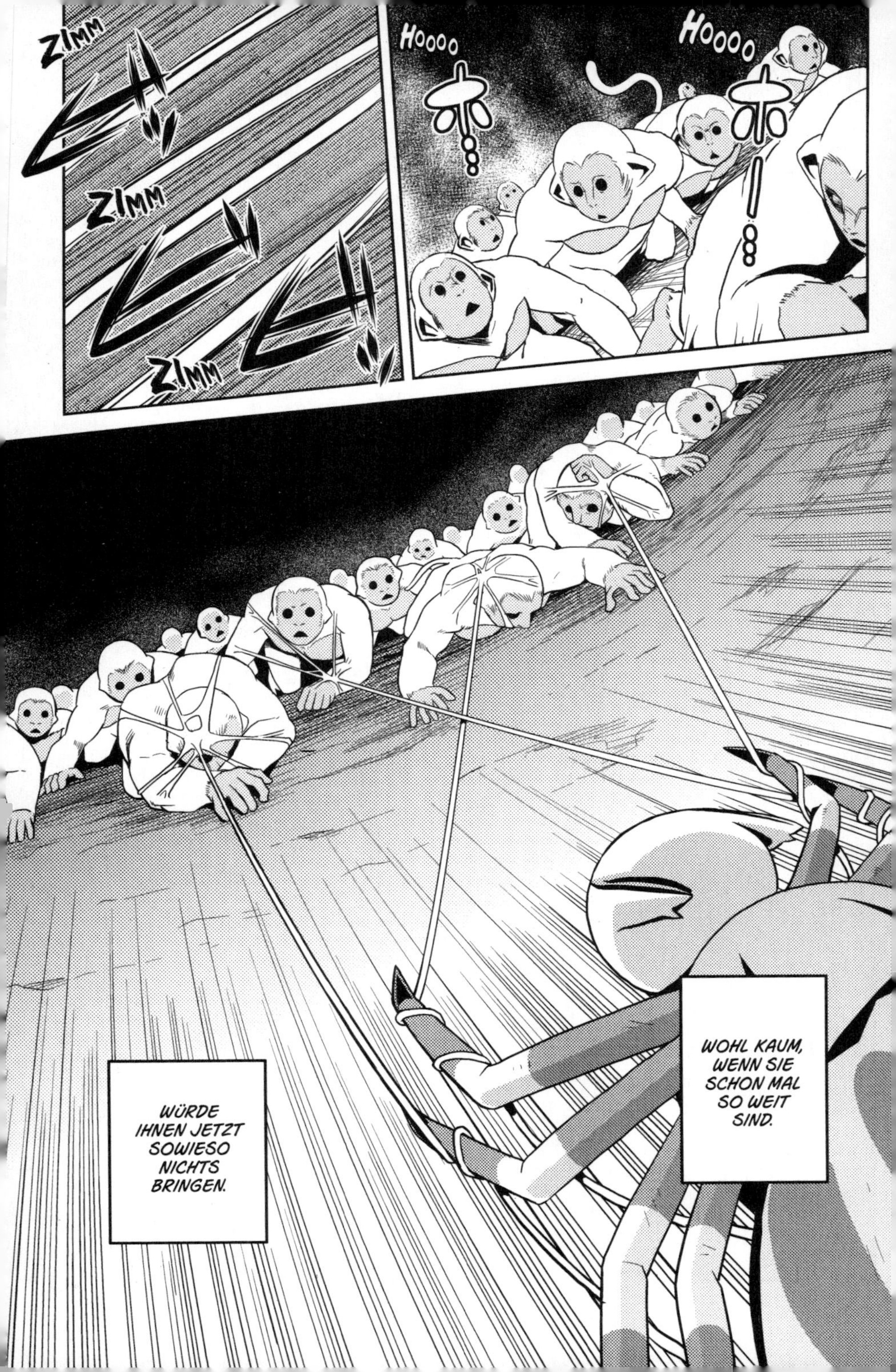
HOOOO
HOOOO
ZIMM
ZIMM
ZIMM
WOHL KAUM, WENN SIE SCHON MAL SO WEIT SIND.
WÜRDE IHNEN JETZT SOWIESO NICHTS BRINGEN.

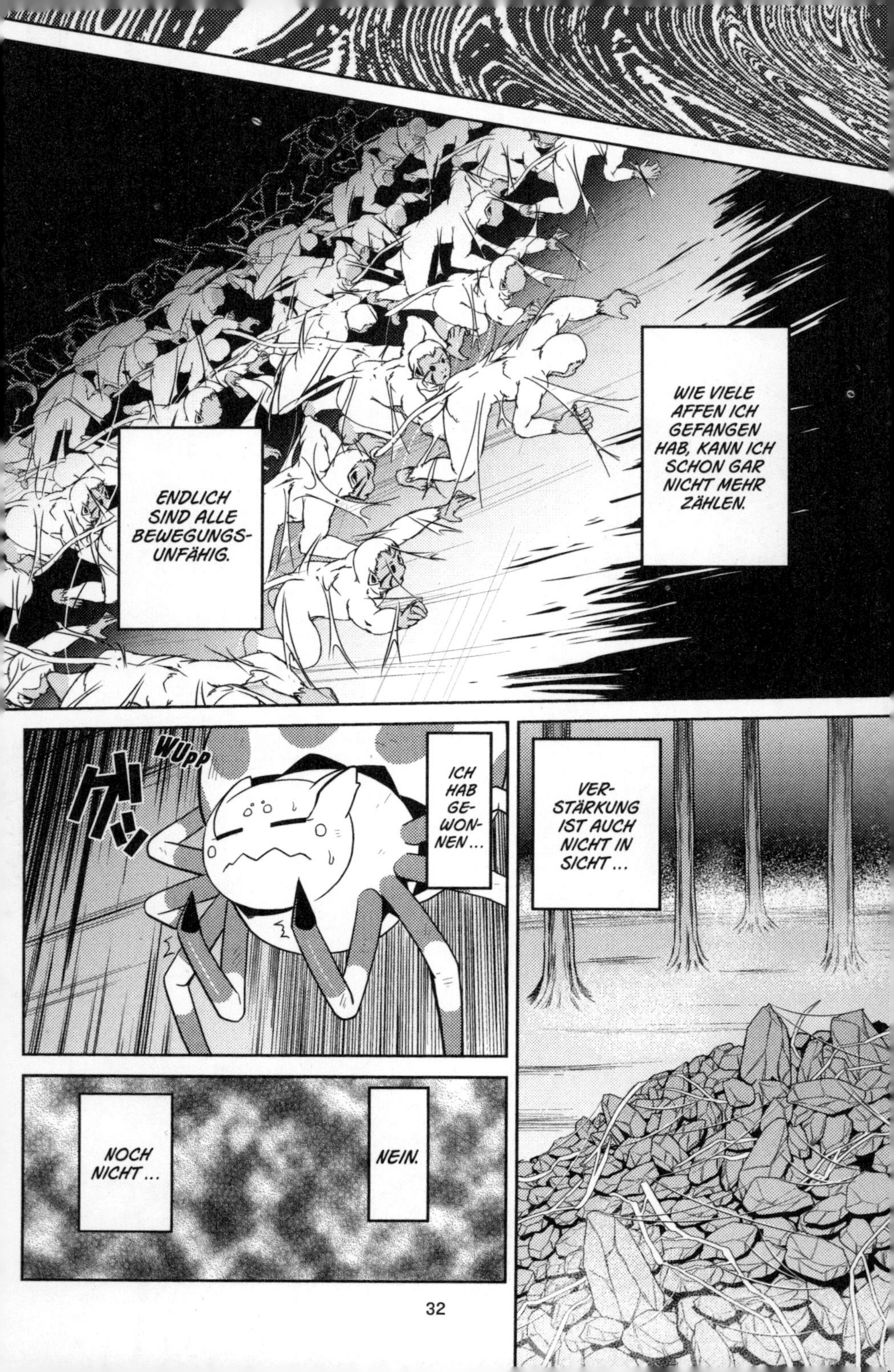
WIE VIELE AFFEN ICH GEFANGEN HAB, KANN ICH SCHON GAR NICHT MEHR ZÄHLEN.
ENDLICH SIND ALLE BEWEGUNGS-UNFÄHIG.
VER-STÄRKUNG IST AUCH NICHT IN SICHT …
WUPP
ICH HAB GE-WON-NEN …
NEIN.
NOCH NICHT …

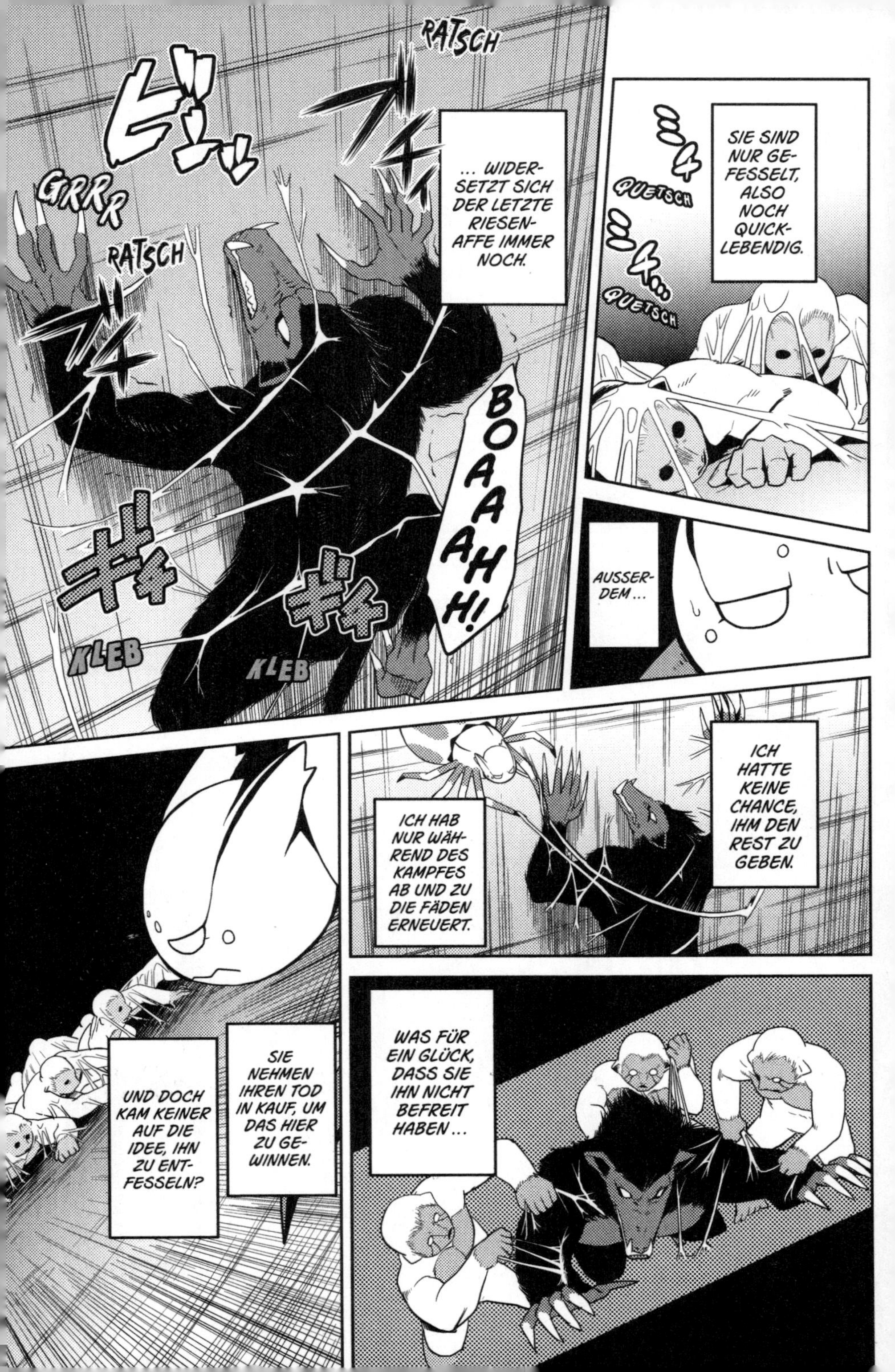
RATSCH
GRRRR
RATSCH
... WIDERSETZT SICH DER LETZTE RIESENAFFE IMMER NOCH.
BOAAAAHH!
KLEB
KLEB
SIE SIND NUR GEFESSELT, ALSO NOCH QUICKLEBENDIG.
QUETSCH
QUETSCH
AUSSERDEM ...
ICH HATTE KEINE CHANCE, IHM DEN REST ZU GEBEN.
ICH HAB NUR WÄHREND DES KAMPFES AB UND ZU DIE FÄDEN ERNEUERT.
SIE NEHMEN IHREN TOD IN KAUF, UM DAS HIER ZU GEWINNEN.
UND DOCH KAM KEINER AUF DIE IDEE, IHN ZU ENTFESSELN?
WAS FÜR EIN GLÜCK, DASS SIE IHN NICHT BEFREIT HABEN ...

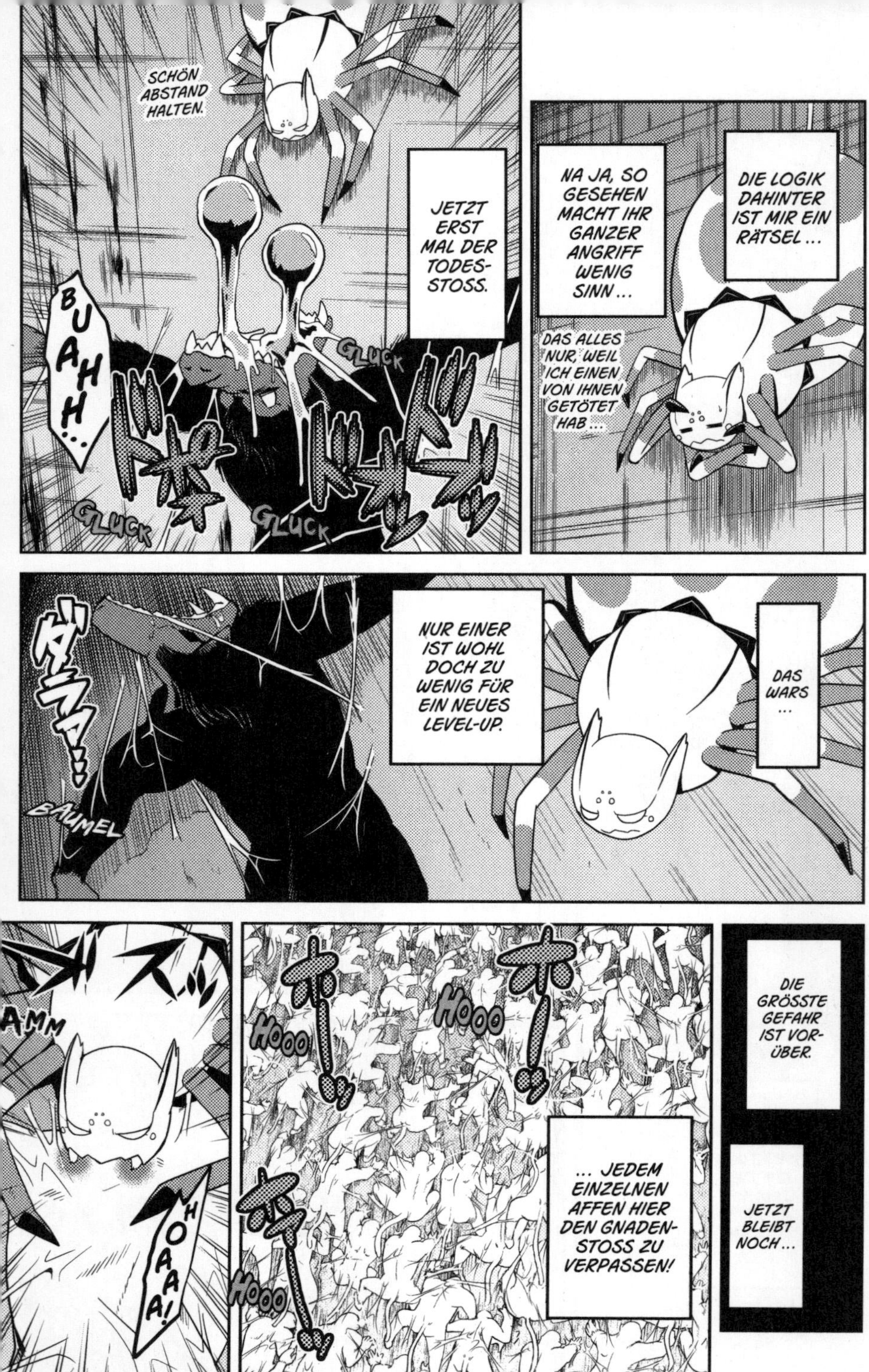
DIE LOGIK DAHINTER IST MIR EIN RÄTSEL …
NA JA, SO GESEHEN MACHT IHR GANZER ANGRIFF WENIG SINN …
DAS ALLES NUR, WEIL ICH EINEN VON IHNEN GETÖTET HAB …
SCHÖN ABSTAND HALTEN.
JETZT ERST MAL DER TODES-STOSS.
BUAHH…
GLUCK
GLUCK
GLUCK
DAS WARS …
NUR EINER IST WOHL DOCH ZU WENIG FÜR EIN NEUES LEVEL-UP.
BAUMEL
DIE GRÖSSTE GEFAHR IST VORÜBER.
JETZT BLEIBT NOCH …
… JEDEM EINZELNEN AFFEN HIER DEN GNADEN-STOSS ZU VERPASSEN!
HOOO
HOOO
HOOO
HOAAA!
AMM

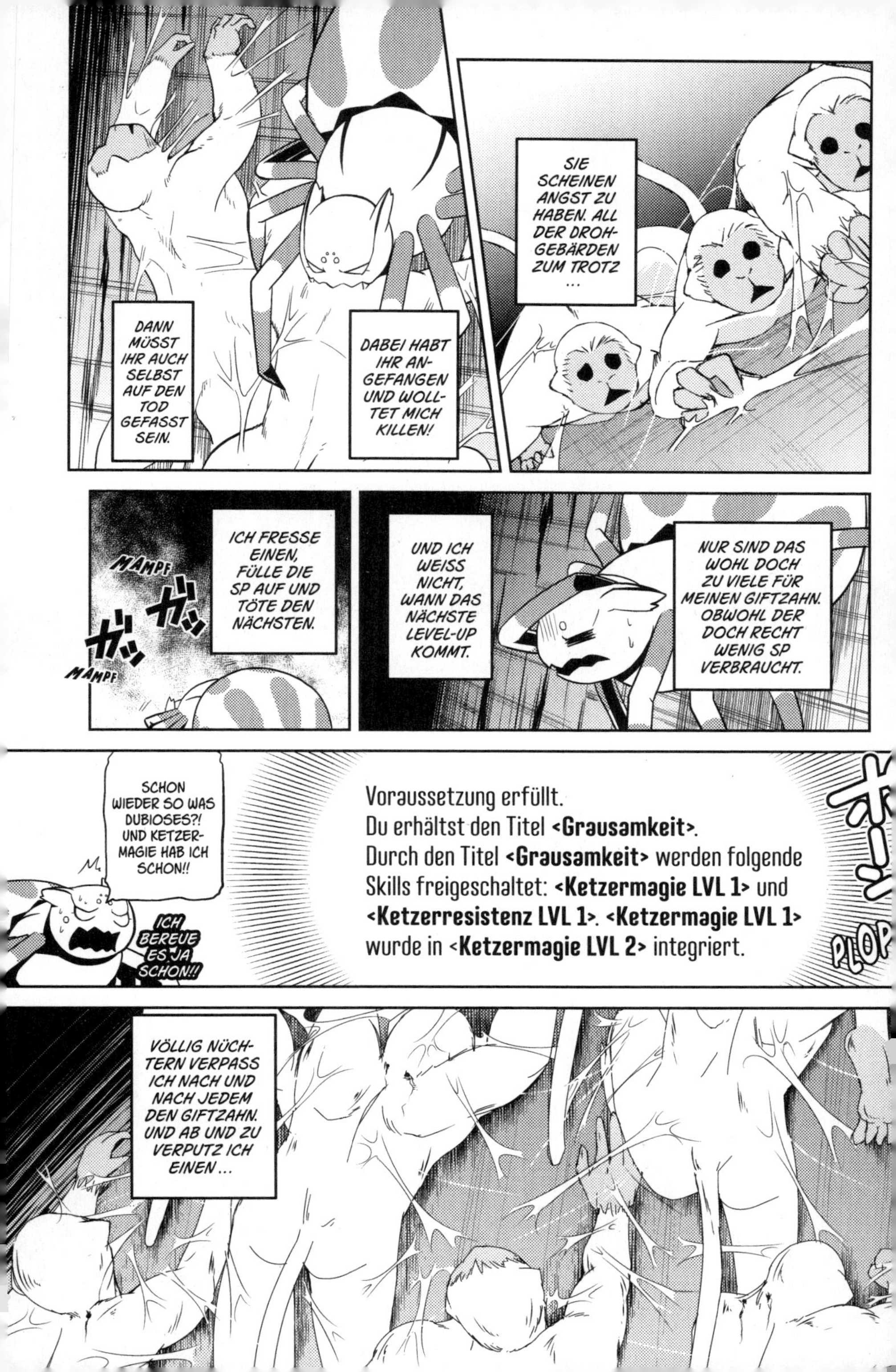

SIE SCHEINEN ANGST ZU HABEN. ALL DER DROHGEBÄRDEN ZUM TROTZ …
DABEI HABT IHR ANGEFANGEN UND WOLLTET MICH KILLEN!
DANN MÜSST IHR AUCH SELBST AUF DEN TOD GEFASST SEIN.
NUR SIND DAS WOHL DOCH ZU VIELE FÜR MEINEN GIFTZAHN. OBWOHL DER DOCH RECHT WENIG SP VERBRAUCHT.
UND ICH WEISS NICHT, WANN DAS NÄCHSTE LEVEL-UP KOMMT.
ICH FRESSE EINEN, FÜLLE DIE SP AUF UND TÖTE DEN NÄCHSTEN.
MAMPF
ガッ
ガッ
MAMPF
PLOP
Voraussetzung erfüllt.
Du erhältst den Titel <**Grausamkeit**>.
Durch den Titel <**Grausamkeit**> werden folgende Skills freigeschaltet: <**Ketzermagie LVL 1**> und <**Ketzerresistenz LVL 1**>. <**Ketzermagie LVL 1**> wurde in <**Ketzermagie LVL 2**> integriert.
SCHON WIEDER SO WAS DUBIOSES?! UND KETZERMAGIE HAB ICH SCHON!!
ICH BEREUE ES JA SCHON!!
VÖLLIG NÜCHTERN VERPASS ICH NACH UND NACH JEDEM DEN GIFTZAHN. UND AB UND ZU VERPUTZ ICH EINEN …

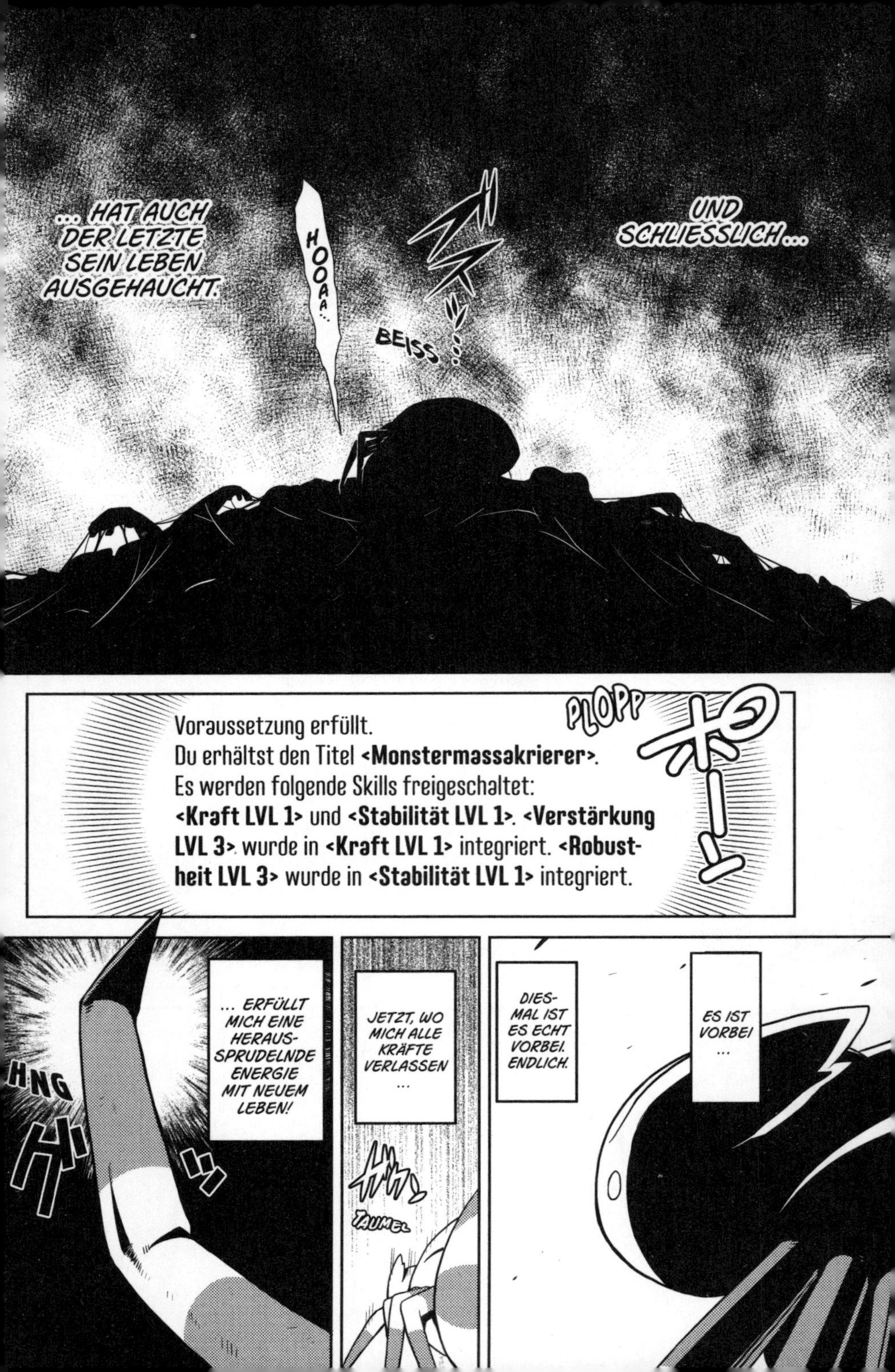
UND SCHLIESSLICH ...
... HAT AUCH DER LETZTE SEIN LEBEN AUSGEHAUCHT.
HOOOAA...
BEISS
PLOPP
Voraussetzung erfüllt.
Du erhältst den Titel <Monstermassakrierer>.
Es werden folgende Skills freigeschaltet:
<Kraft LVL 1> und <Stabilität LVL 1>. <Verstärkung LVL 3> wurde in <Kraft LVL 1> integriert. <Robustheit LVL 3> wurde in <Stabilität LVL 1> integriert.
ES IST VORBEI ...
DIESMAL IST ES ECHT VORBEI. ENDLICH.
JETZT, WO MICH ALLE KRÄFTE VERLASSEN ...
TAUMEL
... ERFÜLLT MICH EINE HERAUSSPRUDELNDE ENERGIE MIT NEUEM LEBEN!
HNG

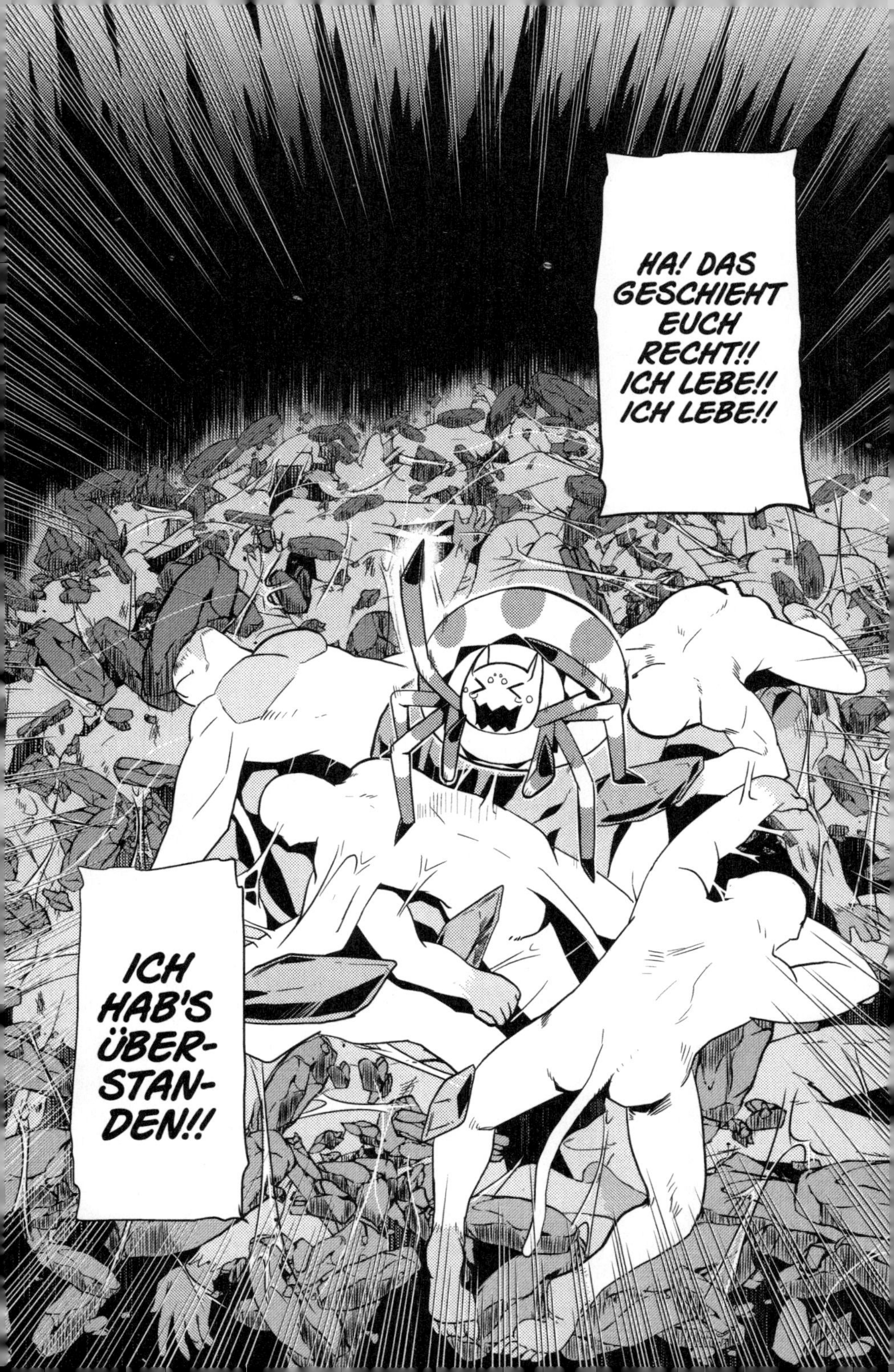
HA! DAS GESCHIEHT EUCH RECHT!! ICH LEBE!! ICH LEBE!!
ICH HAB'S ÜBER-STAN-DEN!!

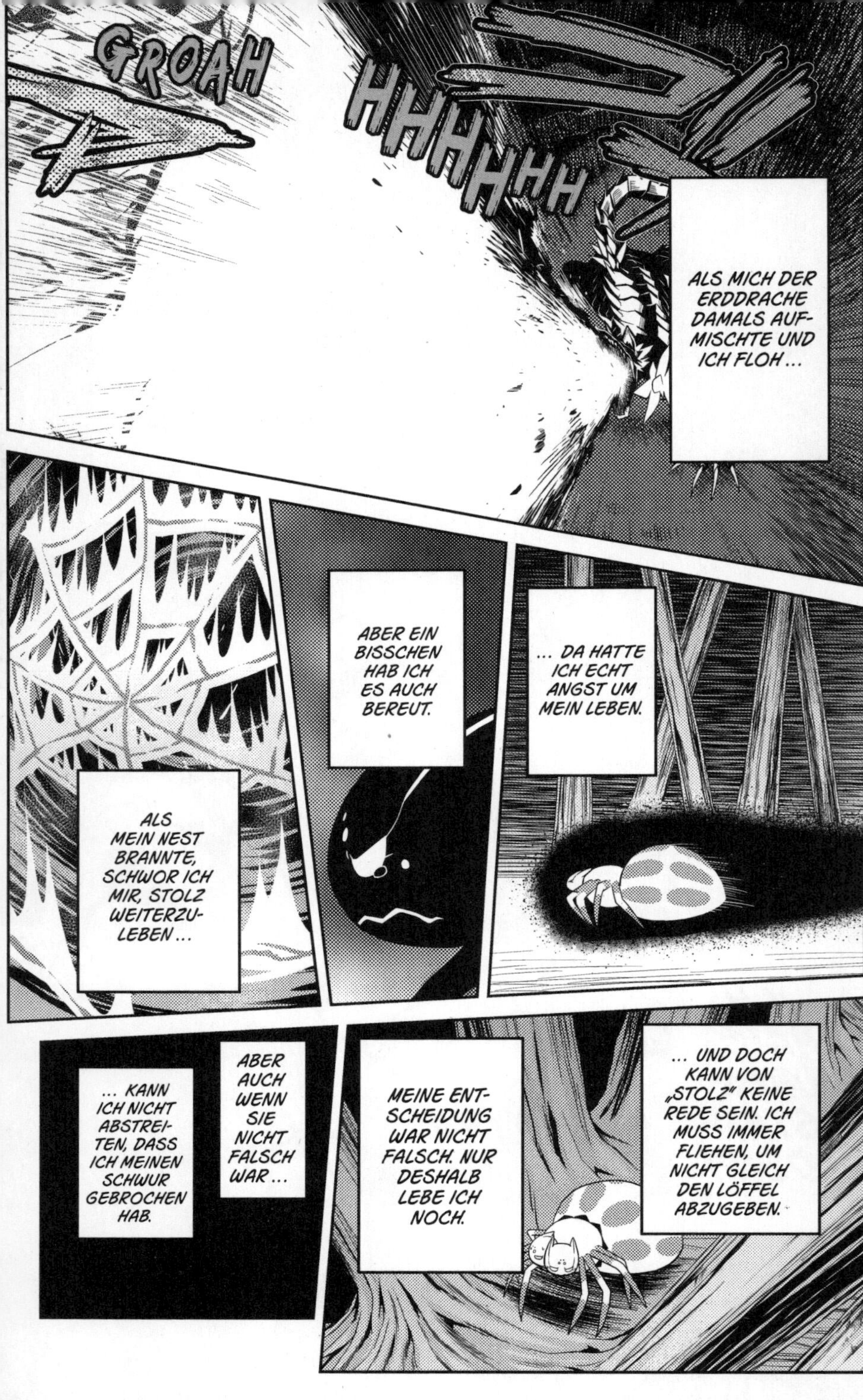
GROAH
HHHHHHH
ALS MICH DER ERDDRACHE DAMALS AUF-MISCHTE UND ICH FLOH …
… DA HATTE ICH ECHT ANGST UM MEIN LEBEN.
ABER EIN BISSCHEN HAB ICH ES AUCH BEREUT.
ALS MEIN NEST BRANNTE, SCHWOR ICH MIR, STOLZ WEITERZU-LEBEN …
… UND DOCH KANN VON „STOLZ" KEINE REDE SEIN. ICH MUSS IMMER FLIEHEN, UM NICHT GLEICH DEN LÖFFEL ABZUGEBEN.
MEINE ENT-SCHEIDUNG WAR NICHT FALSCH. NUR DESHALB LEBE ICH NOCH.
ABER AUCH WENN SIE NICHT FALSCH WAR …
… KANN ICH NICHT ABSTREI-TEN, DASS ICH MEINEN SCHWUR GEBROCHEN HAB.

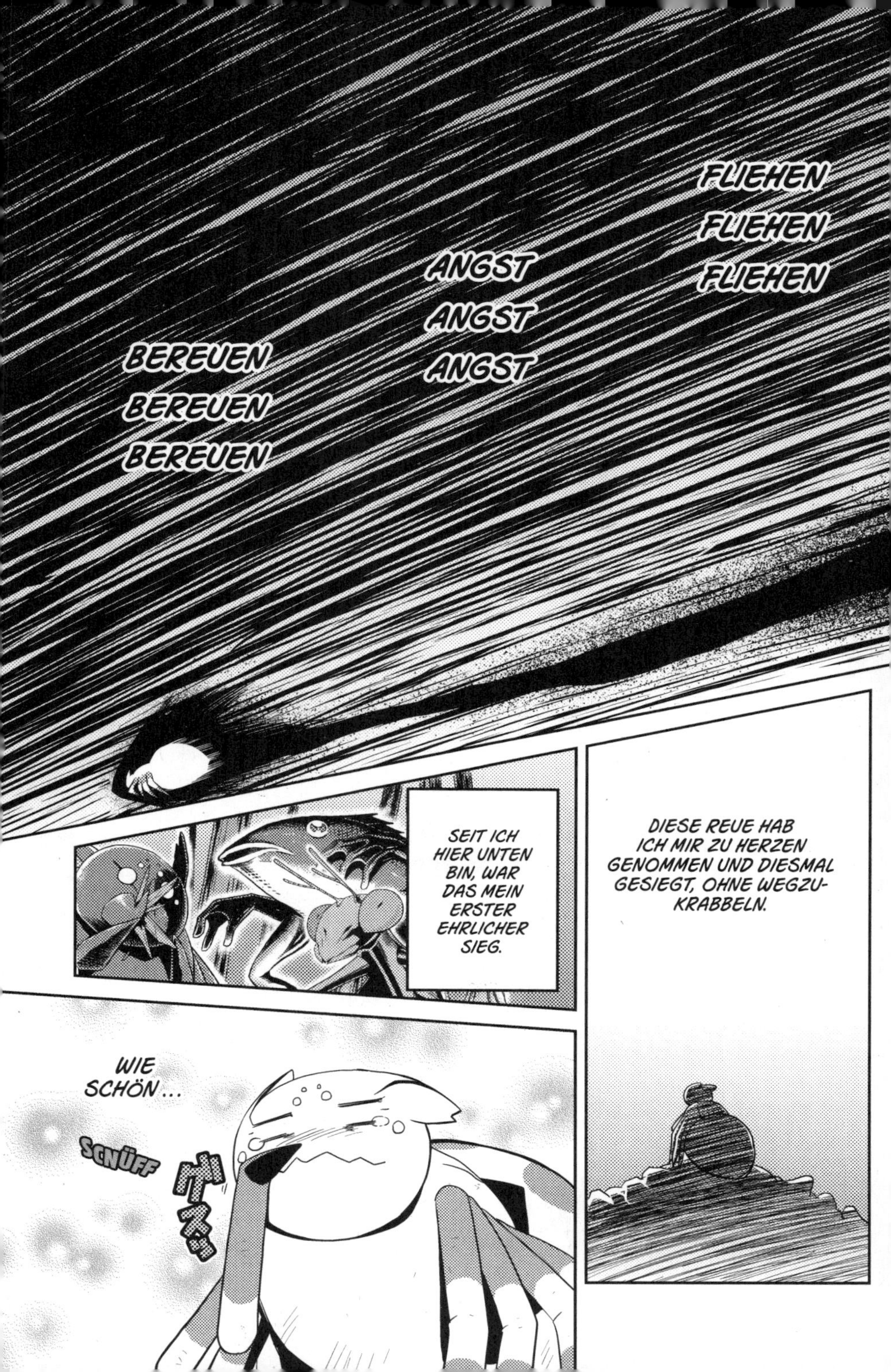
FLIEHEN
FLIEHEN
FLIEHEN
ANGST
ANGST
ANGST
BEREUEN
BEREUEN
BEREUEN
DIESE REUE HAB ICH MIR ZU HERZEN GENOMMEN UND DIESMAL GESIEGT, OHNE WEGZU-KRABBELN.
SEIT ICH HIER UNTEN BIN, WAR DAS MEIN ERSTER EHRLICHER SIEG.
WIE SCHÖN …
SCNÜFF

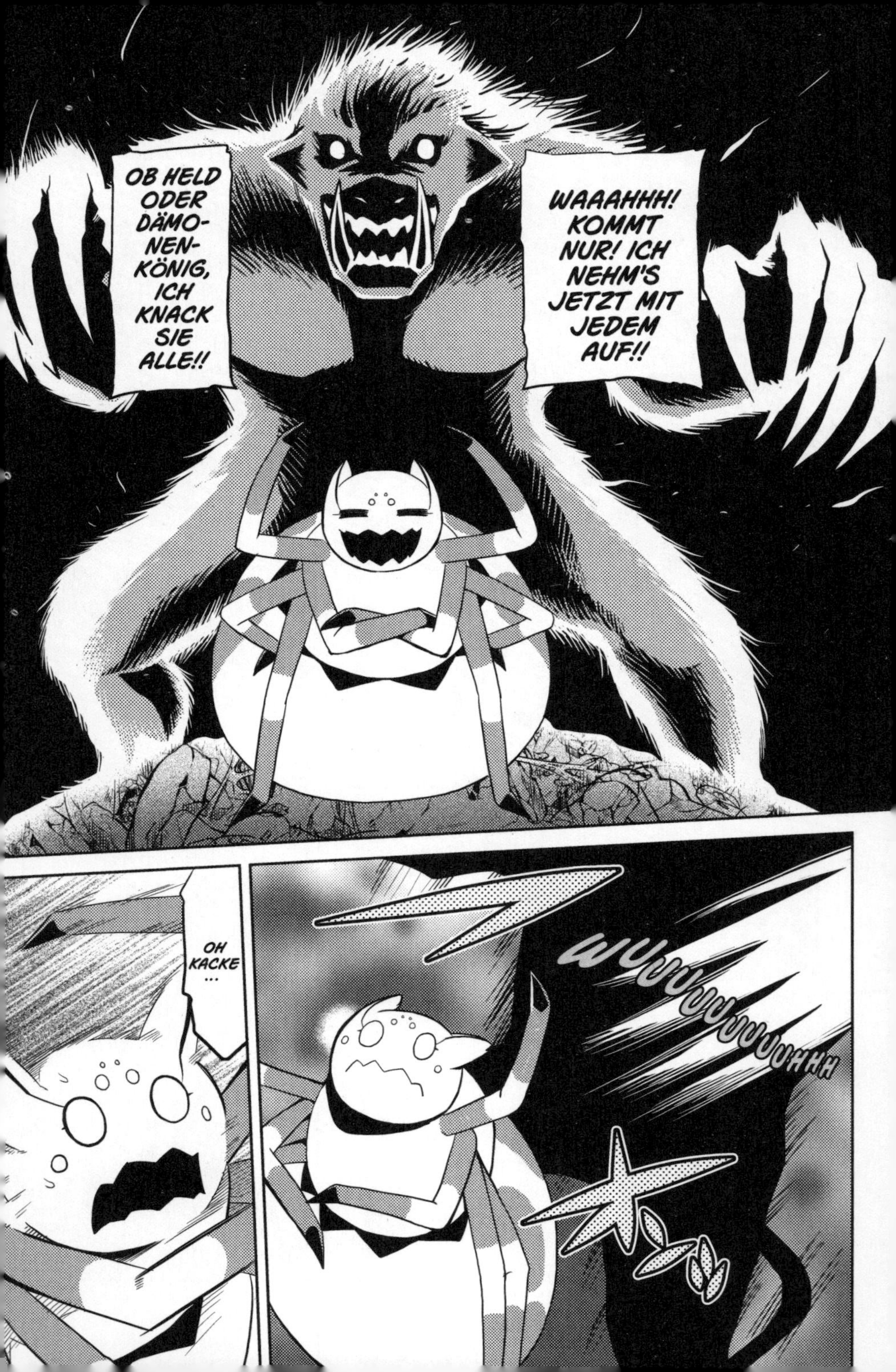

WAAAHHH! KOMMT NUR! ICH NEHM'S JETZT MIT JEDEM AUF!!
OB HELD ODER DÄMONEN-KÖNIG, ICH KNACK SIE ALLE!!
WUUUUUUUUUUUUHHH
OH KACKE ...

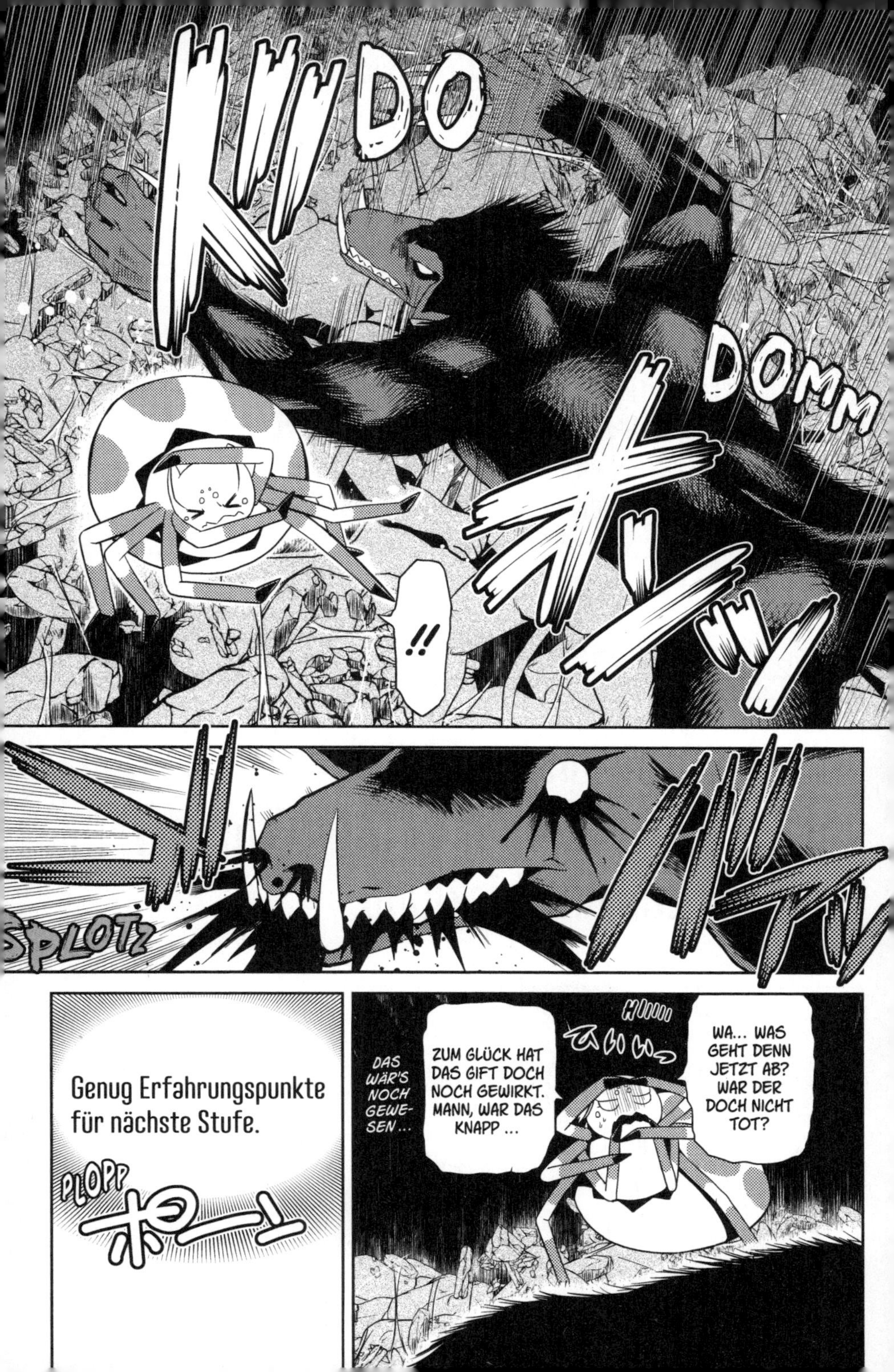
DO
DOMM
!!
SPLOTZ
WA… WAS GEHT DENN JETZT AB? WAR DER DOCH NICHT TOT?
ZUM GLÜCK HAT DAS GIFT DOCH NOCH GEWIRKT. MANN, WAR DAS KNAPP …
DAS WÄR'S NOCH GEWE- SEN …
Genug Erfahrungspunkte für nächste Stufe.
PLOPP

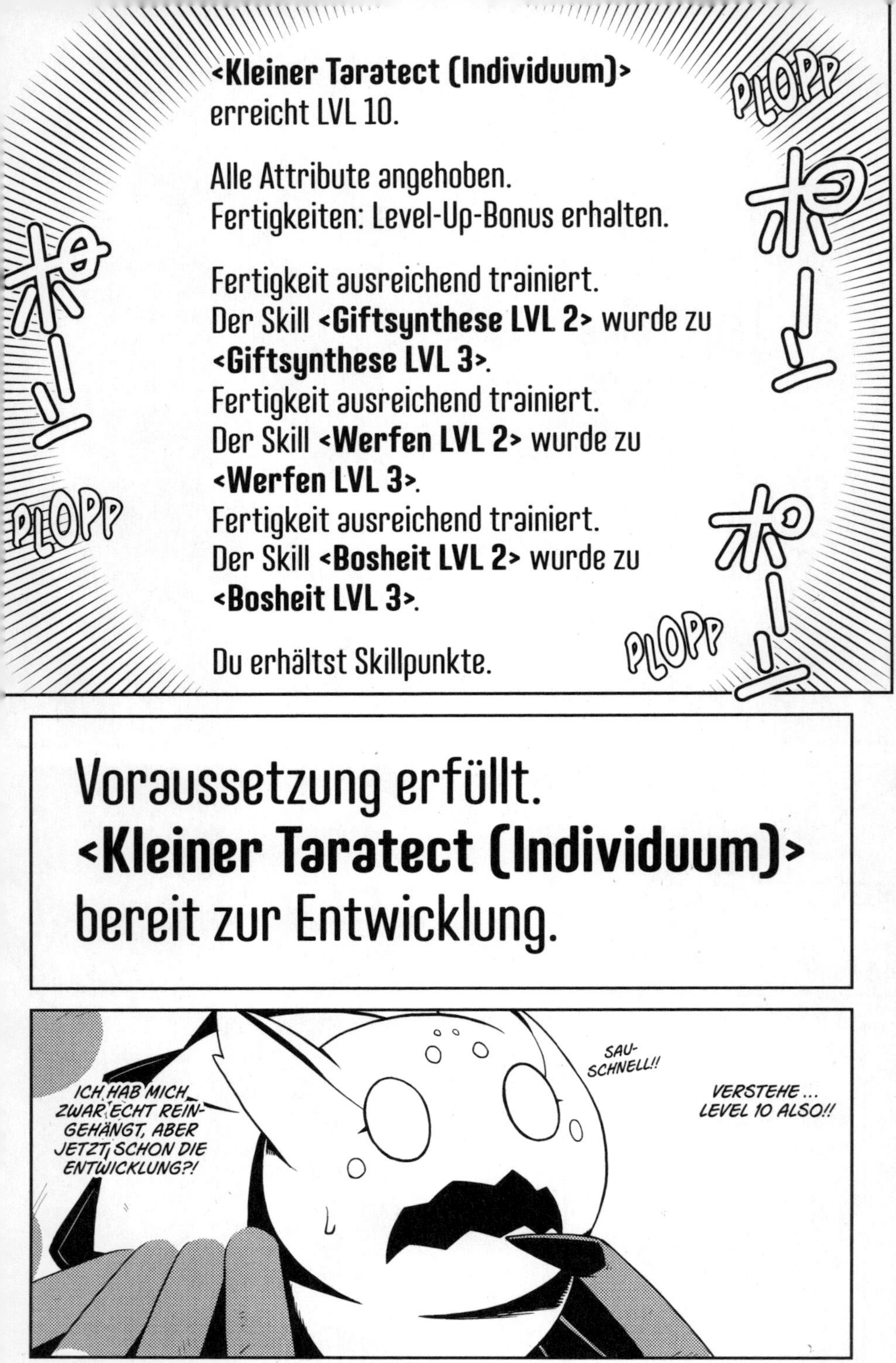
<Kleiner Taratect (Individuum)> erreicht LVL 10.
Alle Attribute angehoben.
Fertigkeiten: Level-Up-Bonus erhalten.
Fertigkeit ausreichend trainiert.
Der Skill <Giftsynthese LVL 2> wurde zu <Giftsynthese LVL 3>.
Fertigkeit ausreichend trainiert.
Der Skill <Werfen LVL 2> wurde zu <Werfen LVL 3>.
Fertigkeit ausreichend trainiert.
Der Skill <Bosheit LVL 2> wurde zu <Bosheit LVL 3>.
Du erhältst Skillpunkte.
PLOPP
ホー
PLOPP
ホー
PLOPP
ホー
Voraussetzung erfüllt.
<Kleiner Taratect (Individuum)> bereit zur Entwicklung.
VERSTEHE … LEVEL 10 ALSO!!
SAU-SCHNELL!!
ICH HAB MICH ZWAR ECHT REINGEHÄNGT, ABER JETZT SCHON DIE ENTWICKLUNG?!

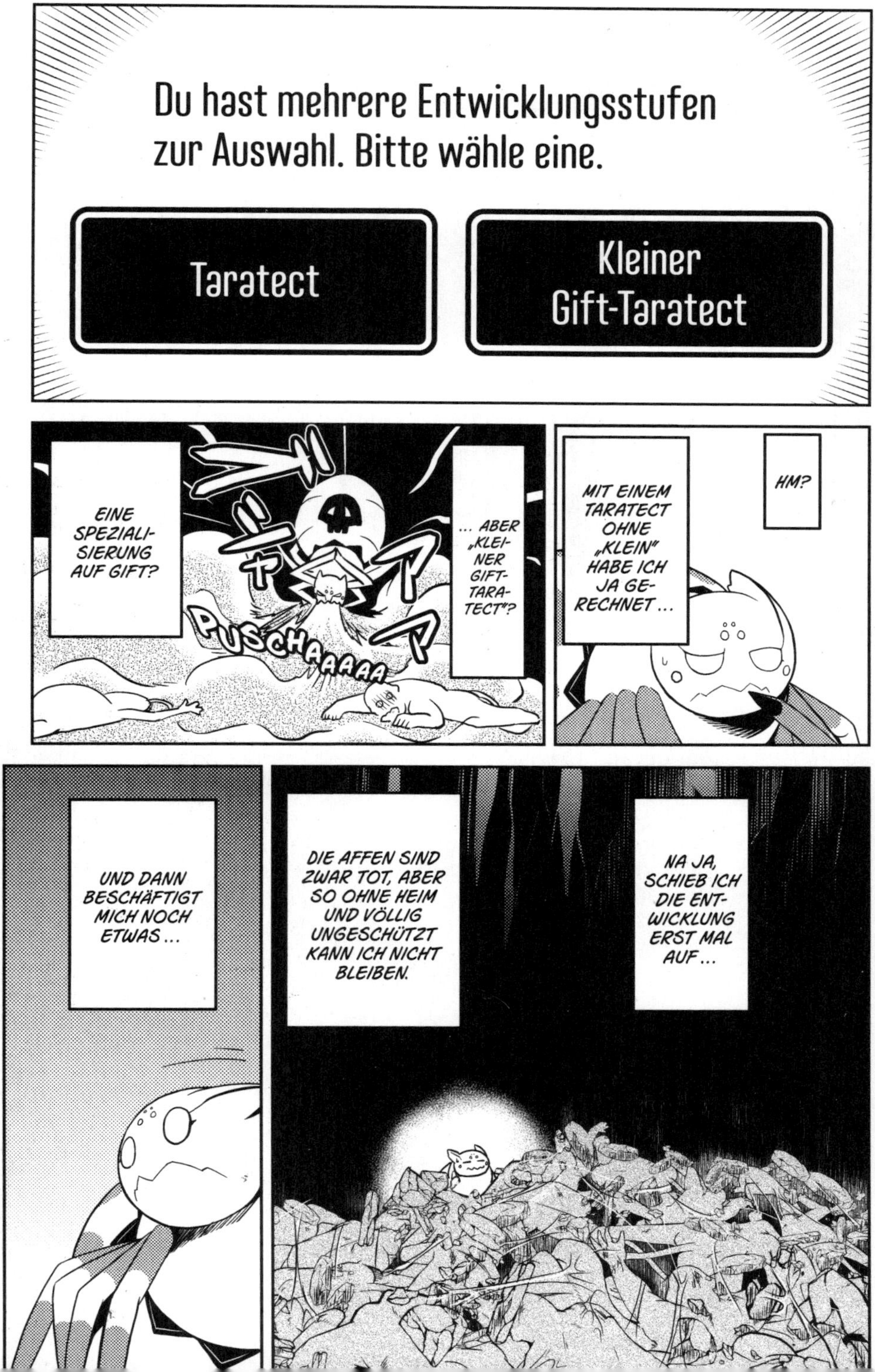
Du hast mehrere Entwicklungsstufen zur Auswahl. Bitte wähle eine.
Taratect
Kleiner Gift-Taratect
HM?
MIT EINEM TARATECT OHNE „KLEIN" HABE ICH JA GERECHNET …
… ABER „KLEINER GIFT-TARATECT"?
EINE SPEZIALISIERUNG AUF GIFT?
PUSCHAAAAAA
NA JA, SCHIEB ICH DIE ENTWICKLUNG ERST MAL AUF …
DIE AFFEN SIND ZWAR TOT, ABER SO OHNE HEIM UND VÖLLIG UNGESCHÜTZT KANN ICH NICHT BLEIBEN.
UND DANN BESCHÄFTIGT MICH NOCH ETWAS …

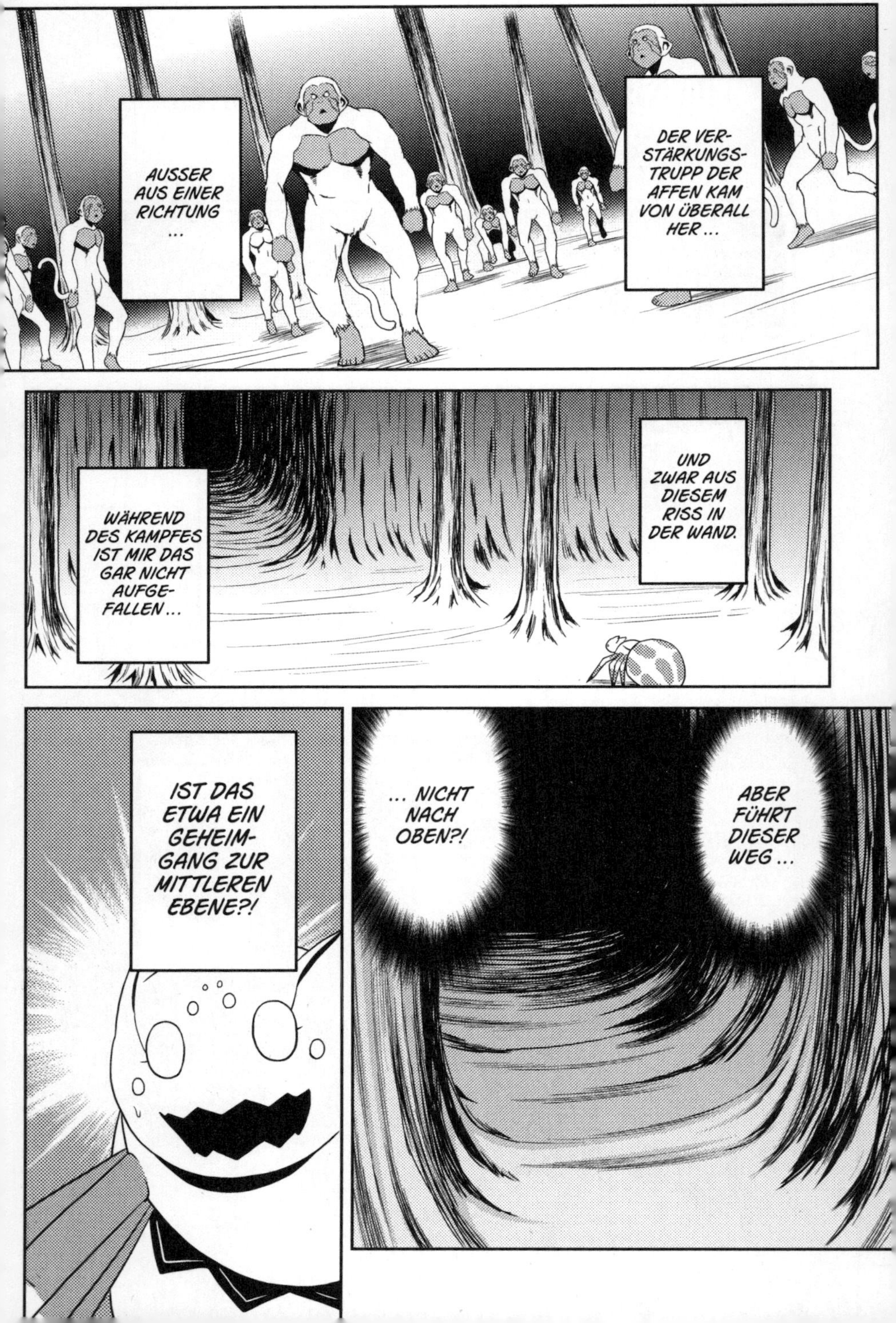
DER VER-
STÄRKUNGS-
TRUPP DER
AFFEN KAM
VON ÜBERALL
HER …
AUSSER
AUS EINER
RICHTUNG
…
UND
ZWAR AUS
DIESEM
RISS IN
DER WAND.
WÄHREND
DES KAMPFES
IST MIR DAS
GAR NICHT
AUFGE-
FALLEN …
ABER
FÜHRT
DIESER
WEG …
… NICHT
NACH
OBEN?!
IST DAS
ETWA EIN
GEHEIM-
GANG ZUR
MITTLEREN
EBENE?!

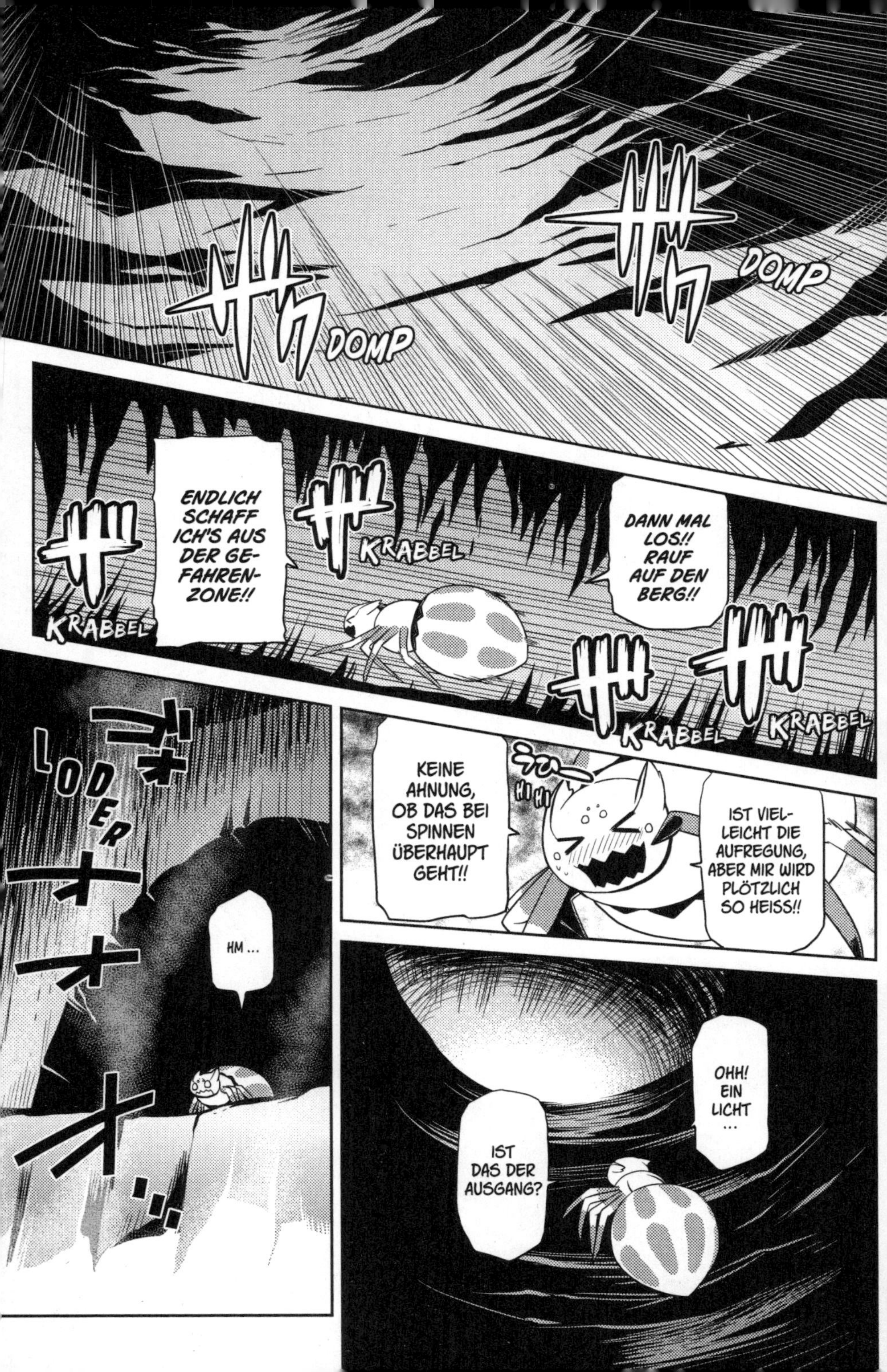
DOMP
DOMP
DANN MAL LOS!! RAUF AUF DEN BERG!!
KRABBEL
KRABBEL
KRABBEL
ENDLICH SCHAFF ICH'S AUS DER GE-FAHREN-ZONE!!
KRABBEL
IST VIEL-LEICHT DIE AUFREGUNG, ABER MIR WIRD PLÖTZLICH SO HEISS!!
HI HI
KEINE AHNUNG, OB DAS BEI SPINNEN ÜBERHAUPT GEHT!!
LODER
HM ...
OHH! EIN LICHT ...
IST DAS DER AUSGANG?

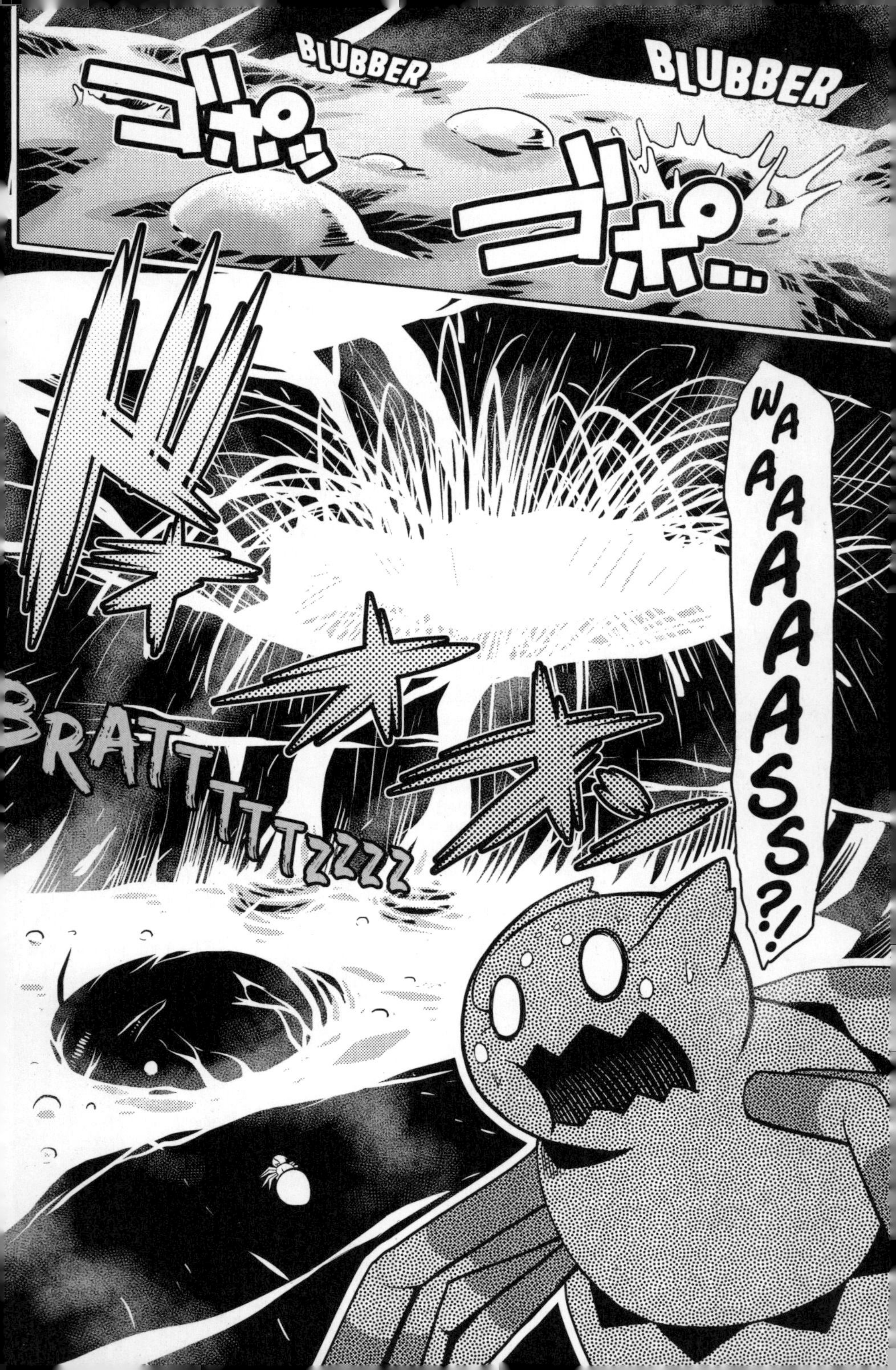

BLUBBER
ゴポッ
BLUBBER
ゴポ…
BRATTTTTTZZZZZ
WAAAAAAASS?!

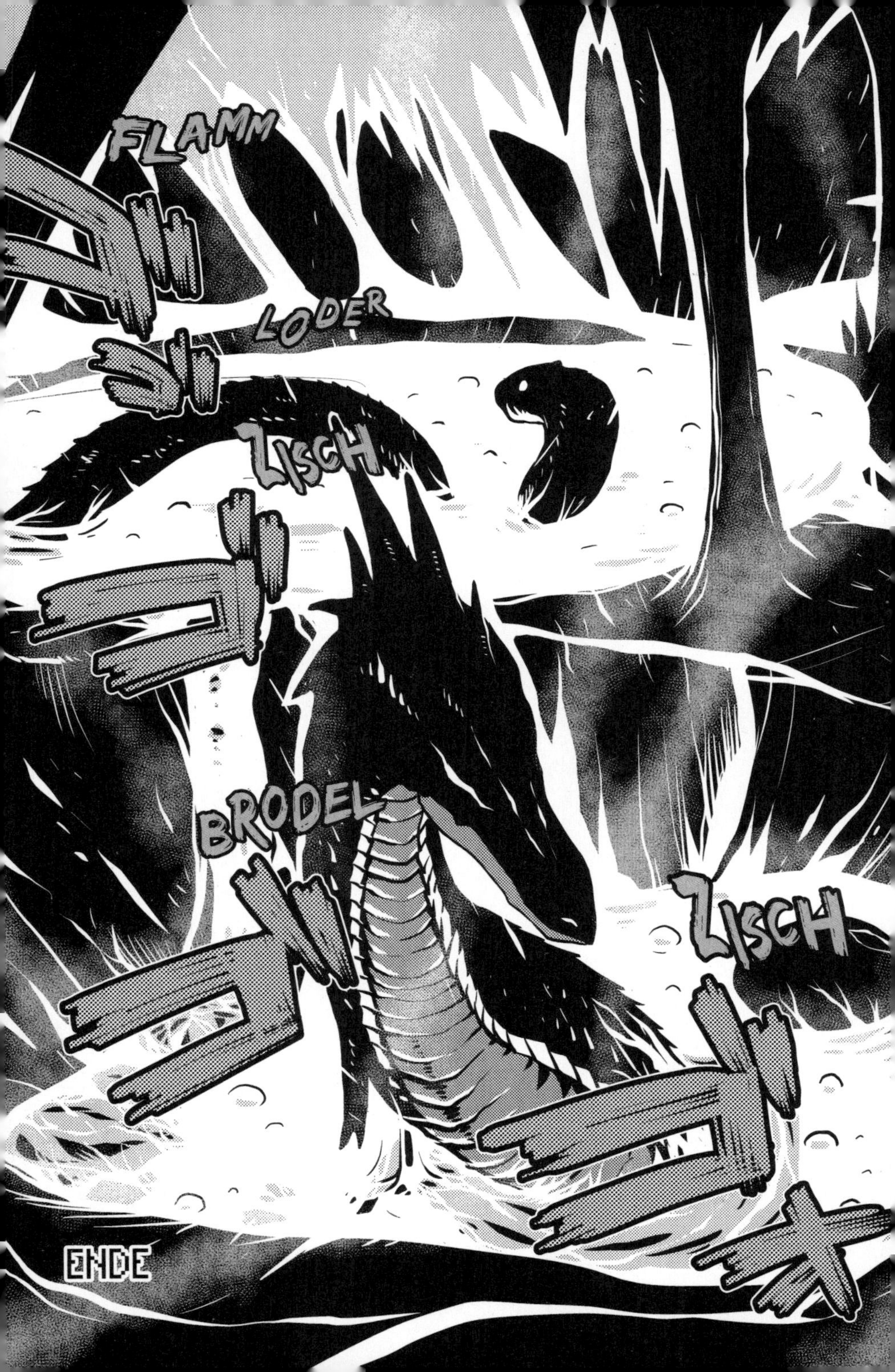
FLAMM
LODER
ZISCH
BRODEL
ZISCH
ENDE

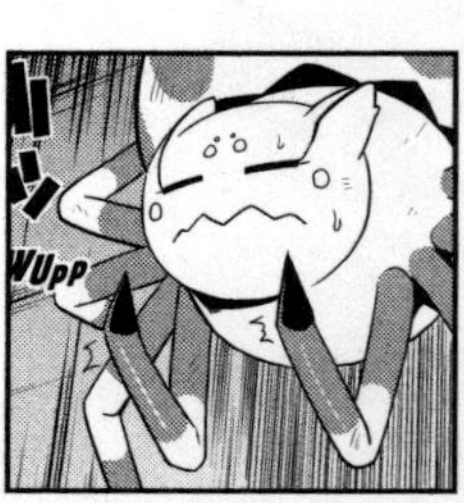
WUpp

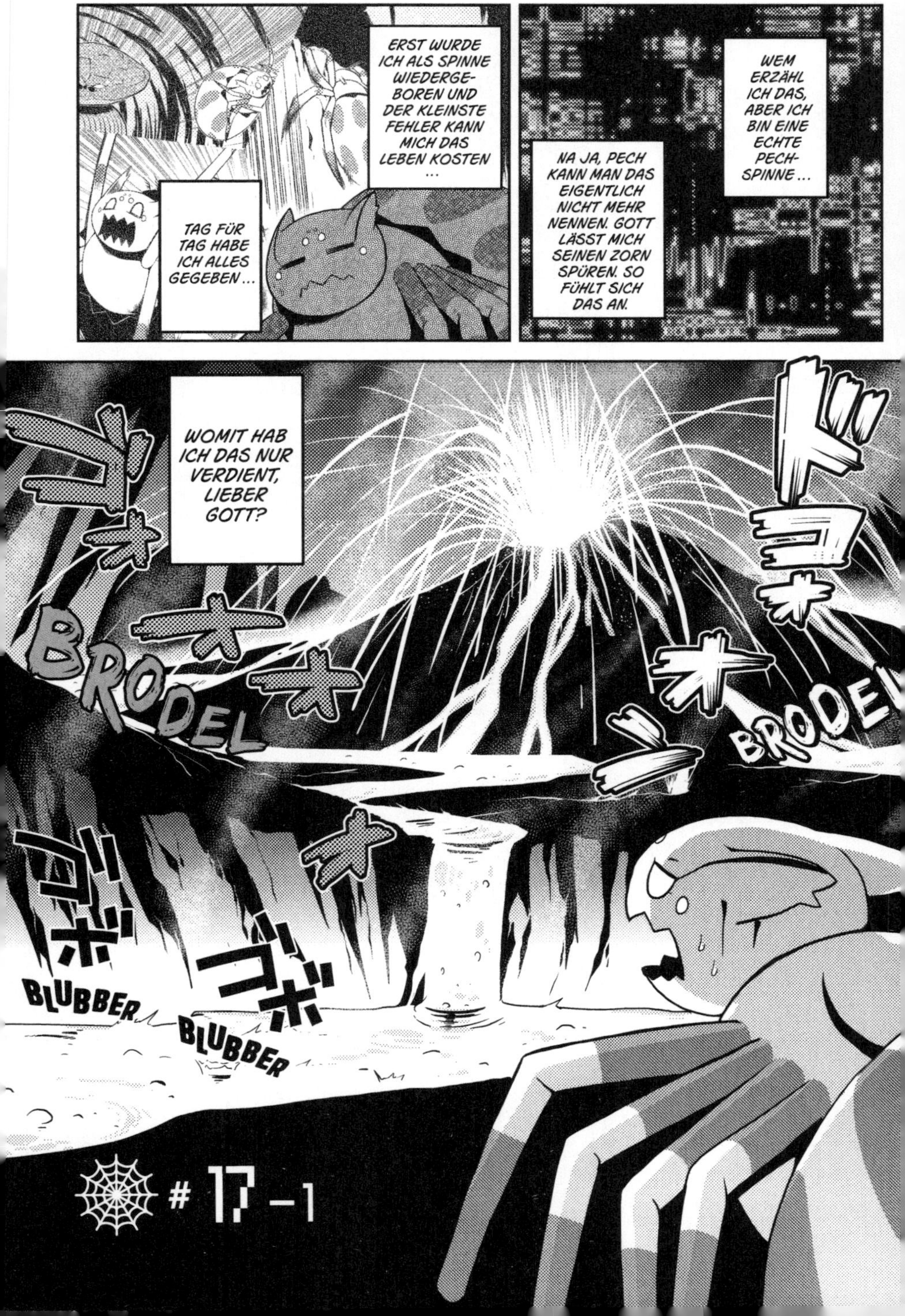
WEM ERZÄHL ICH DAS, ABER ICH BIN EINE ECHTE PECH-SPINNE …
NA JA, PECH KANN MAN DAS EIGENTLICH NICHT MEHR NENNEN. GOTT LÄSST MICH SEINEN ZORN SPÜREN. SO FÜHLT SICH DAS AN.
ERST WURDE ICH ALS SPINNE WIEDERGE-BOREN UND DER KLEINSTE FEHLER KANN MICH DAS LEBEN KOSTEN …
TAG FÜR TAG HABE ICH ALLES GEGEBEN …
WOMIT HAB ICH DAS NUR VERDIENT, LIEBER GOTT?
BRODEL
BRODEL
BLUBBER
BLUBBER
17 –1

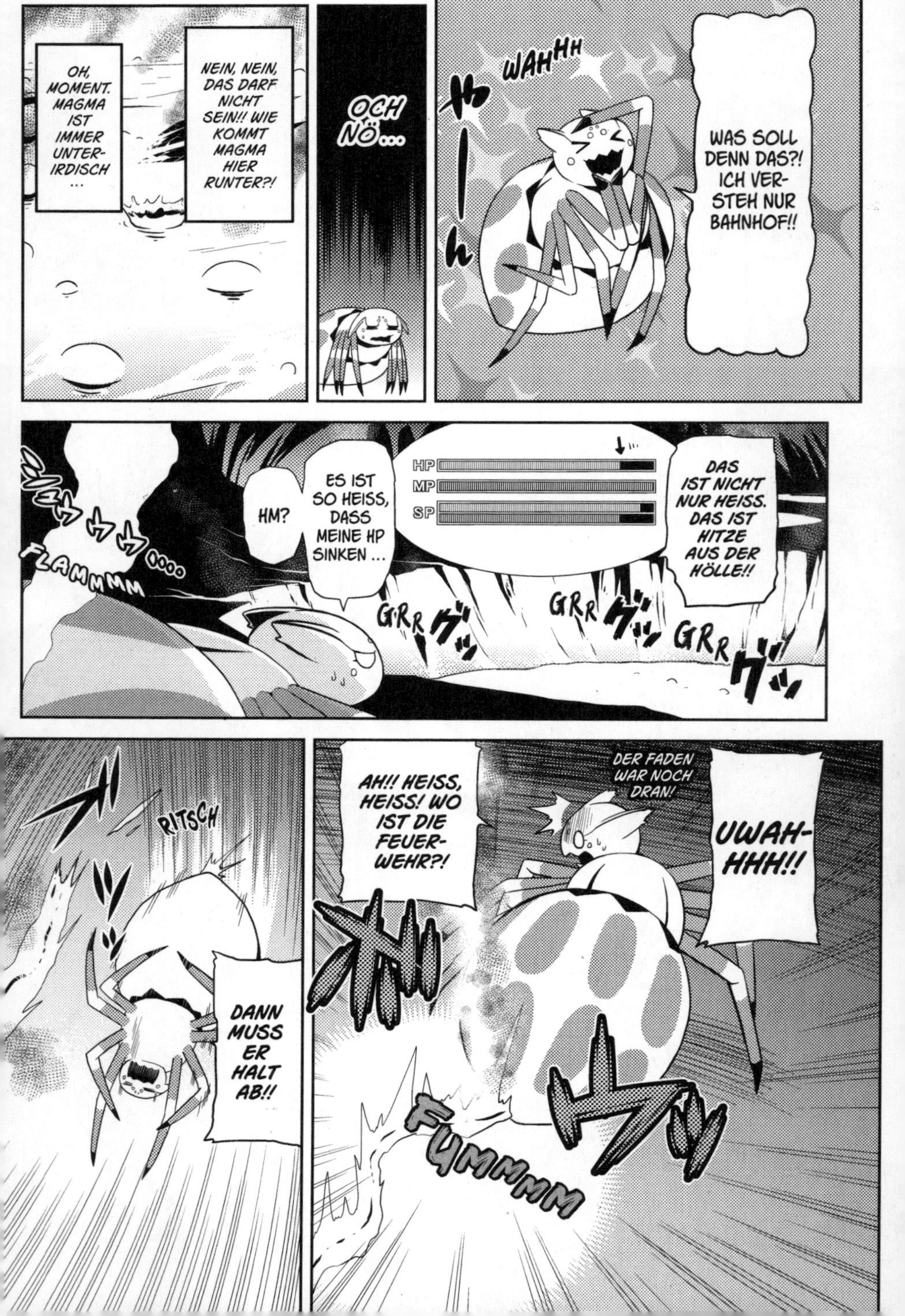
WAS SOLL DENN DAS?! ICH VERSTEH NUR BAHNHOF!!
WAHHH
OCH NÖ ...
NEIN, NEIN, DAS DARF NICHT SEIN!! WIE KOMMT MAGMA HIER RUNTER?!
OH, MOMENT. MAGMA IST IMMER UNTERIRDISCH ...
DAS IST NICHT NUR HEISS. DAS IST HITZE AUS DER HÖLLE!!
HP
MP
SP
ES IST SO HEISS, DASS MEINE HP SINKEN ...
HM?
GRR
GRR
GRR
FLAMMMM
UWAH-HHH!!
DER FADEN WAR NOCH DRAN!
AH!! HEISS, HEISS! WO IST DIE FEUERWEHR?!
FUMMMM
RITSCH
DANN MUSS ER HALT AB!!

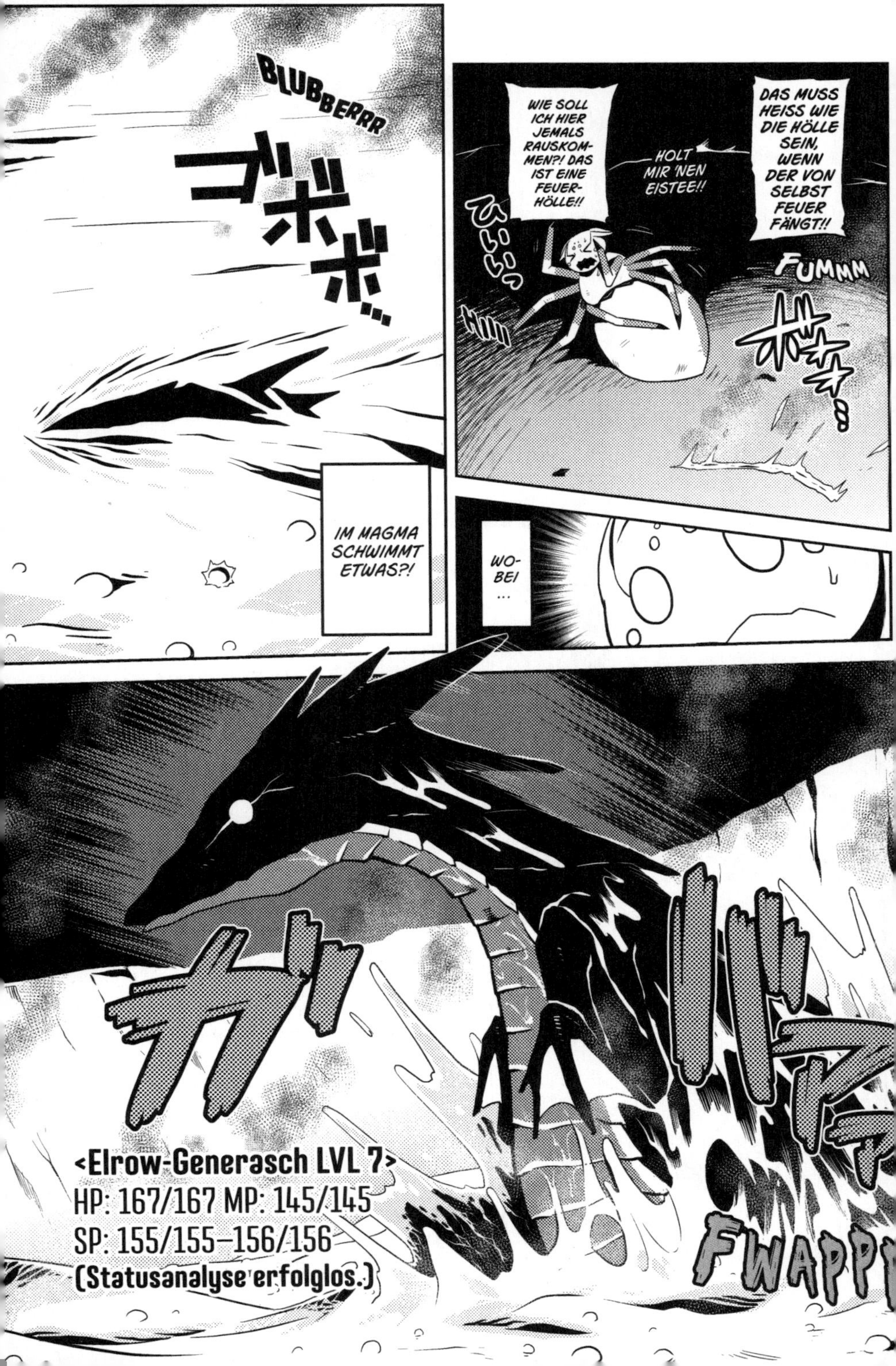
DAS MUSS HEISS WIE DIE HÖLLE SEIN, WENN DER VON SELBST FEUER FÄNGT!!
HOLT MIR 'NEN EISTEE!!
WIE SOLL ICH HIER JEMALS RAUSKOMMEN?! DAS IST EINE FEUERHÖLLE!!
ひぃぃっ
FUMMM
WO-BEI ...
BLUBBERRR
IM MAGMA SCHWIMMT ETWAS?!
FWAPP
<Elrow-Generasch LVL 7>
HP: 167/167 MP: 145/145
SP: 155/155–156/156
(Statusanalyse erfolglos.)

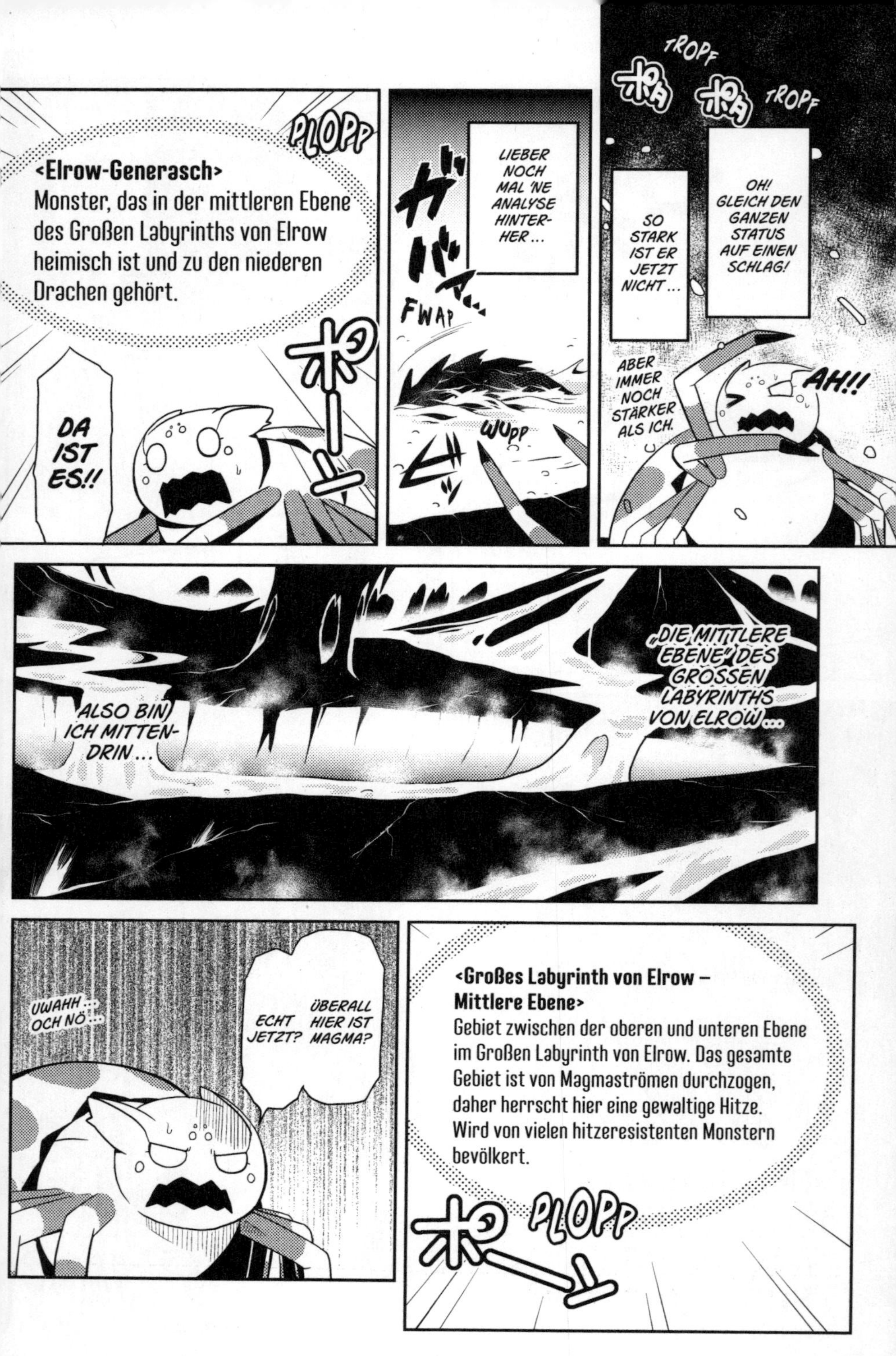

PLOPP
<Elrow-Generasch>
Monster, das in der mittleren Ebene des Großen Labyrinths von Elrow heimisch ist und zu den niederen Drachen gehört.
DA IST ES!!
LIEBER NOCH MAL 'NE ANALYSE HINTERHER …
FWAP
WUPP
TROPF
TROPF
OH! GLEICH DEN GANZEN STATUS AUF EINEN SCHLAG!
SO STARK IST ER JETZT NICHT …
ABER IMMER NOCH STÄRKER ALS ICH.
AH!!
„DIE MITTLERE EBENE" DES GROSSEN LABYRINTHS VON ELROW …
ALSO BIN ICH MITTENDRIN …
UWAHH … OCH NÖ …
ECHT JETZT?
ÜBERALL HIER IST MAGMA?
<Großes Labyrinth von Elrow – Mittlere Ebene>
Gebiet zwischen der oberen und unteren Ebene im Großen Labyrinth von Elrow. Das gesamte Gebiet ist von Magmaströmen durchzogen, daher herrscht hier eine gewaltige Hitze. Wird von vielen hitzeresistenten Monstern bevölkert.
PLOPP

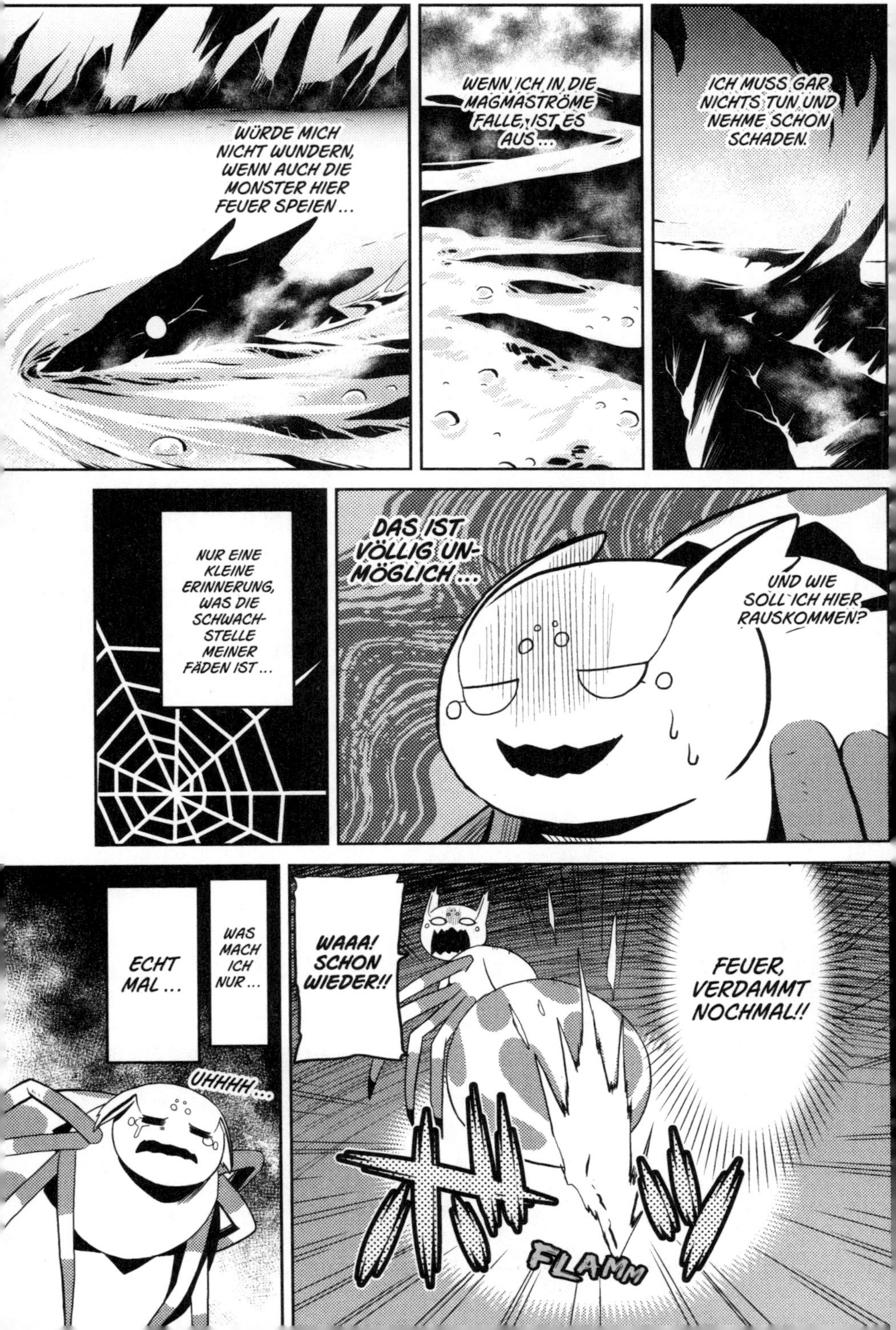
ICH MUSS GAR NICHTS TUN UND NEHME SCHON SCHADEN.
WENN ICH IN DIE MAGMASTRÖME FALLE, IST ES AUS …
WÜRDE MICH NICHT WUNDERN, WENN AUCH DIE MONSTER HIER FEUER SPEIEN …
UND WIE SOLL ICH HIER RAUSKOMMEN?
DAS IST VÖLLIG UN-MÖGLICH …
NUR EINE KLEINE ERINNERUNG, WAS DIE SCHWACH-STELLE MEINER FÄDEN IST …
FEUER, VERDAMMT NOCHMAL!!
WAAA! SCHON WIEDER!!
FLAMM
WAS MACH ICH NUR …
ECHT MAL …
UHHHH …

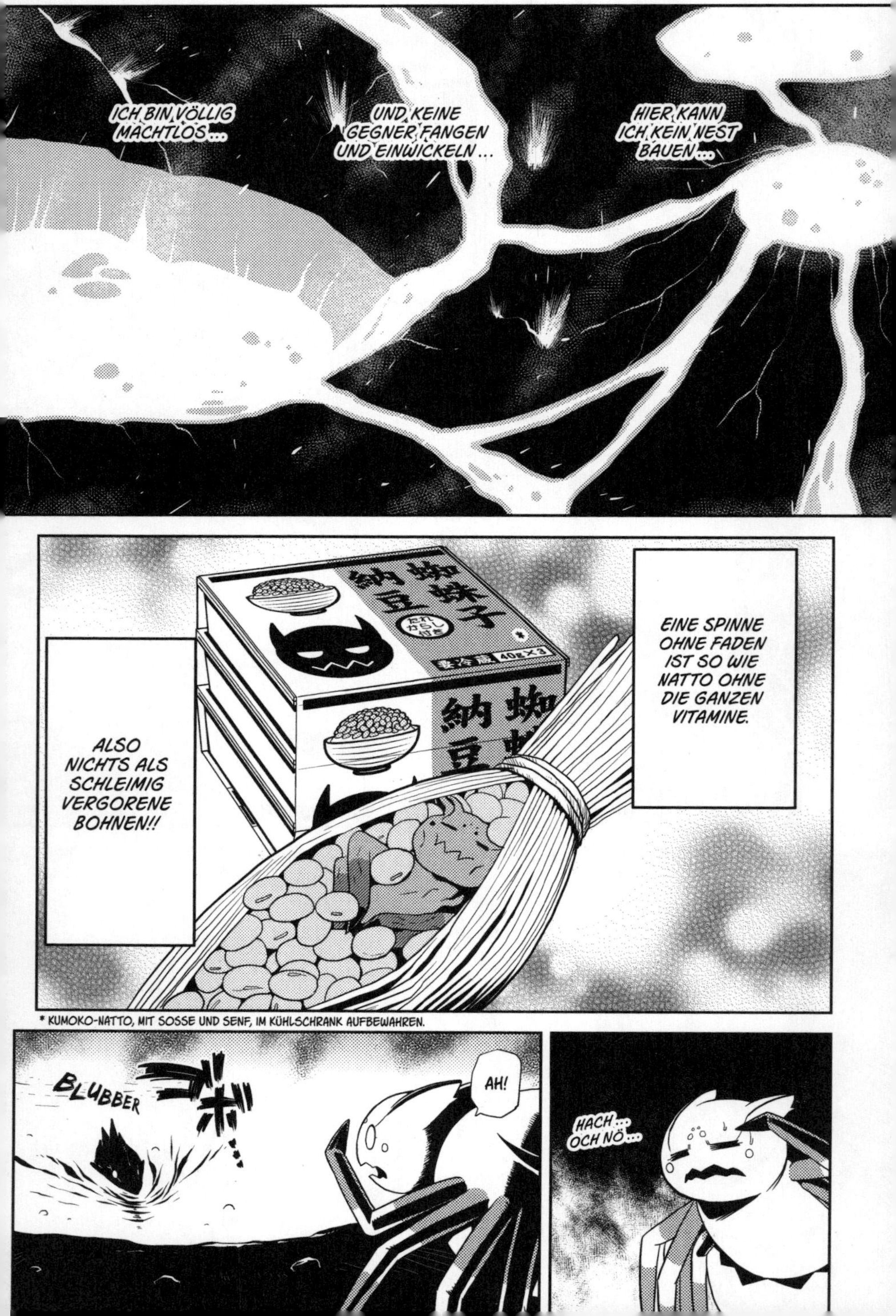

* KUMOKO-NATTO, MIT SOSSE UND SENF, IM KÜHLSCHRANK AUFBEWAHREN.

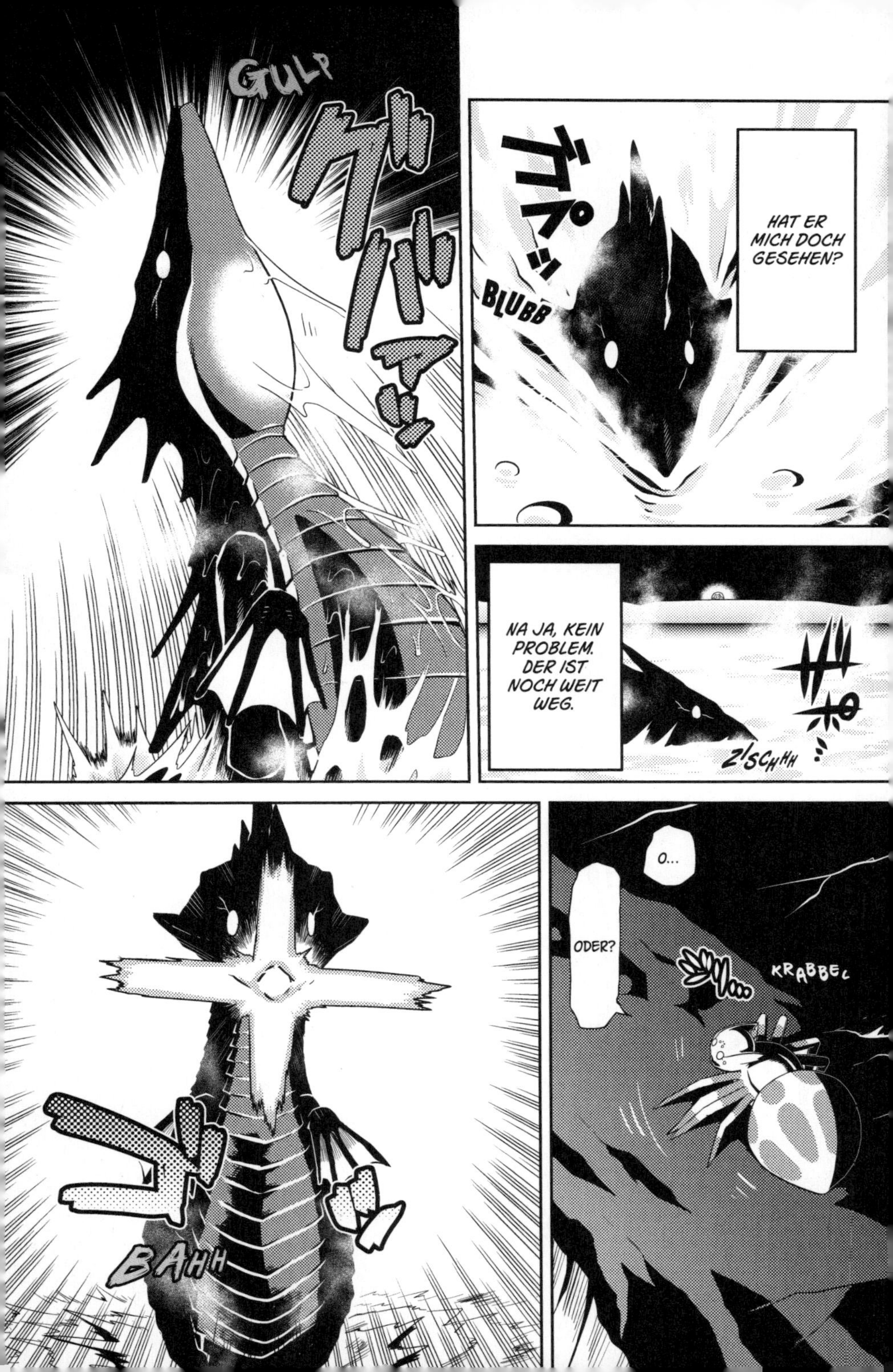

BLUBB
HAT ER MICH DOCH GESEHEN?
GULP
NA JA, KEIN PROBLEM. DER IST NOCH WEIT WEG.
Z!SCHHH
O...
ODER?
KRABBEL
BAHH

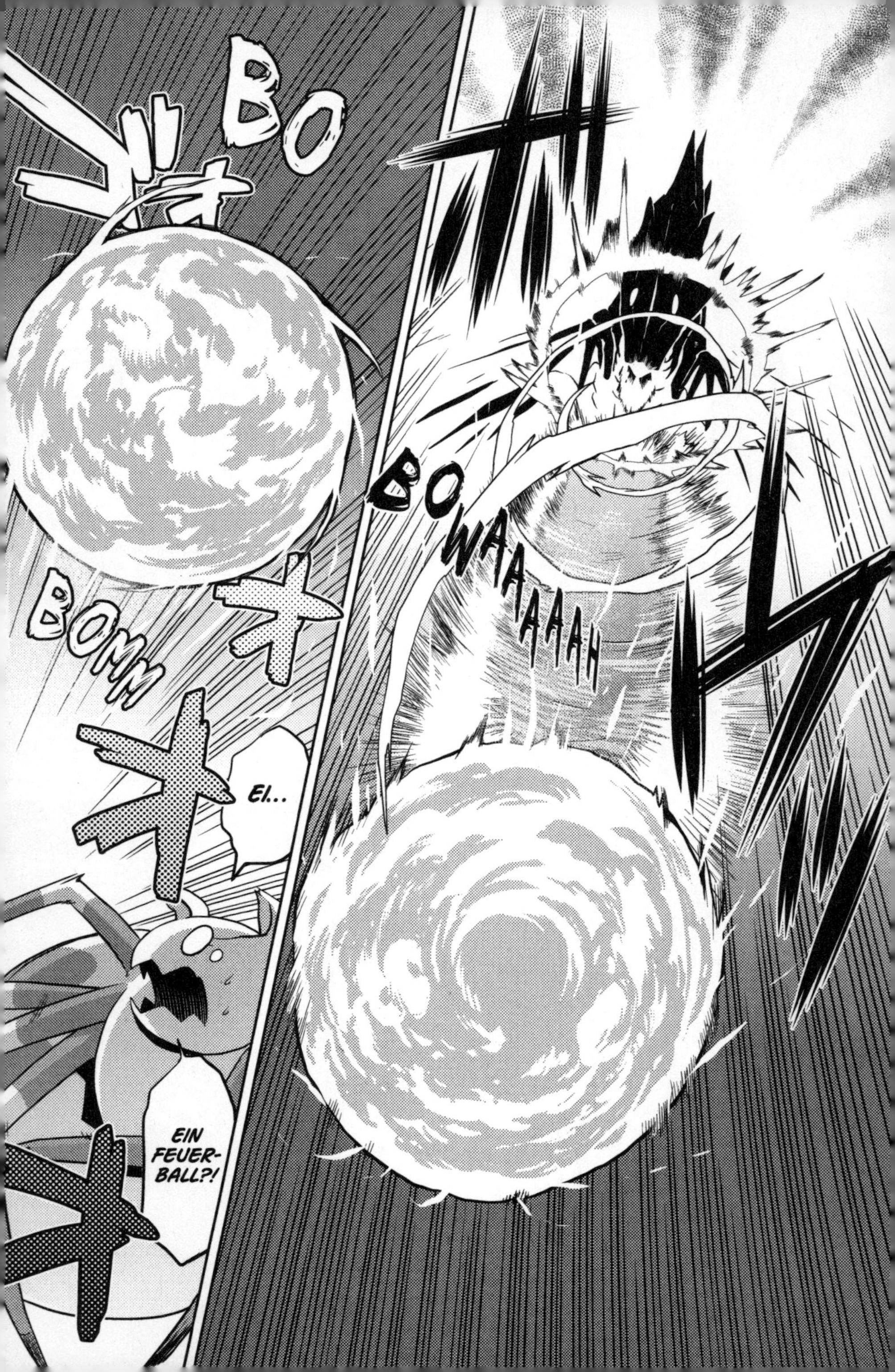
BOWAAAAAH
BO
BOMM
EI…
EIN FEUER-BALL?!

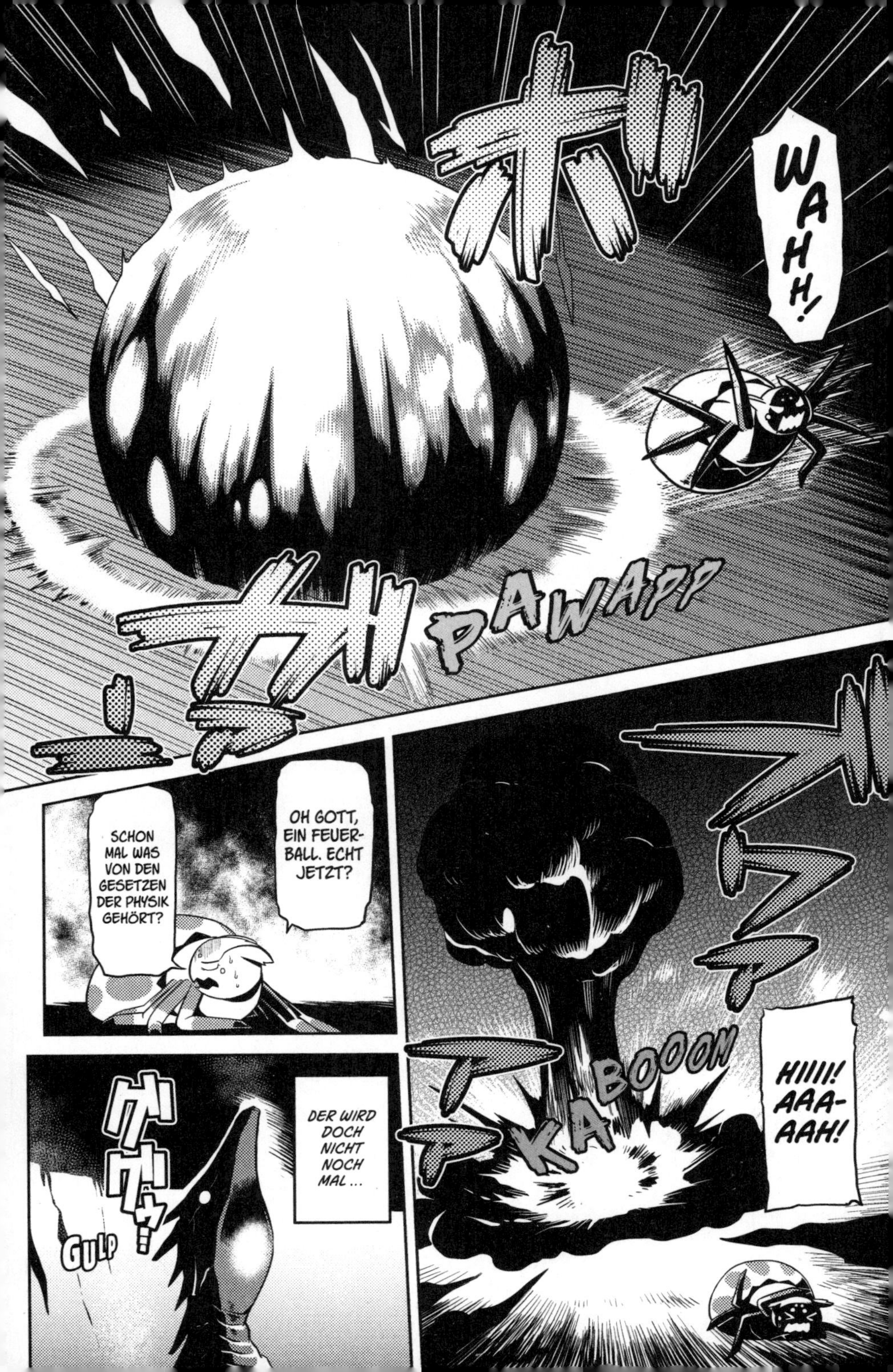
WAHH!
PAWAPP
OH GOTT, EIN FEUERBALL. ECHT JETZT?
SCHON MAL WAS VON DEN GESETZEN DER PHYSIK GEHÖRT?
HIIII! AAAAAH!
KABOOOM
DER WIRD DOCH NICHT NOCH MAL ...
GULP

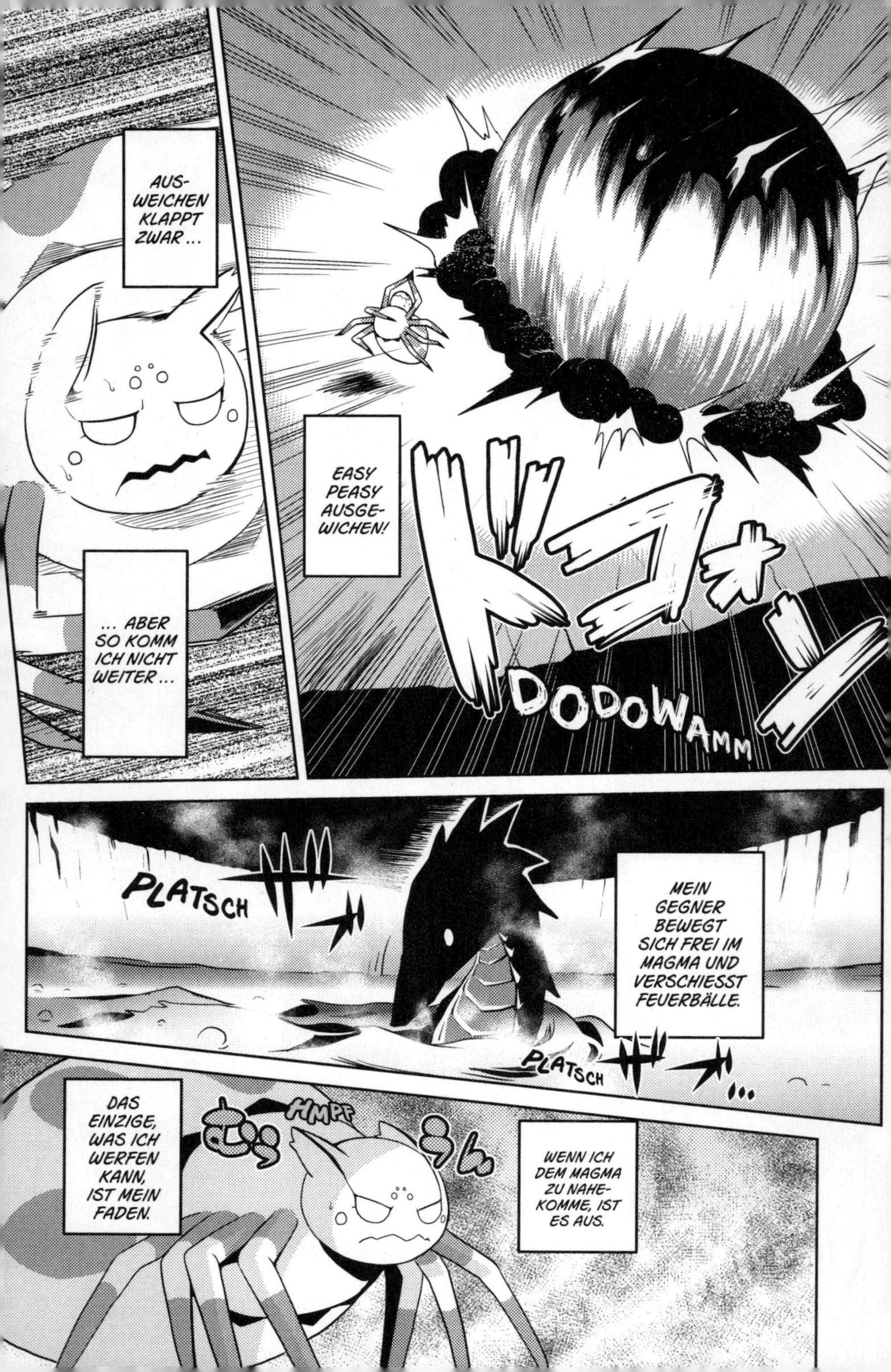
EASY PEASY AUSGE-WICHEN!
DODOWAMM
AUS-WEICHEN KLAPPT ZWAR ...
... ABER SO KOMM ICH NICHT WEITER ...
MEIN GEGNER BEWEGT SICH FREI IM MAGMA UND VERSCHIESST FEUERBÄLLE.
PLATSCH
PLATSCH
WENN ICH DEM MAGMA ZU NAHE-KOMME, IST ES AUS.
HMPF
DAS EINZIGE, WAS ICH WERFEN KANN, IST MEIN FADEN.

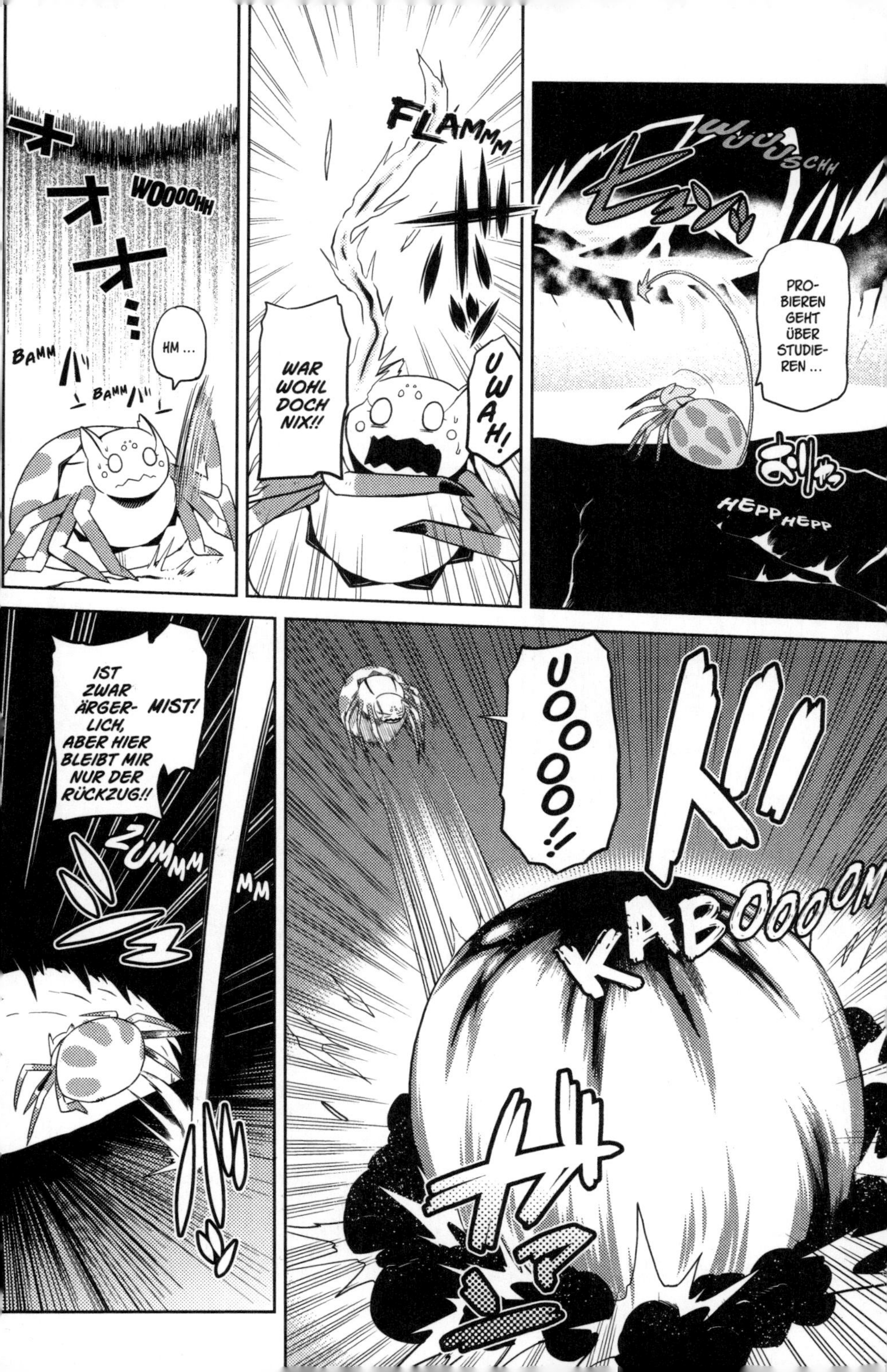
WUUUSCHH
PRO-
BIEREN
GEHT
ÜBER
STUDIE-
REN …
HEPP HEPP
FLAMMM
WAR
WOHL
DOCH
NIX!!
UWAH!
WOOOOHH
HM …
BAMM
BAMM
UOOOOO!!
KABOOOOM
IST
ZWAR
ÄRGER-
LICH,
ABER HIER
BLEIBT MIR
NUR DER
RÜCKZUG!!
MIST!
ZUMMMMM

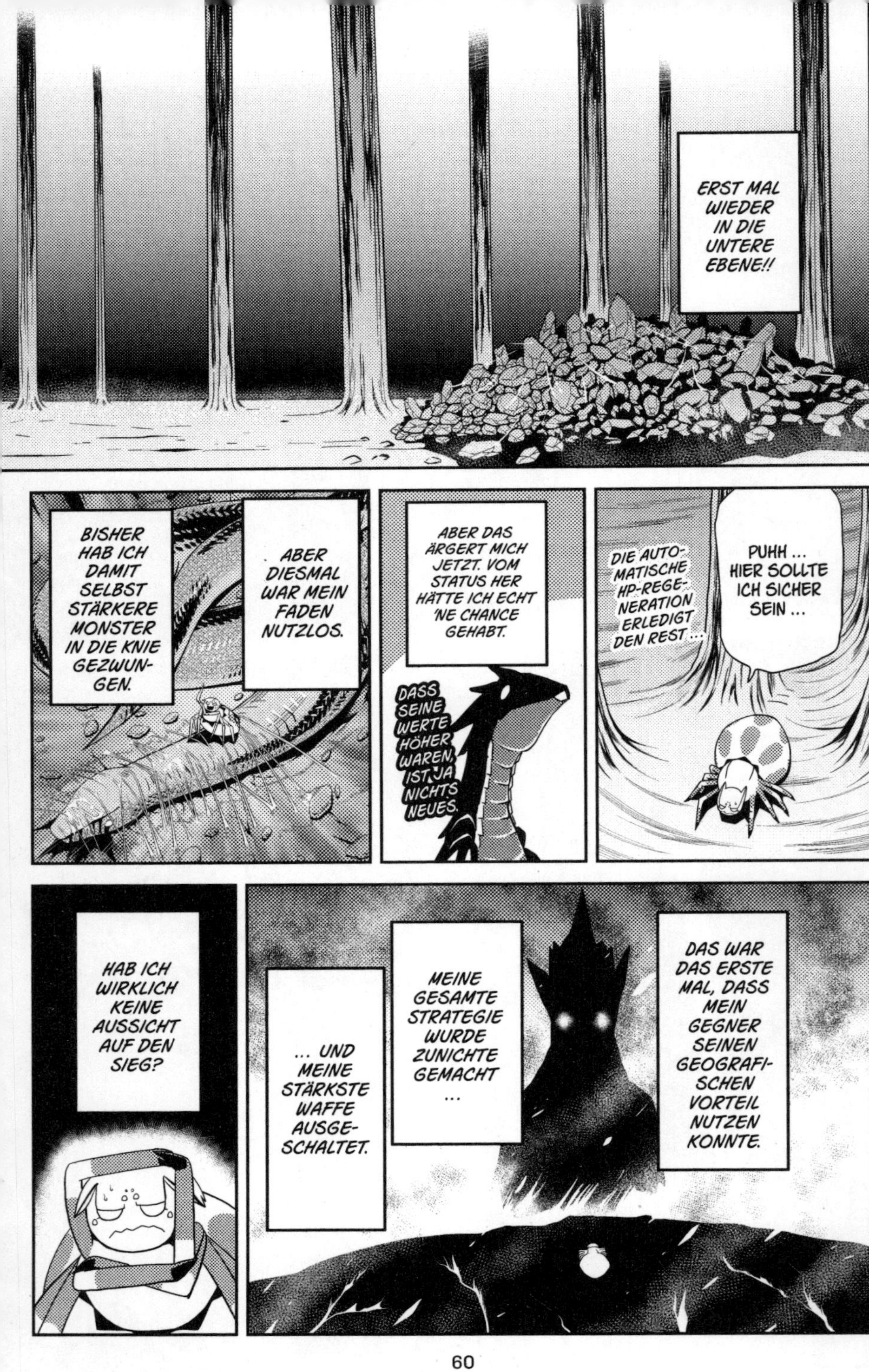
ERST MAL WIEDER IN DIE UNTERE EBENE!!
PUHH ... HIER SOLLTE ICH SICHER SEIN ...
DIE AUTOMATISCHE HP-REGENERATION ERLEDIGT DEN REST ...
ABER DAS ÄRGERT MICH JETZT. VOM STATUS HER HÄTTE ICH ECHT 'NE CHANCE GEHABT.
DASS SEINE WERTE HÖHER WAREN, IST JA NICHTS NEUES.
BISHER HAB ICH DAMIT SELBST STÄRKERE MONSTER IN DIE KNIE GEZWUNGEN.
ABER DIESMAL WAR MEIN FADEN NUTZLOS.
DAS WAR DAS ERSTE MAL, DASS MEIN GEGNER SEINEN GEOGRAFISCHEN VORTEIL NUTZEN KONNTE.
MEINE GESAMTE STRATEGIE WURDE ZUNICHTE GEMACHT ...
... UND MEINE STÄRKSTE WAFFE AUSGESCHALTET.
HAB ICH WIRKLICH KEINE AUSSICHT AUF DEN SIEG?

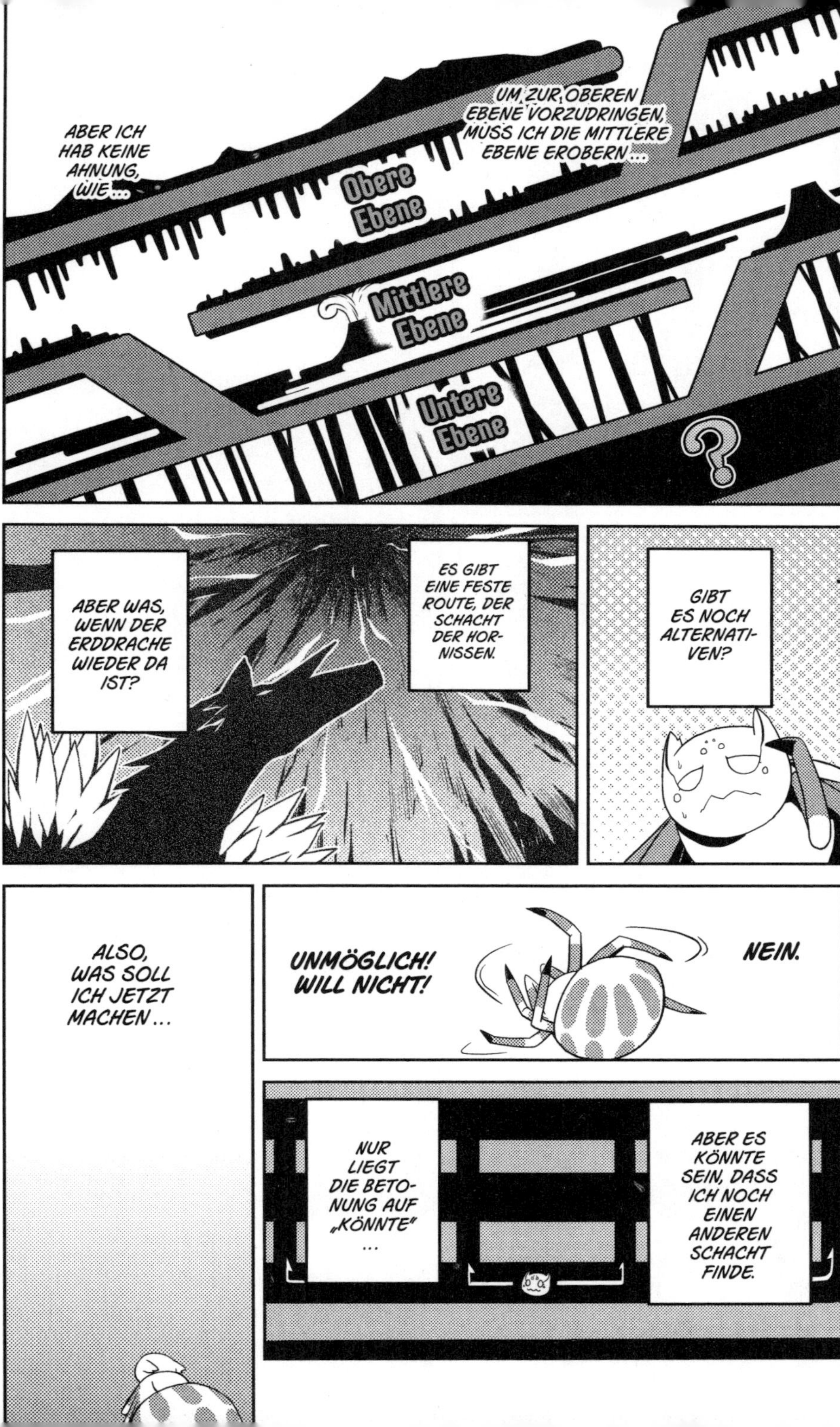
UM ZUR OBEREN EBENE VORZUDRINGEN, MUSS ICH DIE MITTLERE EBENE EROBERN …
ABER ICH HAB KEINE AHNUNG, WIE …
Obere Ebene
Mittlere Ebene
Untere Ebene
?
ES GIBT EINE FESTE ROUTE, DER SCHACHT DER HORNISSEN.
ABER WAS, WENN DER ERDDRACHE WIEDER DA IST?
GIBT ES NOCH ALTERNATIVEN?
NEIN.
UNMÖGLICH! WILL NICHT!
ALSO, WAS SOLL ICH JETZT MACHEN …
ABER ES KÖNNTE SEIN, DASS ICH NOCH EINEN ANDEREN SCHACHT FINDE.
NUR LIEGT DIE BETONUNG AUF „KÖNNTE“ …

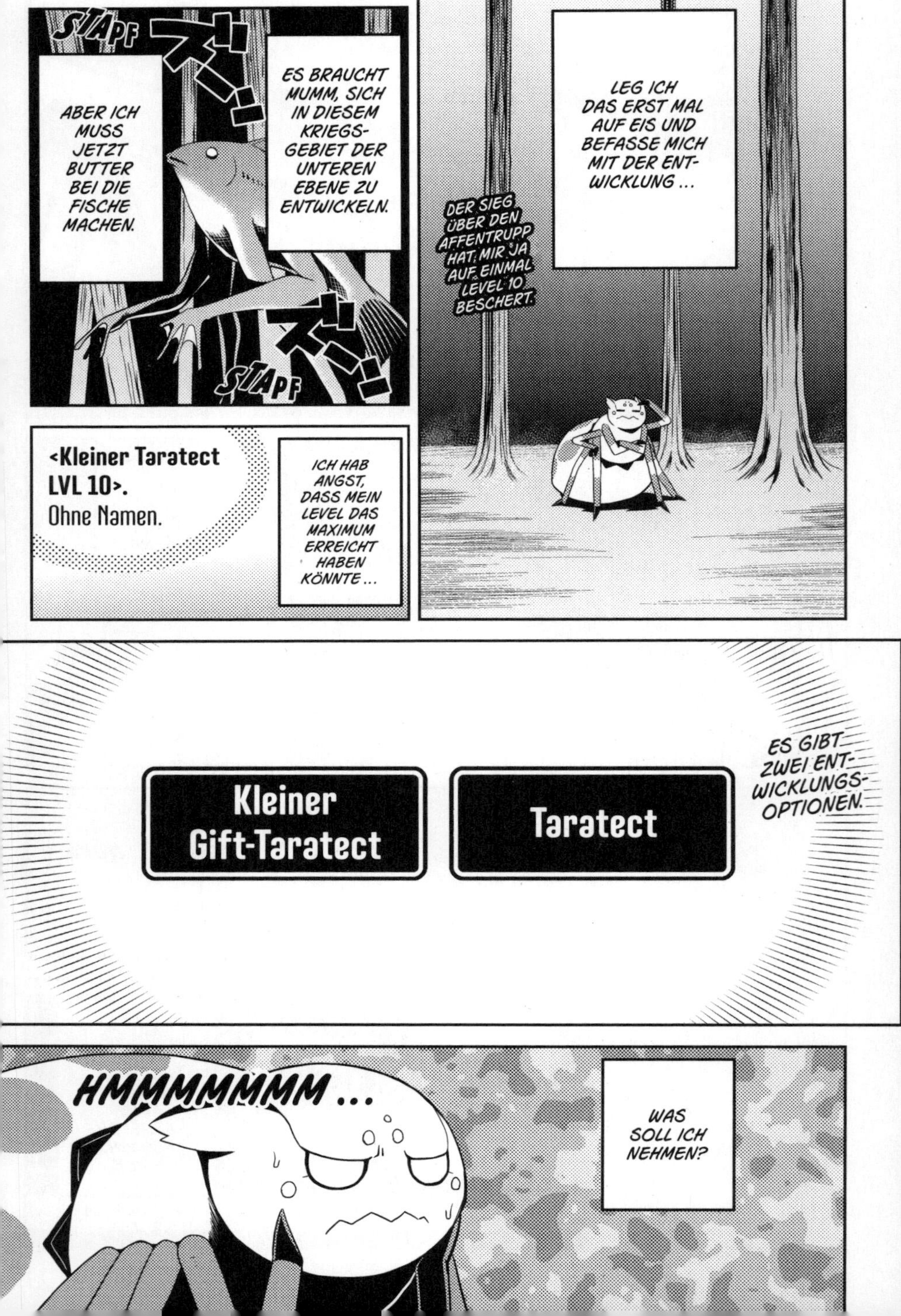

LEG ICH DAS ERST MAL AUF EIS UND BEFASSE MICH MIT DER ENTWICKLUNG …
DER SIEG ÜBER DEN AFFENTRUPP HAT MIR JA AUF EINMAL LEVEL 10 BESCHERT.
ES BRAUCHT MUMM, SICH IN DIESEM KRIEGSGEBIET DER UNTEREN EBENE ZU ENTWICKELN.
STAPF
ABER ICH MUSS JETZT BUTTER BEI DIE FISCHE MACHEN.
STAPF
ICH HAB ANGST, DASS MEIN LEVEL DAS MAXIMUM ERREICHT HABEN KÖNNTE …
<Kleiner Taratect LVL 10>.
Ohne Namen.
ES GIBT ZWEI ENTWICKLUNGSOPTIONEN.
Taratect
Kleiner Gift-Taratect
WAS SOLL ICH NEHMEN?
HMMMMMMMM …

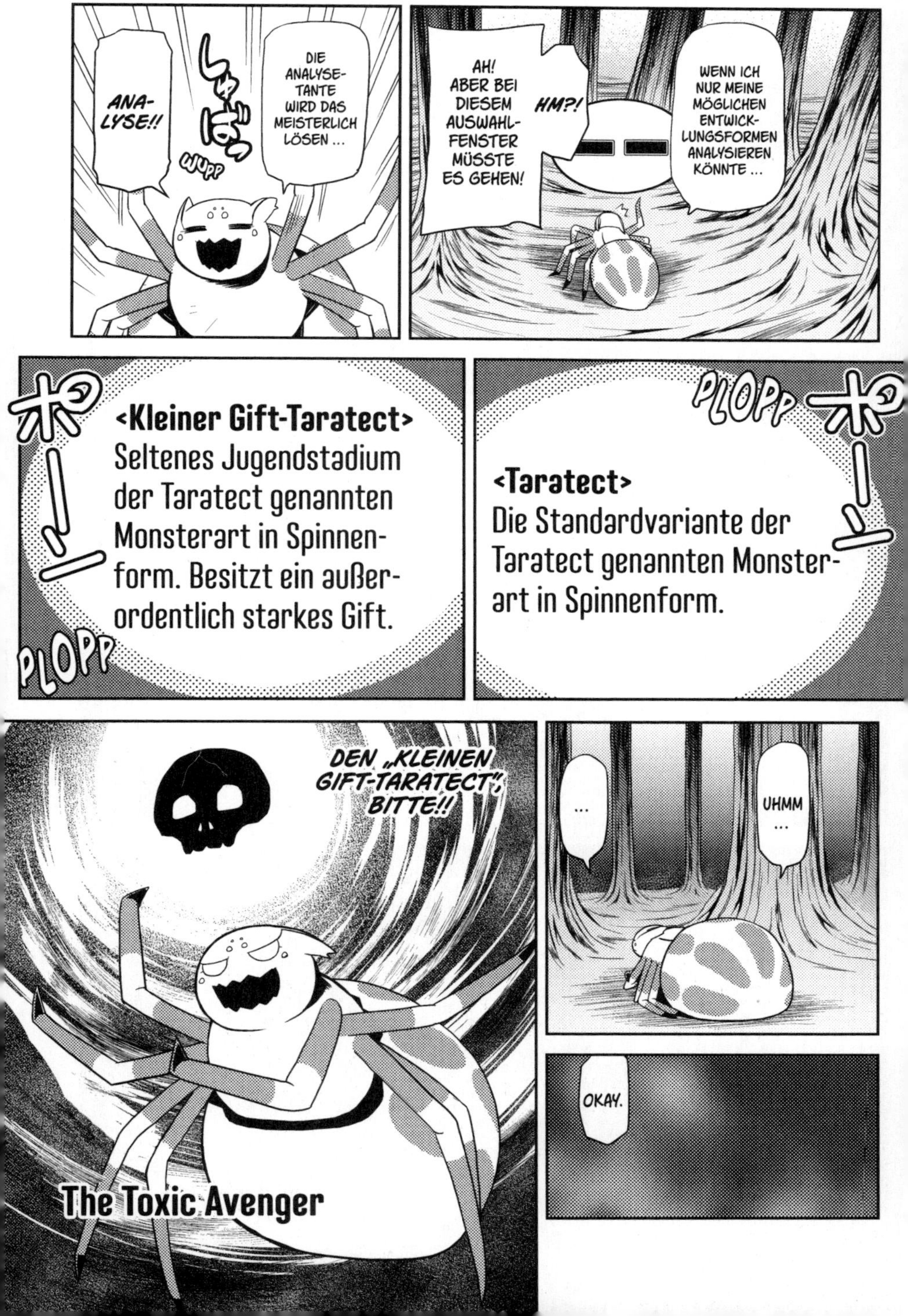

WENN ICH NUR MEINE MÖGLICHEN ENTWICKLUNGSFORMEN ANALYSIEREN KÖNNTE ...
HM?!
AH! ABER BEI DIESEM AUSWAHLFENSTER MÜSSTE ES GEHEN!
DIE ANALYSETANTE WIRD DAS MEISTERLICH LÖSEN ...
WUPP
ANALYSE!!
PLOPP
<Taratect> Die Standardvariante der Taratect genannten Monsterart in Spinnenform.
<Kleiner Gift-Taratect> Seltenes Jugendstadium der Taratect genannten Monsterart in Spinnenform. Besitzt ein außerordentlich starkes Gift.
PLOPP
UHMM ...
...
OKAY.
DEN „KLEINEN GIFT-TARATECT", BITTE!!
The Toxic Avenger

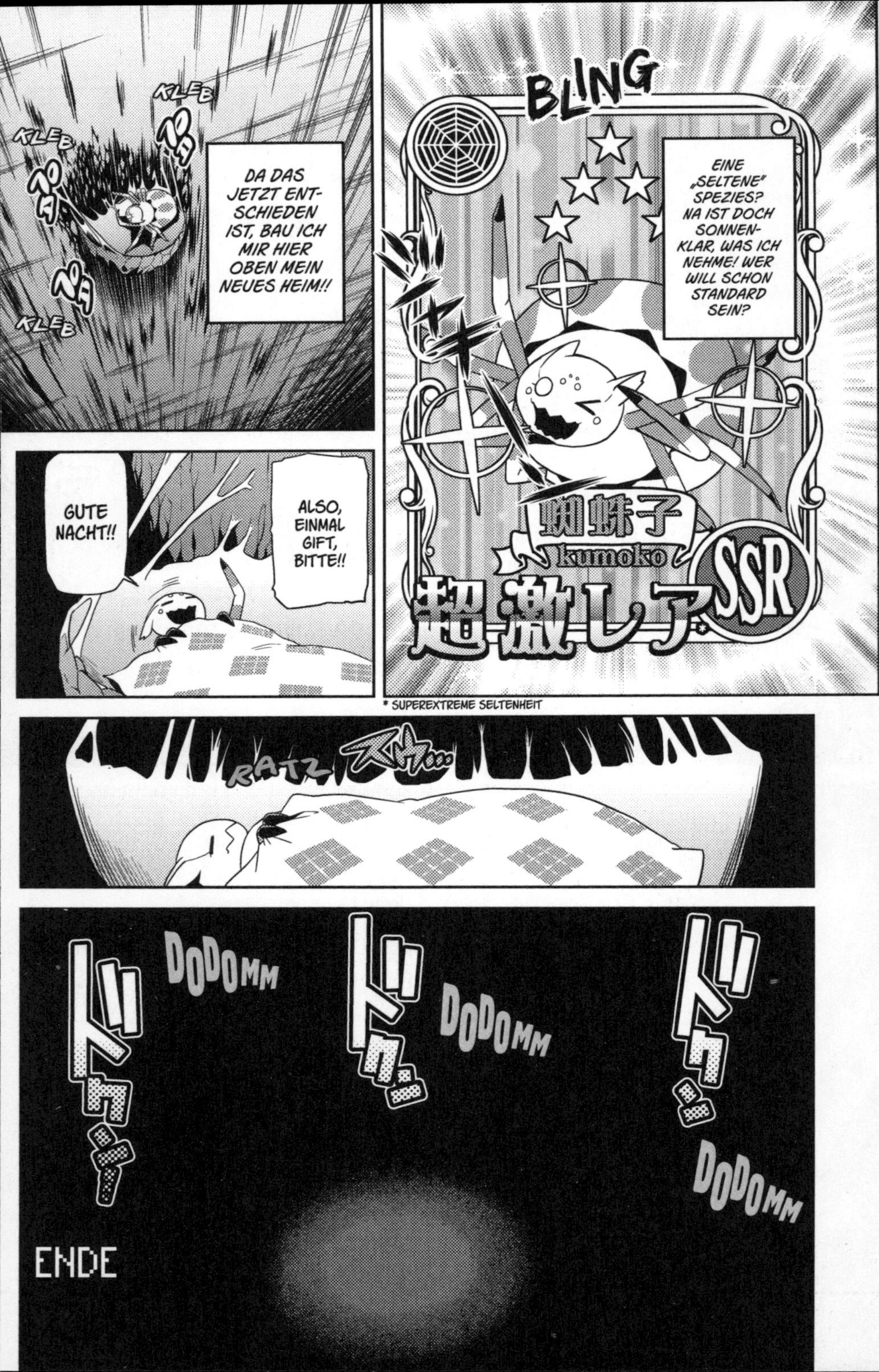
BLING
EINE „SELTENE" SPEZIES? NA IST DOCH SONNENKLAR, WAS ICH NEHME! WER WILL SCHON STANDARD SEIN?
蜘蛛子
kumoko
超激レア*
SSR
KLEB
KLEB
KLEB
DA DAS JETZT ENTSCHIEDEN IST, BAU ICH MIR HIER OBEN MEIN NEUES HEIM!!
ALSO, EINMAL GIFT, BITTE!!
GUTE NACHT!!
* SUPEREXTREME SELTENHEIT
RATZ
DODOMM
DODOMM
DODOMM
ENDE

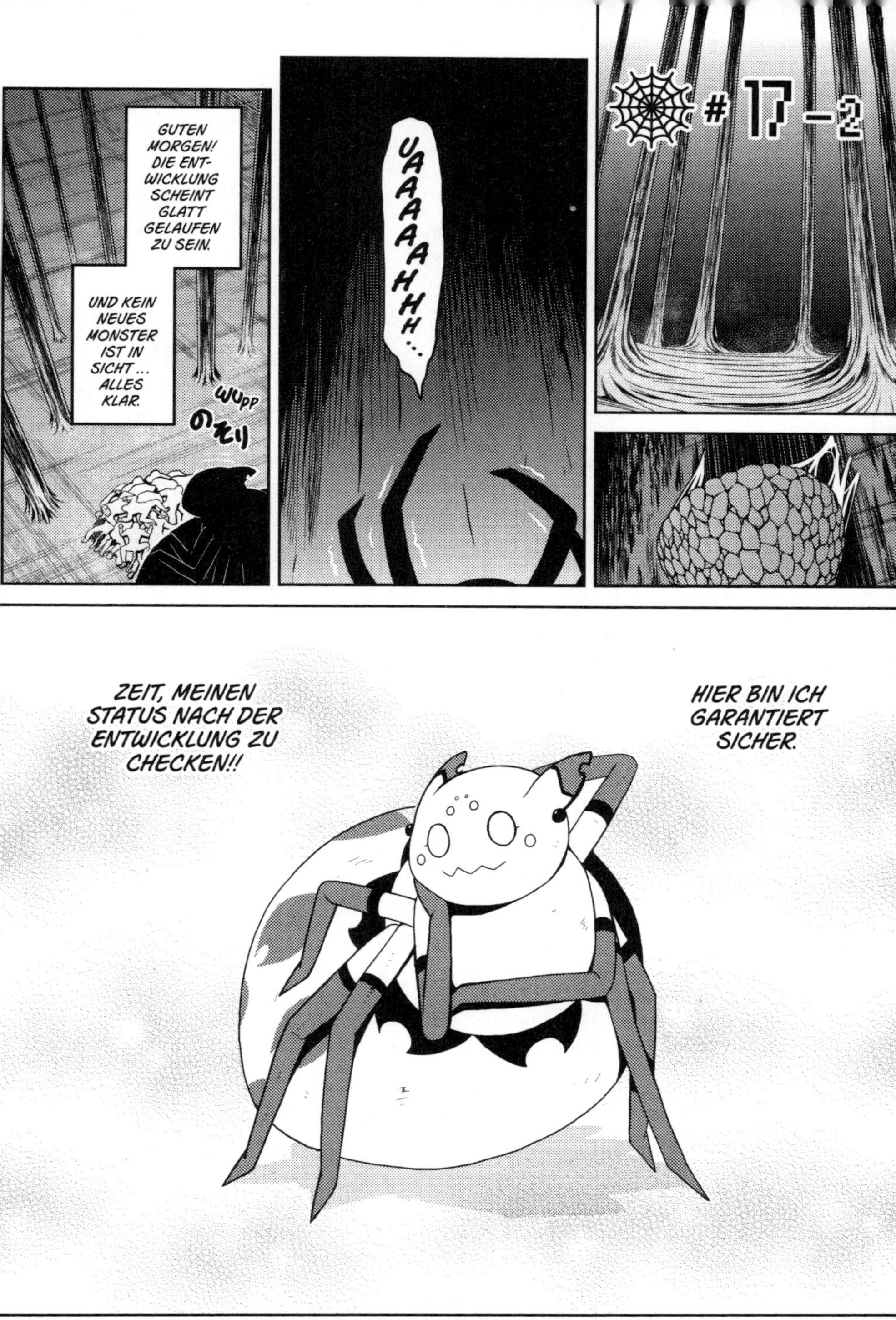

#17-2
UAAAAAAHHH…
GUTEN MORGEN! DIE ENTWICKLUNG SCHEINT GLATT GELAUFEN ZU SEIN.
UND KEIN NEUES MONSTER IST IN SICHT … ALLES KLAR.
WUPP
のそり
HIER BIN ICH GARANTIERT SICHER.
ZEIT, MEINEN STATUS NACH DER ENTWICKLUNG ZU CHECKEN!!

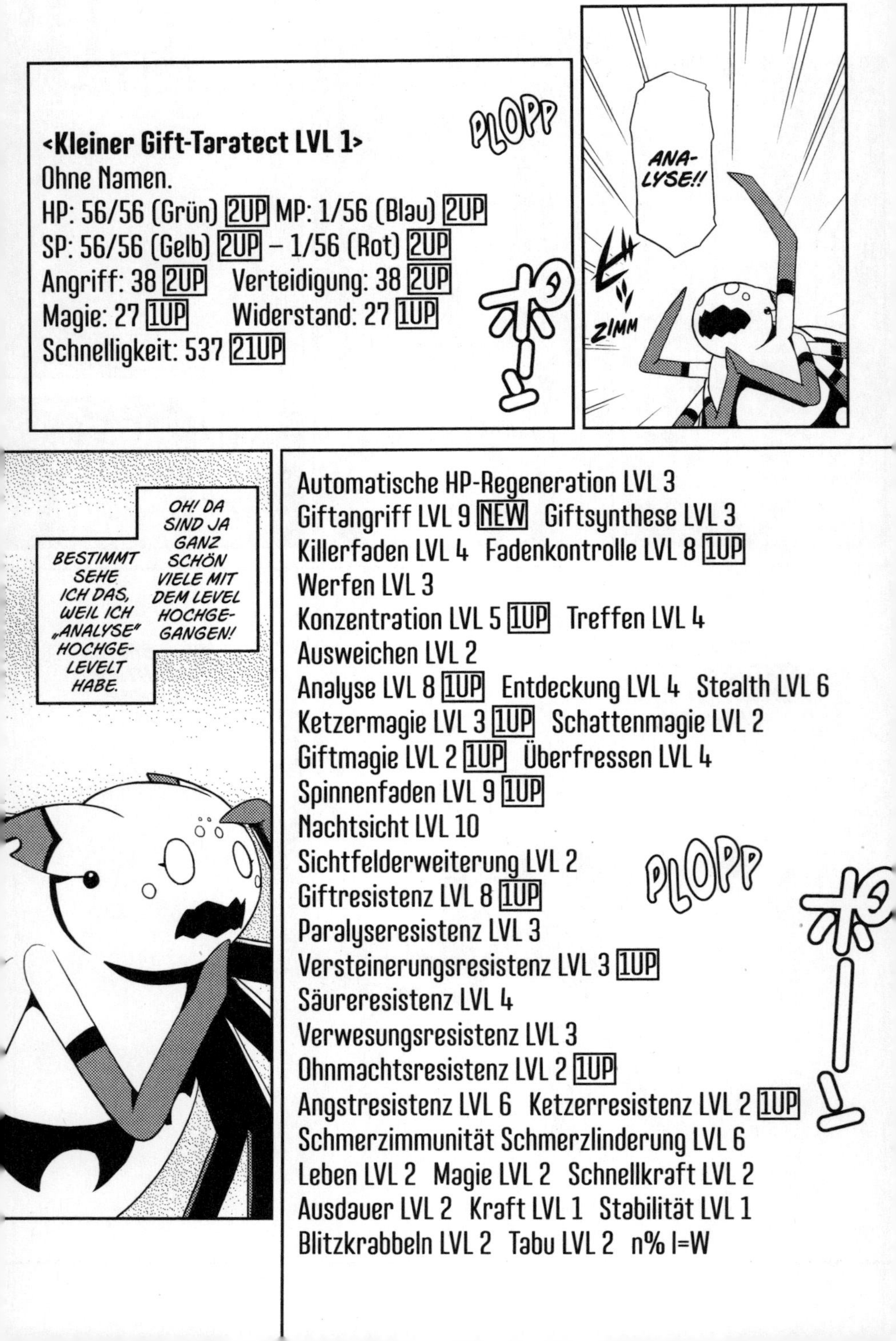
ANA-LYSE!!
ZIMM
PLOPP
<Kleiner Gift-Taratect LVL 1>
Ohne Namen.
HP: 56/56 (Grün) 2UP MP: 1/56 (Blau) 2UP
SP: 56/56 (Gelb) 2UP – 1/56 (Rot) 2UP
Angriff: 38 2UP Verteidigung: 38 2UP
Magie: 27 1UP Widerstand: 27 1UP
Schnelligkeit: 537 21UP
Automatische HP-Regeneration LVL 3
Giftangriff LVL 9 NEW Giftsynthese LVL 3
Killerfaden LVL 4 Fadenkontrolle LVL 8 1UP
Werfen LVL 3
Konzentration LVL 5 1UP Treffen LVL 4
Ausweichen LVL 2
Analyse LVL 8 1UP Entdeckung LVL 4 Stealth LVL 6
Ketzermagie LVL 3 1UP Schattenmagie LVL 2
Giftmagie LVL 2 1UP Überfressen LVL 4
Spinnenfaden LVL 9 1UP
Nachtsicht LVL 10
Sichtfelderweiterung LVL 2
Giftresistenz LVL 8 1UP
Paralyseresistenz LVL 3
Versteinerungsresistenz LVL 3 1UP
Säureresistenz LVL 4
Verwesungsresistenz LVL 3
Ohnmachtsresistenz LVL 2 1UP
Angstresistenz LVL 6 Ketzerresistenz LVL 2 1UP
Schmerzimmunität Schmerzlinderung LVL 6
Leben LVL 2 Magie LVL 2 Schnellkraft LVL 2
Ausdauer LVL 2 Kraft LVL 1 Stabilität LVL 1
Blitzkrabbeln LVL 2 Tabu LVL 2 n% I=W
PLOPP
OH! DA SIND JA GANZ SCHÖN VIELE MIT DEM LEVEL HOCHGEGANGEN!
BESTIMMT SEHE ICH DAS, WEIL ICH „ANALYSE" HOCHGELEVELT HABE.

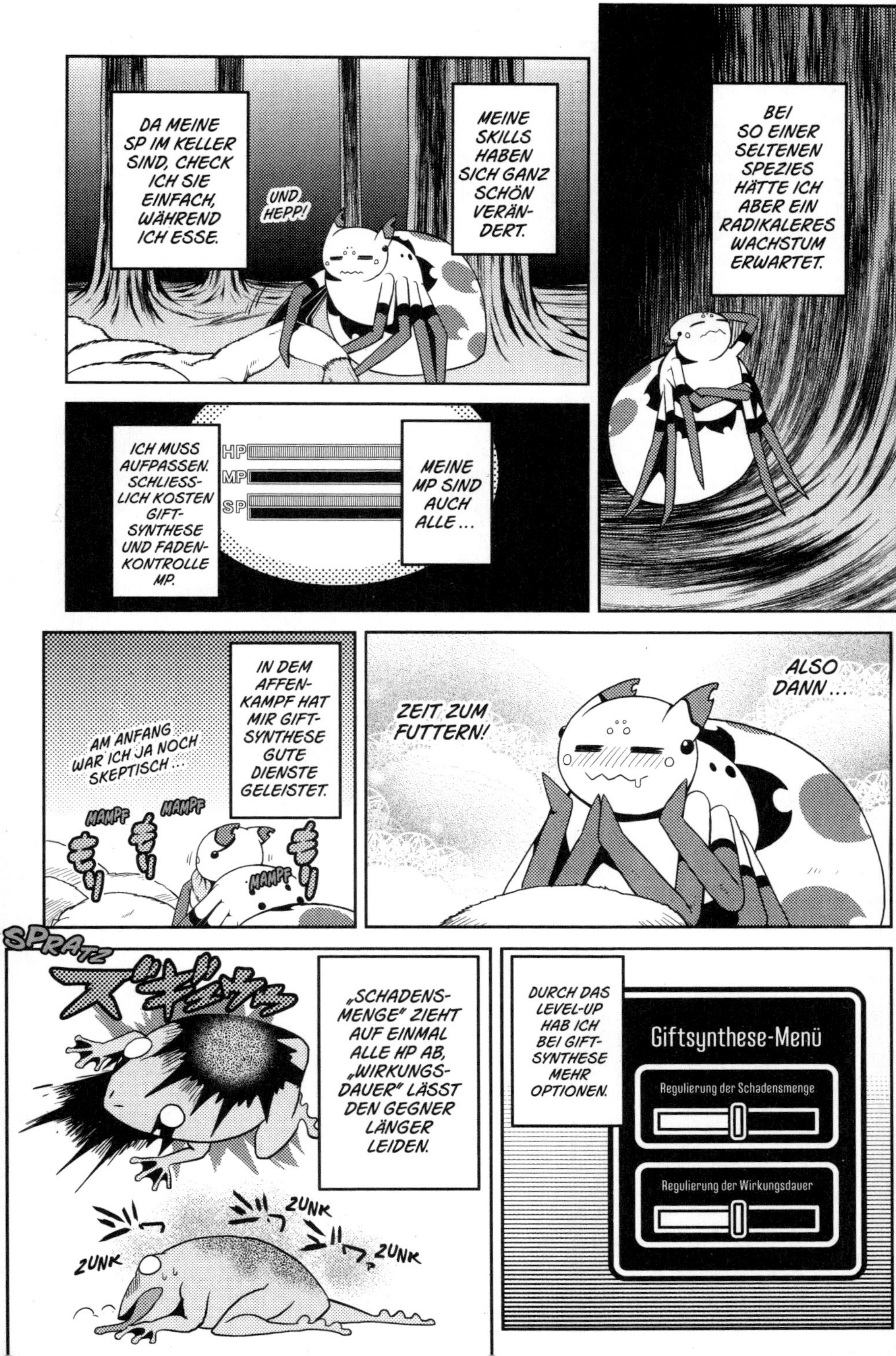

MEINE SKILLS HABEN SICH GANZ SCHÖN VERÄNDERT.
UND HEPP!
DA MEINE SP IM KELLER SIND, CHECK ICH SIE EINFACH, WÄHREND ICH ESSE.
BEI SO EINER SELTENEN SPEZIES HÄTTE ICH ABER EIN RADIKALERES WACHSTUM ERWARTET.
MEINE MP SIND AUCH ALLE …
HP
MP
SP
ICH MUSS AUFPASSEN. SCHLIESSLICH KOSTEN GIFTSYNTHESE UND FADENKONTROLLE MP.
ALSO DANN …
ZEIT ZUM FUTTERN!
IN DEM AFFENKAMPF HAT MIR GIFTSYNTHESE GUTE DIENSTE GELEISTET.
AM ANFANG WAR ICH JA NOCH SKEPTISCH …
MAMPF
MAMPF
MAMPF
DURCH DAS LEVEL-UP HAB ICH BEI GIFTSYNTHESE MEHR OPTIONEN.
Giftsynthese-Menü
Regulierung der Schadensmenge
Regulierung der Wirkungsdauer
SPRATZ
„SCHADENSMENGE" ZIEHT AUF EINMAL ALLE HP AB, „WIRKUNGSDAUER" LÄSST DEN GEGNER LÄNGER LEIDEN.
ZUNK
ZUNK
ZUNK

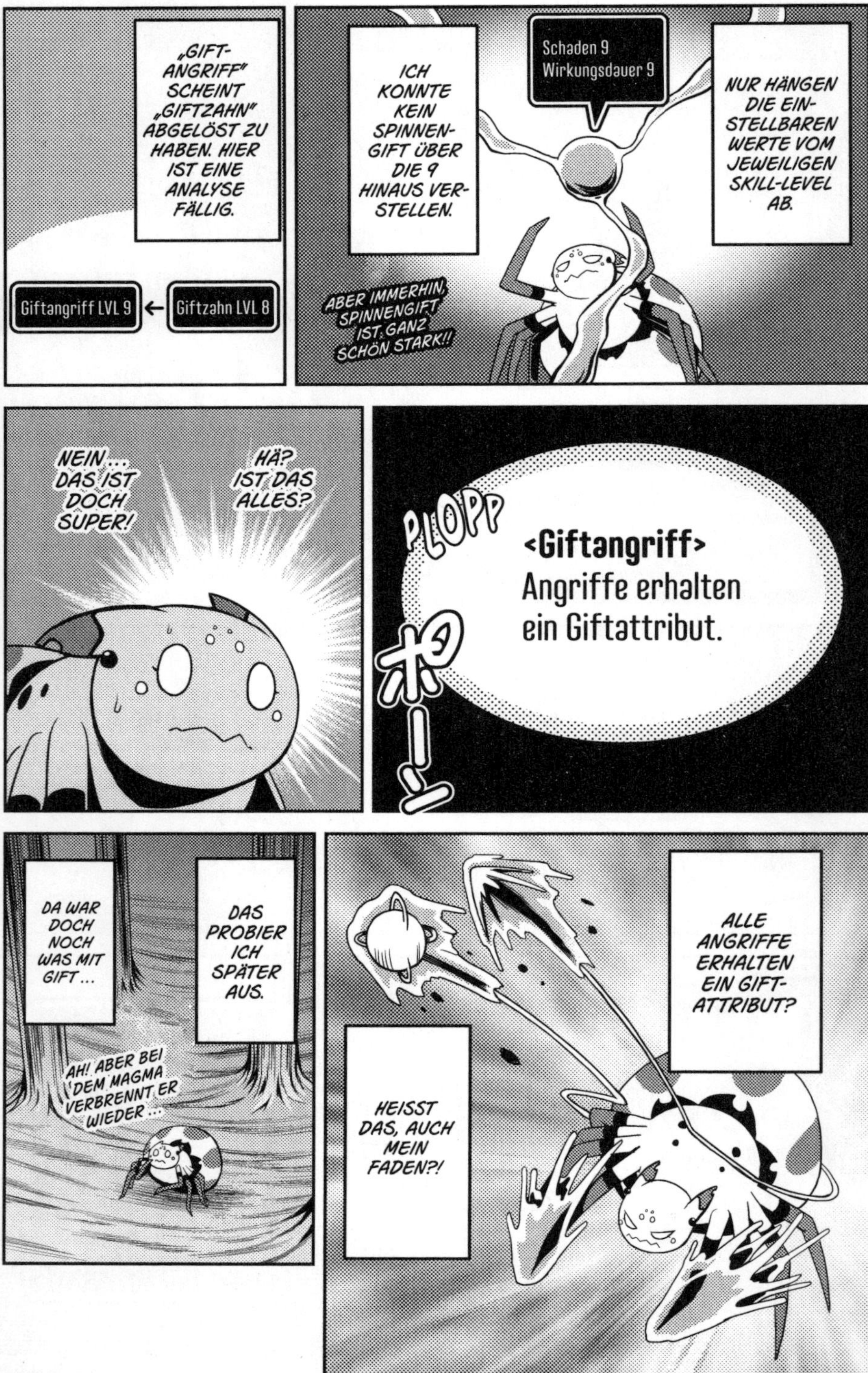

NUR HÄNGEN DIE EINSTELLBAREN WERTE VOM JEWEILIGEN SKILL-LEVEL AB.
Schaden 9
Wirkungsdauer 9
ICH KONNTE KEIN SPINNENGIFT ÜBER DIE 9 HINAUS VERSTELLEN.
ABER IMMERHIN, SPINNENGIFT IST GANZ SCHÖN STARK!!
„GIFTANGRIFF" SCHEINT „GIFTZAHN" ABGELÖST ZU HABEN. HIER IST EINE ANALYSE FÄLLIG.
Giftzahn LVL 8
Giftangriff LVL 9
PLOPP
ポー
<Giftangriff>
Angriffe erhalten ein Giftattribut.
HÄ? IST DAS ALLES?
NEIN … DAS IST DOCH SUPER!
ALLE ANGRIFFE ERHALTEN EIN GIFTATTRIBUT?
HEISST DAS, AUCH MEIN FADEN?!
DAS PROBIER ICH SPÄTER AUS.
DA WAR DOCH NOCH WAS MIT GIFT …
AH! ABER BEI DEM MAGMA VERBRENNT ER WIEDER …

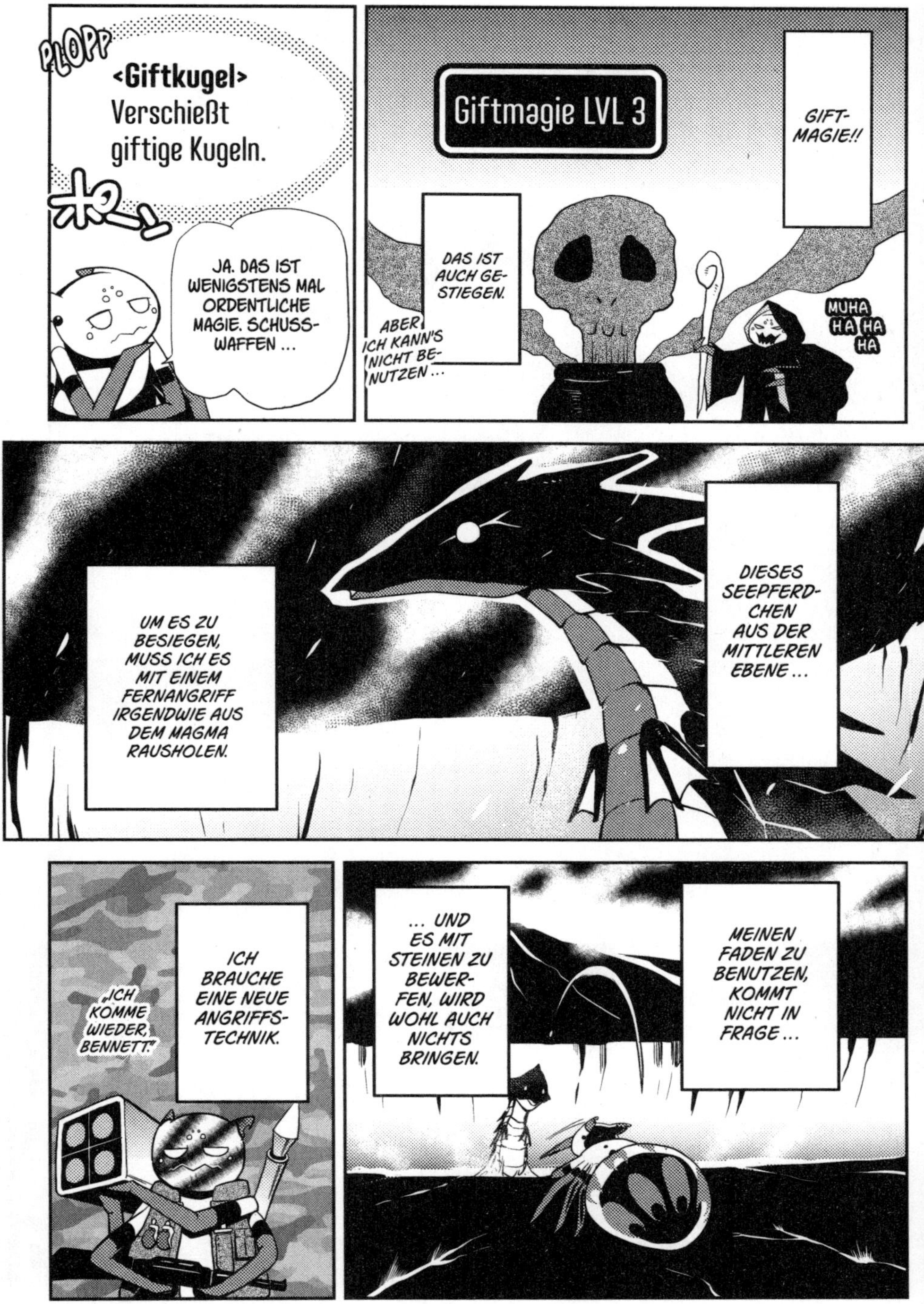
Giftmagie LVL 3
GIFT-MAGIE!!
MUHA HA HA HA
DAS IST AUCH GESTIEGEN.
ABER ICH KANN'S NICHT BENUTZEN …
PLOPP
<Giftkugel>
Verschießt giftige Kugeln.
JA. DAS IST WENIGSTENS MAL ORDENTLICHE MAGIE. SCHUSSWAFFEN …
DIESES SEEPFERDCHEN AUS DER MITTLEREN EBENE …
UM ES ZU BESIEGEN, MUSS ICH ES MIT EINEM FERNANGRIFF IRGENDWIE AUS DEM MAGMA RAUSHOLEN.
MEINEN FADEN ZU BENUTZEN, KOMMT NICHT IN FRAGE …
… UND ES MIT STEINEN ZU BEWERFEN, WIRD WOHL AUCH NICHTS BRINGEN.
ICH BRAUCHE EINE NEUE ANGRIFFSTECHNIK.
„ICH KOMME WIEDER, BENNETT."

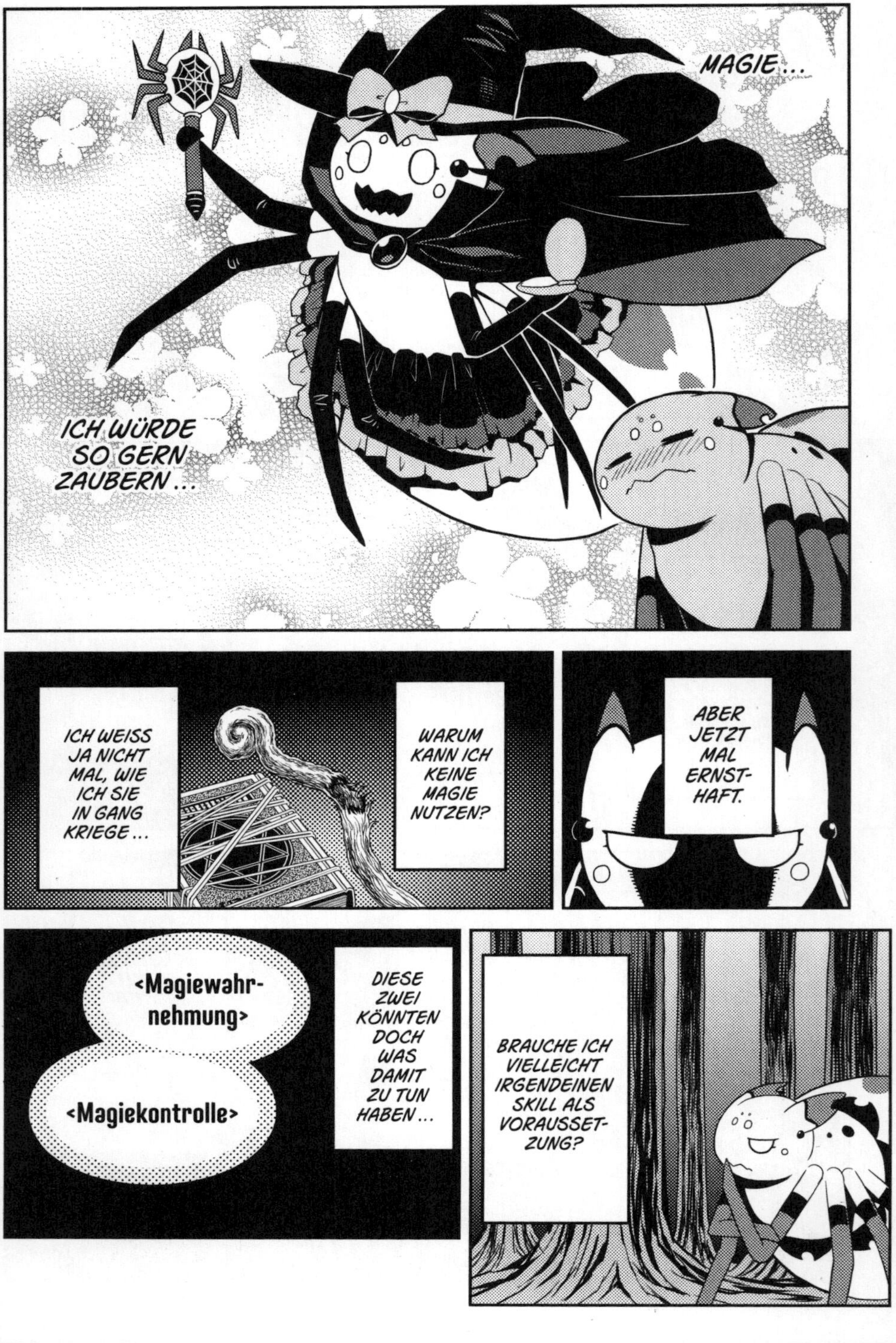
MAGIE …
ICH WÜRDE SO GERN ZAUBERN …
ABER JETZT MAL ERNSTHAFT.
WARUM KANN ICH KEINE MAGIE NUTZEN?
ICH WEISS JA NICHT MAL, WIE ICH SIE IN GANG KRIEGE …
BRAUCHE ICH VIELLEICHT IRGENDEINEN SKILL ALS VORAUSSETZUNG?
DIESE ZWEI KÖNNTEN DOCH WAS DAMIT ZU TUN HABEN …
<Magiewahrnehmung>
<Magiekontrolle>

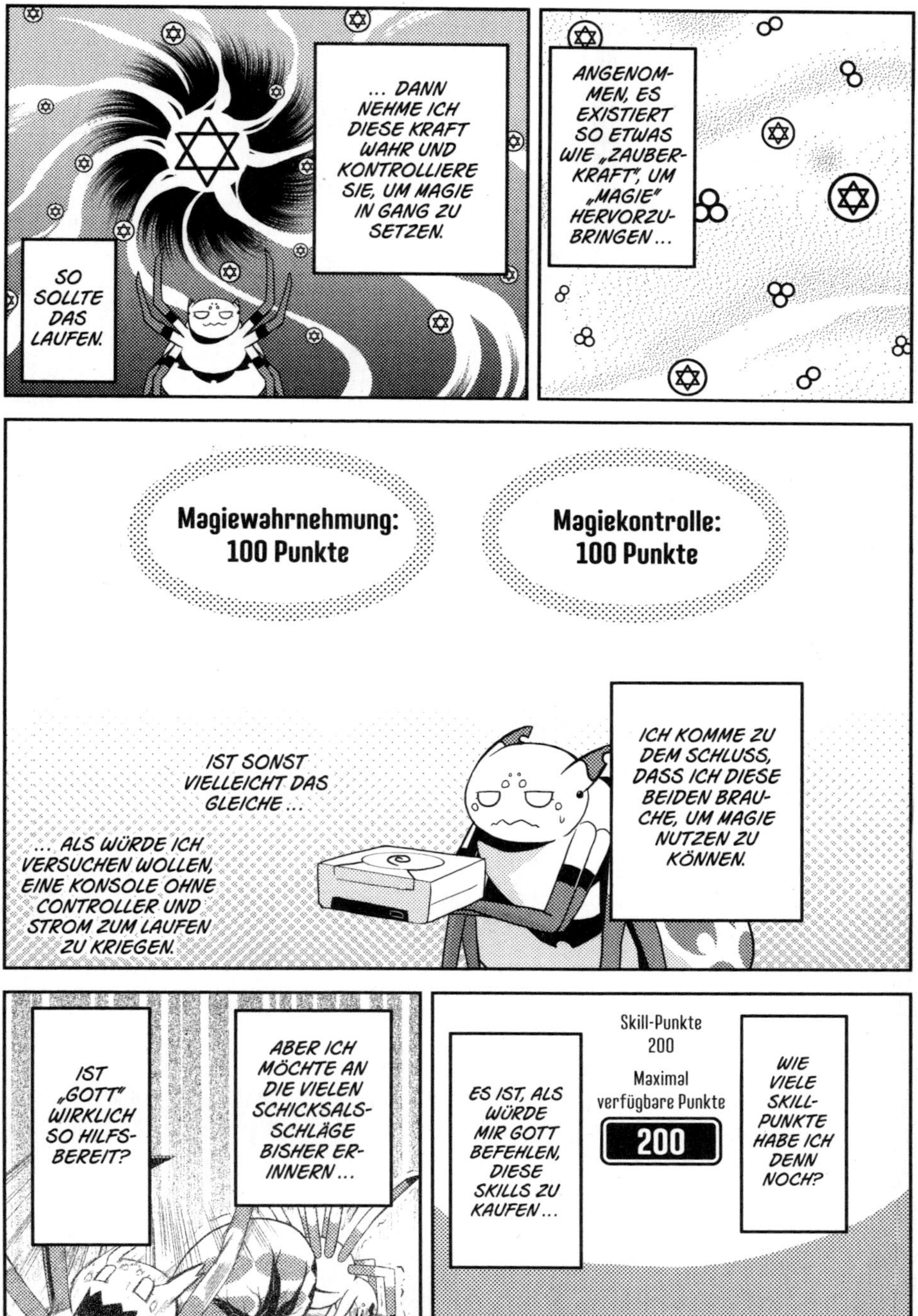
ANGENOMMEN, ES EXISTIERT SO ETWAS WIE „ZAUBERKRAFT", UM „MAGIE" HERVORZUBRINGEN …
… DANN NEHME ICH DIESE KRAFT WAHR UND KONTROLLIERE SIE, UM MAGIE IN GANG ZU SETZEN.
SO SOLLTE DAS LAUFEN.
Magiekontrolle: 100 Punkte
Magiewahrnehmung: 100 Punkte
ICH KOMME ZU DEM SCHLUSS, DASS ICH DIESE BEIDEN BRAUCHE, UM MAGIE NUTZEN ZU KÖNNEN.
IST SONST VIELLEICHT DAS GLEICHE …
… ALS WÜRDE ICH VERSUCHEN WOLLEN, EINE KONSOLE OHNE CONTROLLER UND STROM ZUM LAUFEN ZU KRIEGEN.
WIE VIELE SKILL-PUNKTE HABE ICH DENN NOCH?
Skill-Punkte
200
Maximal verfügbare Punkte
200
ES IST, ALS WÜRDE MIR GOTT BEFEHLEN, DIESE SKILLS ZU KAUFEN …
ABER ICH MÖCHTE AN DIE VIELEN SCHICKSALSSCHLÄGE BISHER ERINNERN …
IST „GOTT" WIRKLICH SO HILFSBEREIT?

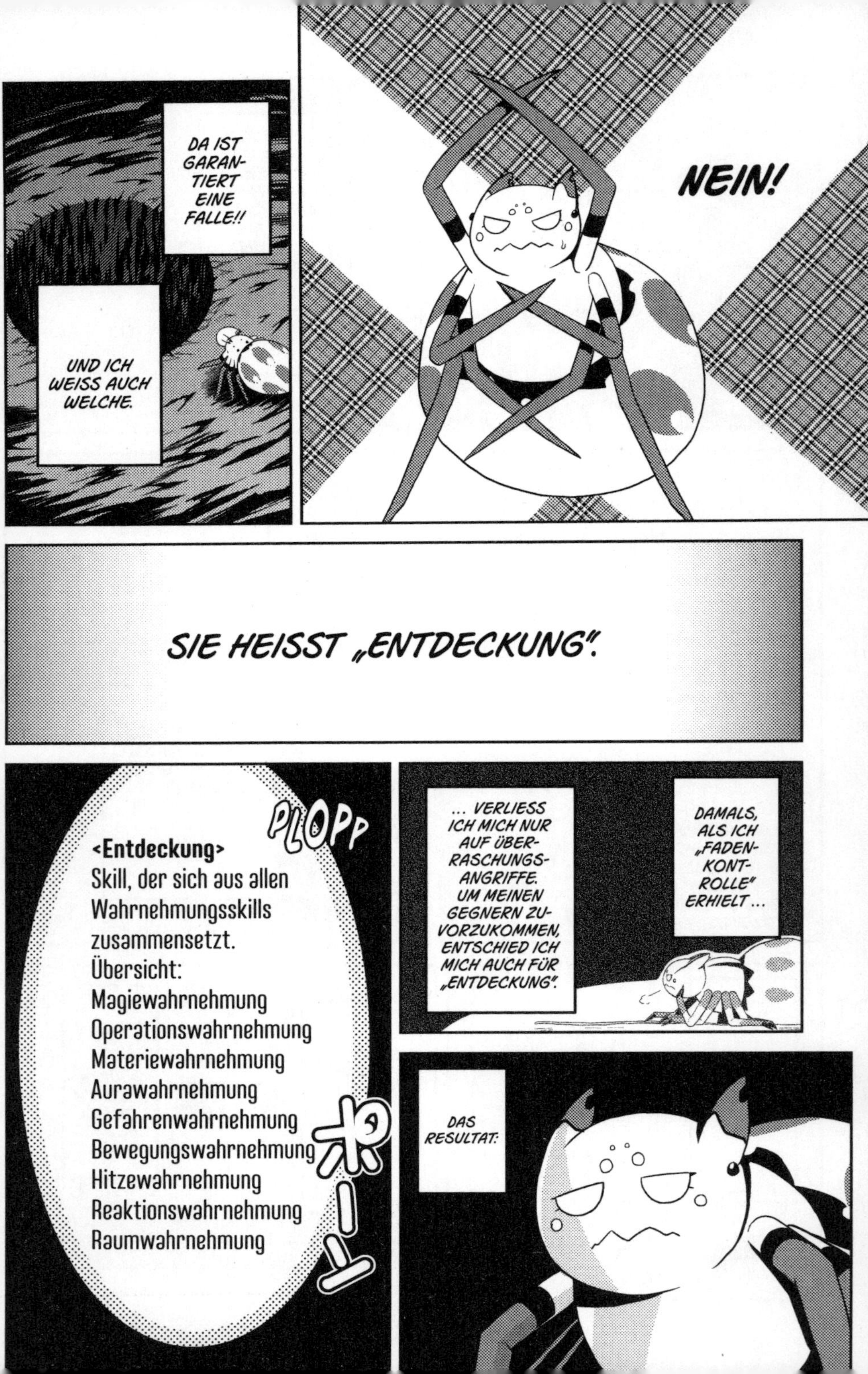
NEIN!
DA IST GARANTIERT EINE FALLE!!
UND ICH WEISS AUCH WELCHE.
SIE HEISST „ENTDECKUNG".
DAMALS, ALS ICH „FADENKONTROLLE" ERHIELT …
… VERLIESS ICH MICH NUR AUF ÜBERRASCHUNGSANGRIFFE. UM MEINEN GEGNERN ZUVORZUKOMMEN, ENTSCHIED ICH MICH AUCH FÜR „ENTDECKUNG".
DAS RESULTAT:
PLOPP
<Entdeckung>
Skill, der sich aus allen Wahrnehmungsskills zusammensetzt.
Übersicht:
Magiewahrnehmung
Operationswahrnehmung
Materiewahrnehmung
Aurawahrnehmung
Gefahrenwahrnehmung
Bewegungswahrnehmung
Hitzewahrnehmung
Reaktionswahrnehmung
Raumwahrnehmung

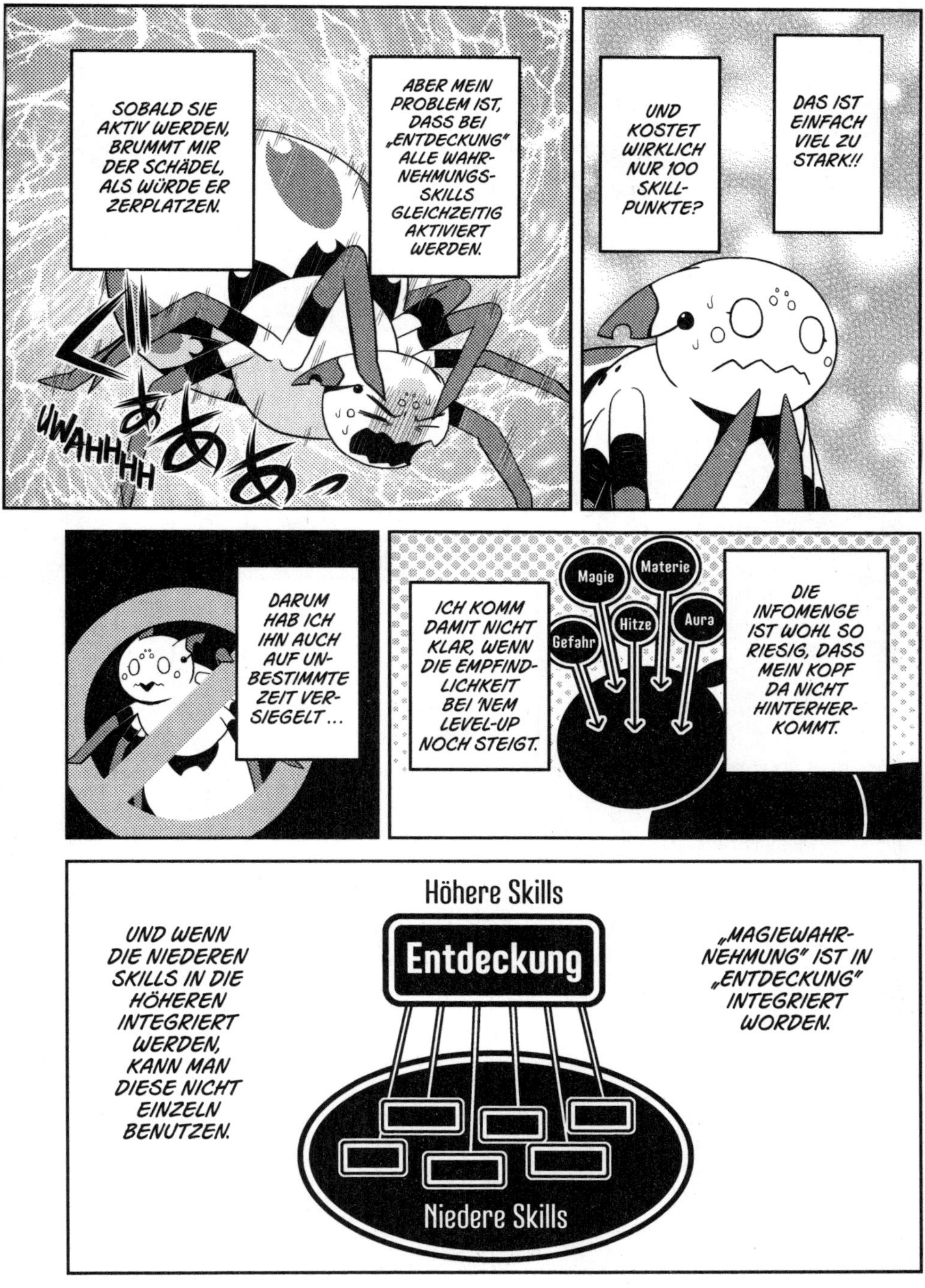
DAS IST EINFACH VIEL ZU STARK!!
UND KOSTET WIRKLICH NUR 100 SKILL-PUNKTE?
ABER MEIN PROBLEM IST, DASS BEI „ENTDECKUNG“ ALLE WAHR-NEHMUNGS-SKILLS GLEICHZEITIG AKTIVIERT WERDEN.
SOBALD SIE AKTIV WERDEN, BRUMMT MIR DER SCHÄDEL, ALS WÜRDE ER ZERPLATZEN.
UWAHHHHH
あああ
DIE INFOMENGE IST WOHL SO RIESIG, DASS MEIN KOPF DA NICHT HINTERHER-KOMMT.
Materie
Magie
Aura
Hitze
Gefahr
ICH KOMM DAMIT NICHT KLAR, WENN DIE EMPFIND-LICHKEIT BEI 'NEM LEVEL-UP NOCH STEIGT.
DARUM HAB ICH IHN AUCH AUF UN-BESTIMMTE ZEIT VER-SIEGELT …
„MAGIEWAHR-NEHMUNG“ IST IN „ENTDECKUNG“ INTEGRIERT WORDEN.
Höhere Skills
Entdeckung
Niedere Skills
UND WENN DIE NIEDEREN SKILLS IN DIE HÖHEREN INTEGRIERT WERDEN, KANN MAN DIESE NICHT EINZELN BENUTZEN.

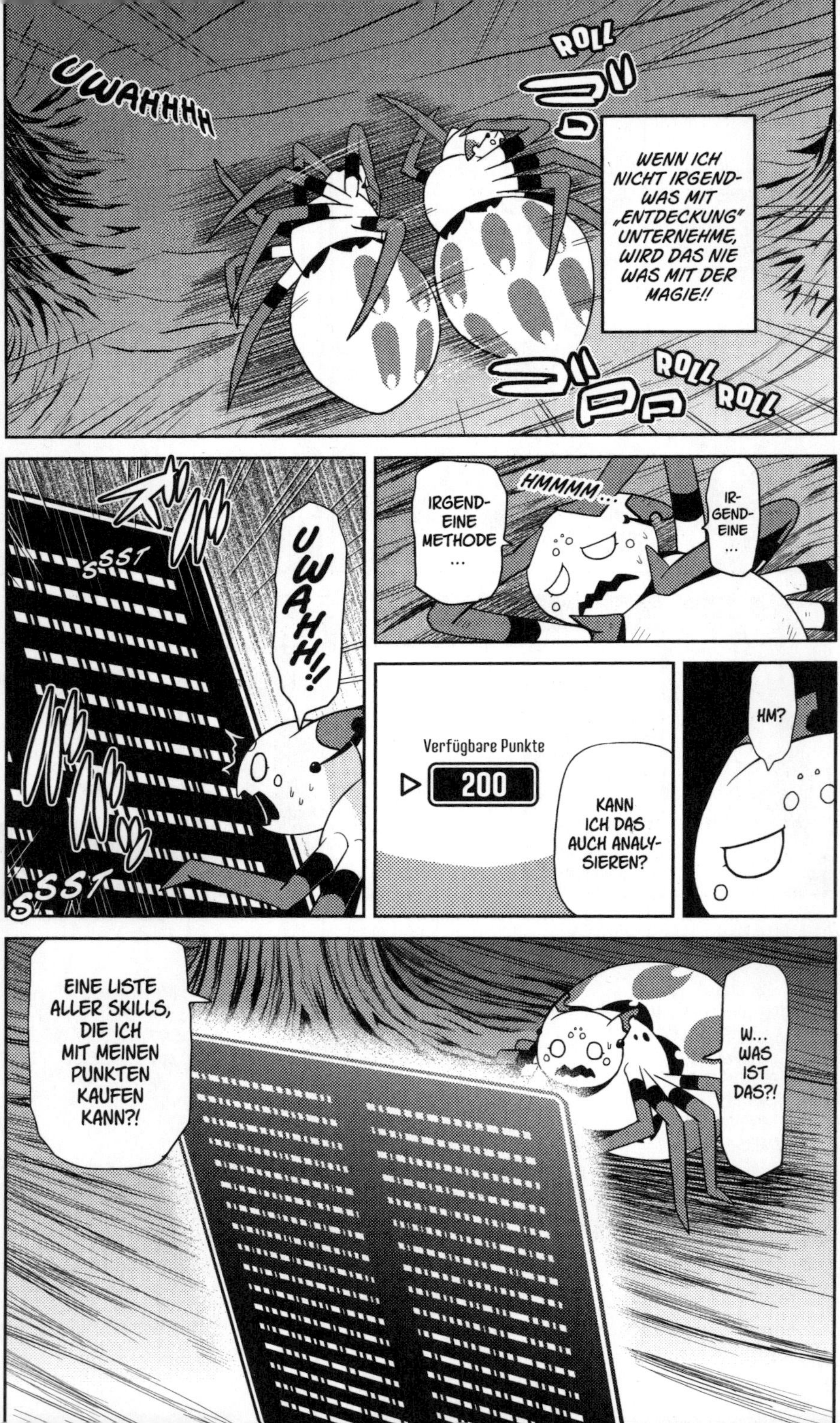
ROLL
UWAHHHH
WENN ICH NICHT IRGENDWAS MIT „ENTDECKUNG" UNTERNEHME, WIRD DAS NIE WAS MIT DER MAGIE!!
ROLL ROLL
HMMMM...
IRGEND-EINE ...
IRGEND-EINE METHODE ...
UWAHH!!
SSST
SSST
HM?
Verfügbare Punkte
200
KANN ICH DAS AUCH ANALYSIEREN?
W... WAS IST DAS?!
EINE LISTE ALLER SKILLS, DIE ICH MIT MEINEN PUNKTEN KAUFEN KANN?!

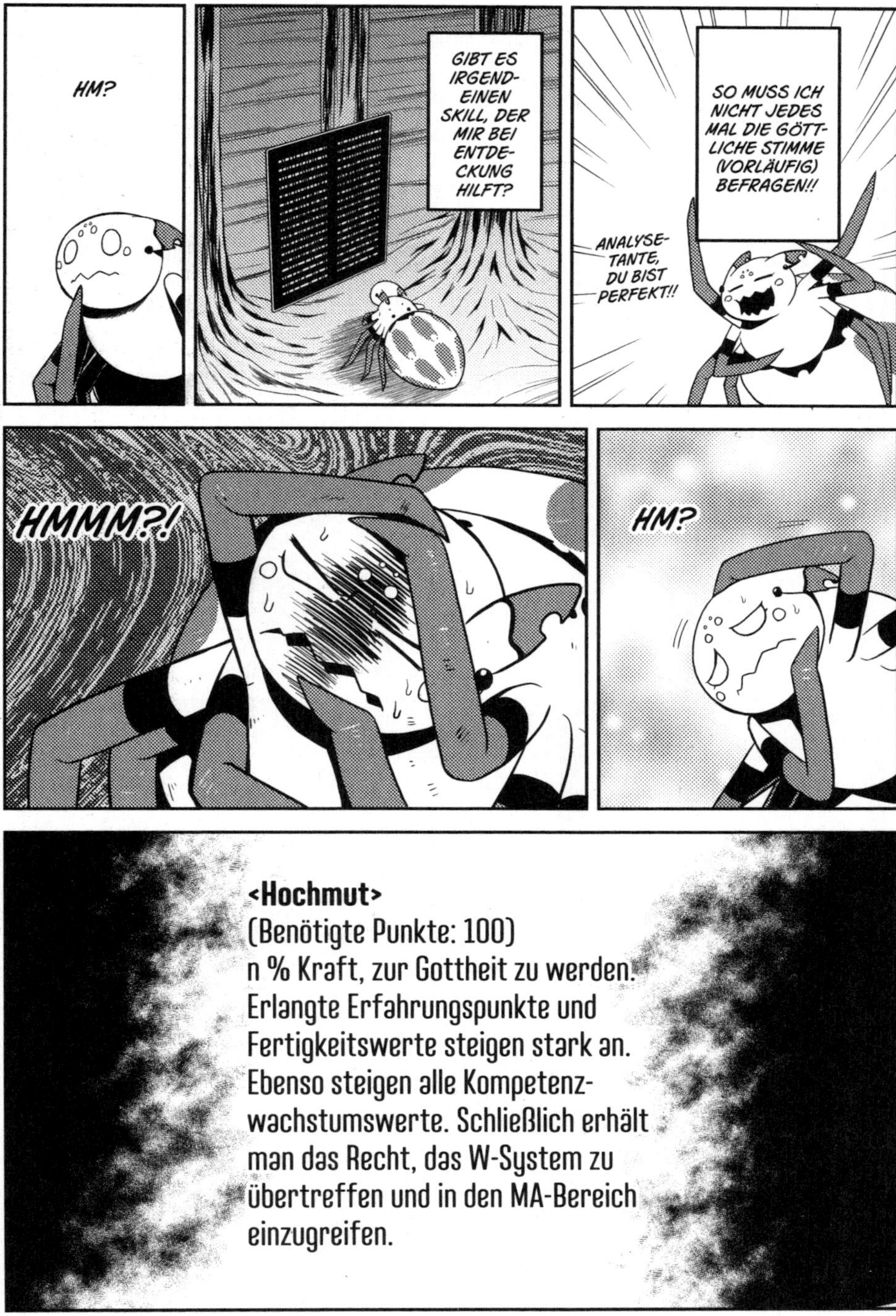
HM?
GIBT ES IRGENDEINEN SKILL, DER MIR BEI ENTDECKUNG HILFT?
SO MUSS ICH NICHT JEDES MAL DIE GÖTTLICHE STIMME (VORLÄUFIG) BEFRAGEN!!
ANALYSETANTE, DU BIST PERFEKT!!
HMMM?!
HM?
<Hochmut>
(Benötigte Punkte: 100)
n % Kraft, zur Gottheit zu werden.
Erlangte Erfahrungspunkte und Fertigkeitswerte steigen stark an. Ebenso steigen alle Kompetenzwachstumswerte. Schließlich erhält man das Recht, das W-System zu übertreffen und in den MA-Bereich einzugreifen.

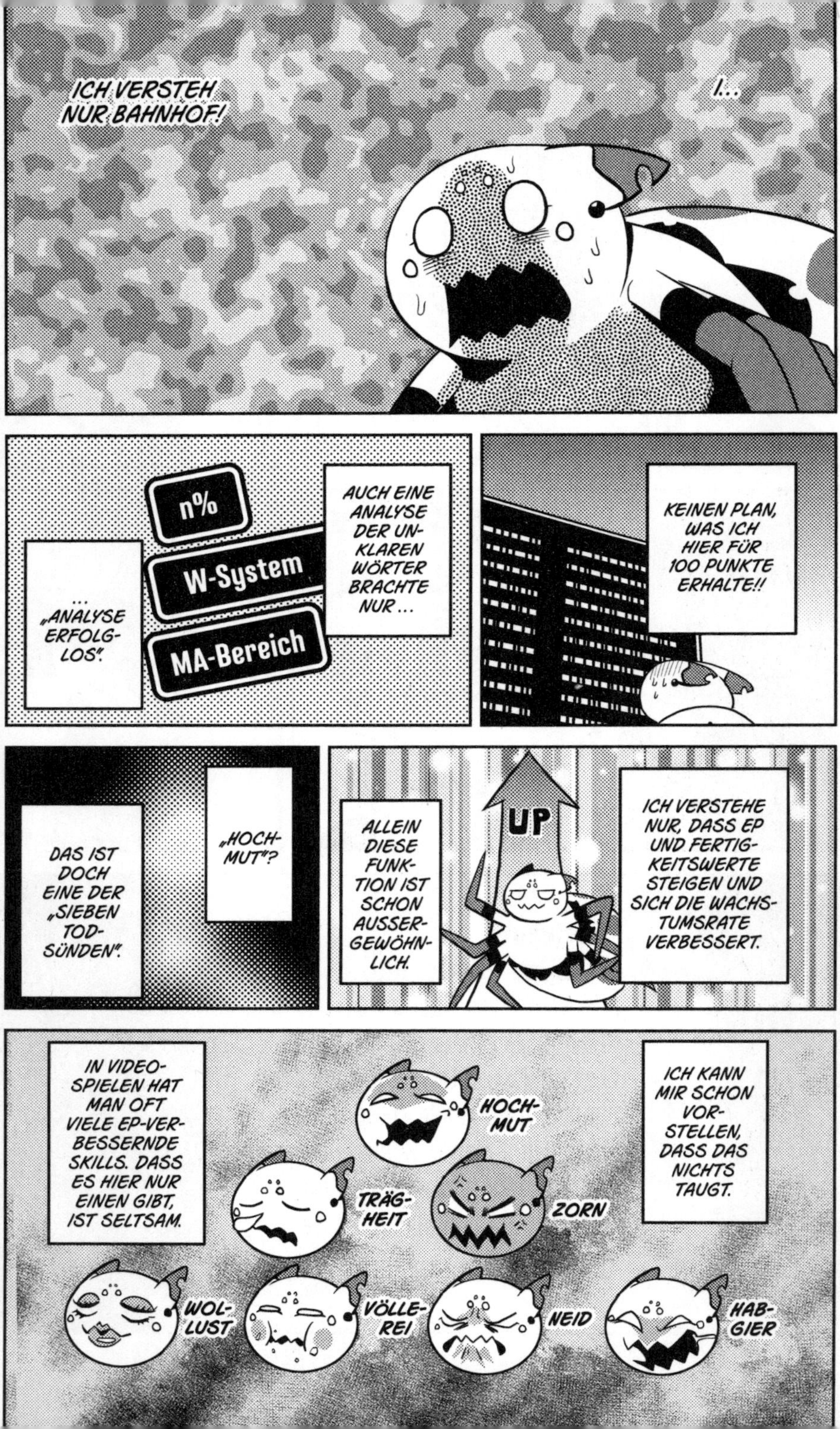

I…
ICH VERSTEH NUR BAHNHOF!
KEINEN PLAN, WAS ICH HIER FÜR 100 PUNKTE ERHALTE!!
AUCH EINE ANALYSE DER UNKLAREN WÖRTER BRACHTE NUR …
n%
W-System
MA-Bereich
… „ANALYSE ERFOLGLOS".
ICH VERSTEHE NUR, DASS EP UND FERTIGKEITSWERTE STEIGEN UND SICH DIE WACHSTUMSRATE VERBESSERT.
UP
ALLEIN DIESE FUNKTION IST SCHON AUSSERGEWÖHNLICH.
„HOCHMUT"?
DAS IST DOCH EINE DER „SIEBEN TODSÜNDEN".
ICH KANN MIR SCHON VORSTELLEN, DASS DAS NICHTS TAUGT.
IN VIDEOSPIELEN HAT MAN OFT VIELE EP-VERBESSERNDE SKILLS. DASS ES HIER NUR EINEN GIBT, IST SELTSAM.
HOCHMUT
TRÄGHEIT
ZORN
WOLLUST
VÖLLEREI
NEID
HABGIER

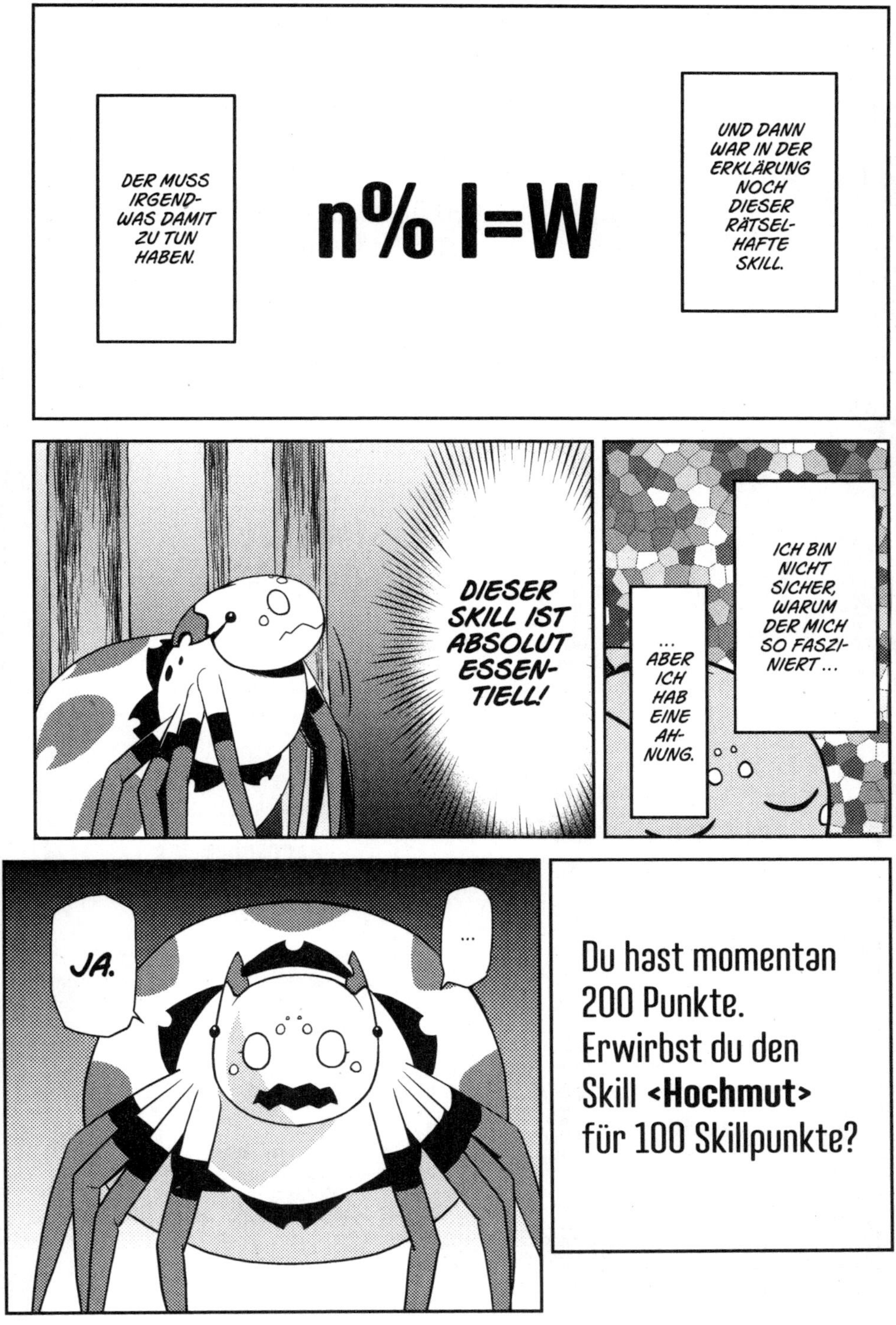
UND DANN WAR IN DER ERKLÄRUNG NOCH DIESER RÄTSELHAFTE SKILL.
n% I=W
DER MUSS IRGENDWAS DAMIT ZU TUN HABEN.
ICH BIN NICHT SICHER, WARUM DER MICH SO FASZINIERT ...
... ABER ICH HAB EINE AHNUNG.
DIESER SKILL IST ABSOLUT ESSENTIELL!
Du hast momentan 200 Punkte. Erwirbst du den Skill <**Hochmut**> für 100 Skillpunkte?
...
JA.

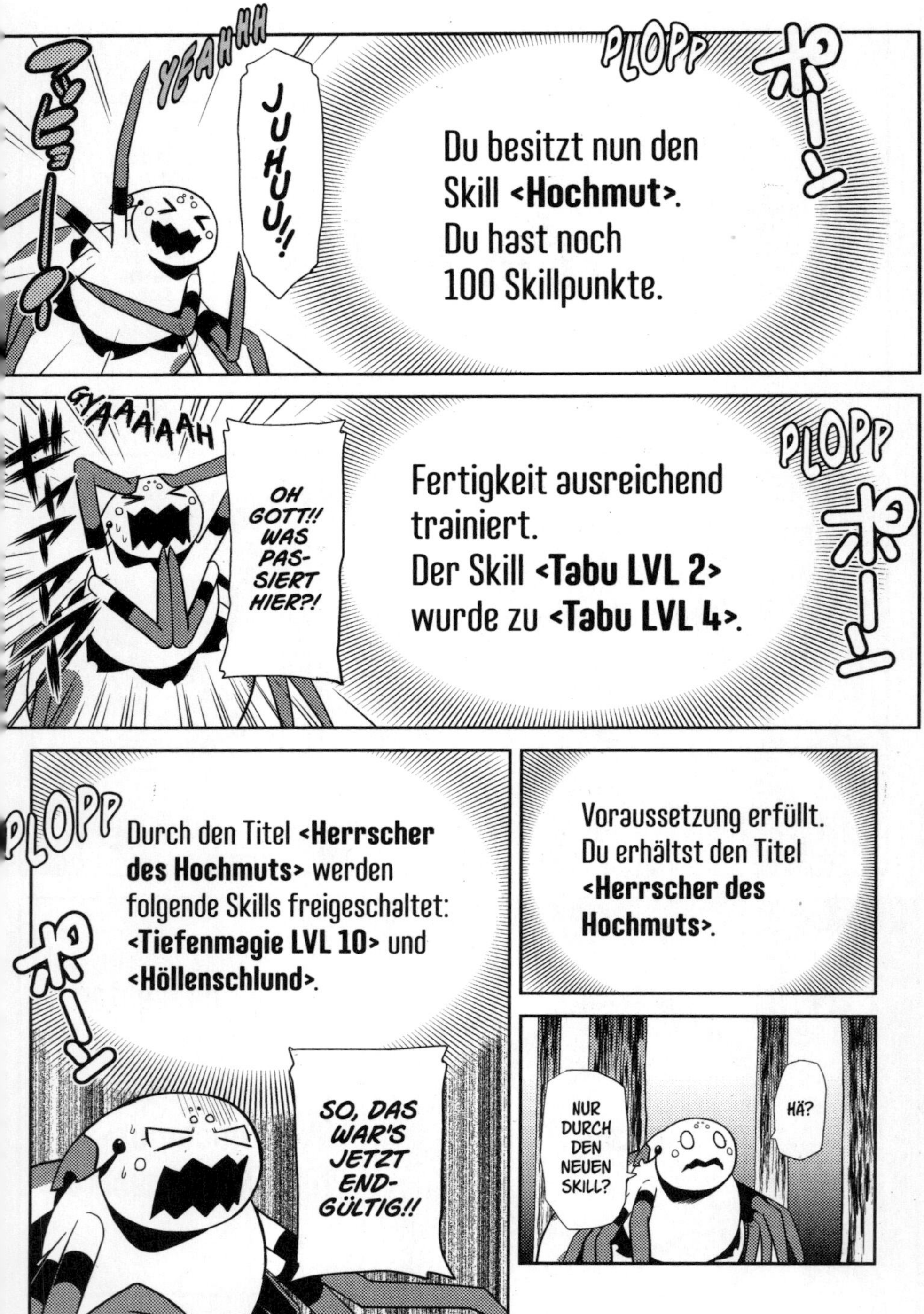
PLOPP
ポーン
Du besitzt nun den Skill <Hochmut>. Du hast noch 100 Skillpunkte.
JUHUU!!
YEAHHH
PLOPP
ポーン
Fertigkeit ausreichend trainiert. Der Skill <Tabu LVL 2> wurde zu <Tabu LVL 4>.
OH GOTT!! WAS PASSIERT HIER?!
GYAAAAAAH
Voraussetzung erfüllt. Du erhältst den Titel <Herrscher des Hochmuts>.
PLOPP
ポーン
Durch den Titel <Herrscher des Hochmuts> werden folgende Skills freigeschaltet: <Tiefenmagie LVL 10> und <Höllenschlund>.
SO, DAS WAR'S JETZT ENDGÜLTIG!!
HÄ?
NUR DURCH DEN NEUEN SKILL?

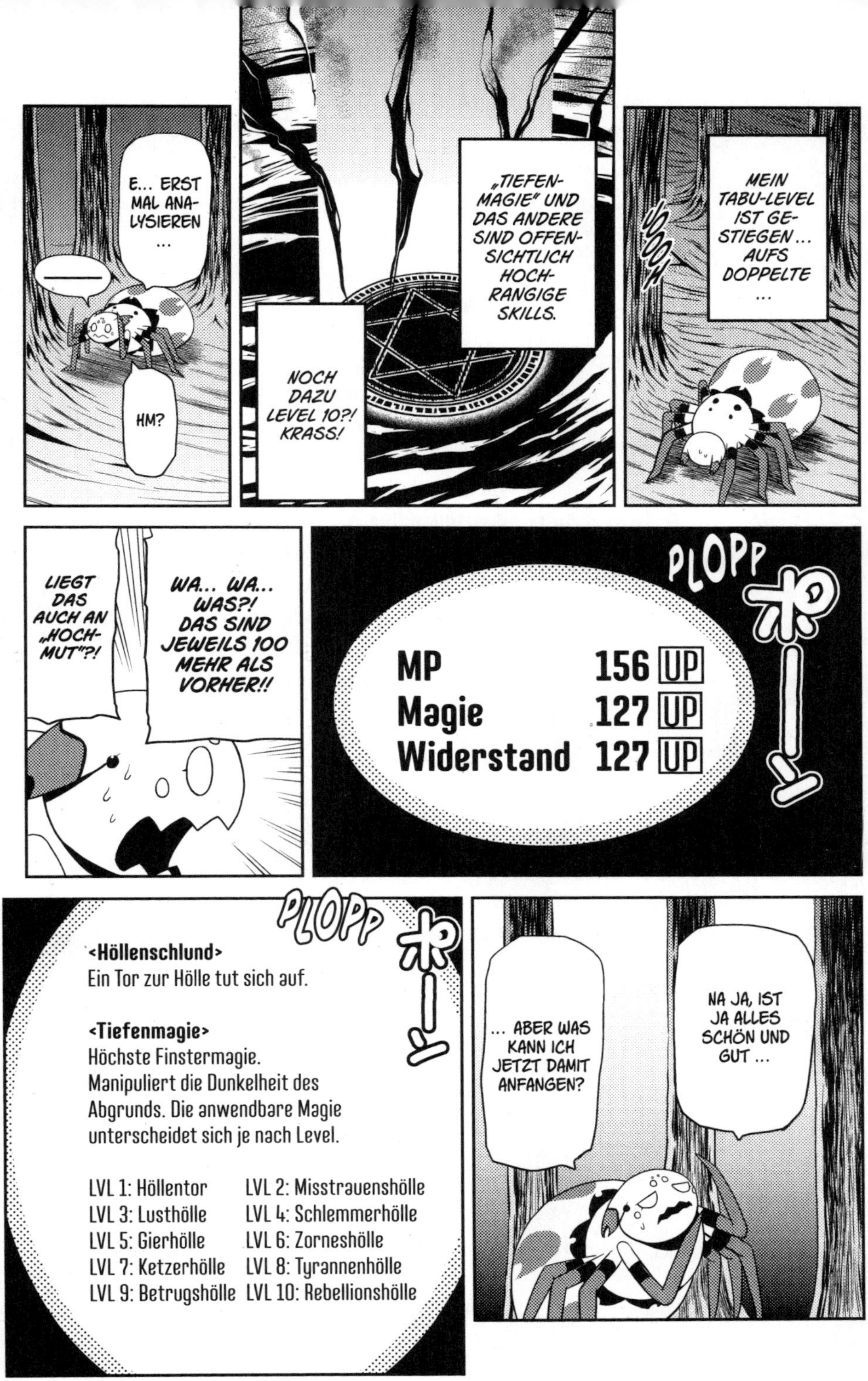
MEIN TABU-LEVEL IST GESTIEGEN … AUFS DOPPELTE …
„TIEFENMAGIE“ UND DAS ANDERE SIND OFFENSICHTLICH HOCHRANGIGE SKILLS.
NOCH DAZU LEVEL 10?! KRASS!
E… ERST MAL ANALYSIEREN …
——
HM?
PLOPP
MP 156 UP
Magie 127 UP
Widerstand 127 UP
WA… WA… WAS?! DAS SIND JEWEILS 100 MEHR ALS VORHER!!
LIEGT DAS AUCH AN „HOCHMUT“?!
NA JA, IST JA ALLES SCHÖN UND GUT …
… ABER WAS KANN ICH JETZT DAMIT ANFANGEN?
PLOPP
<Höllenschlund>
Ein Tor zur Hölle tut sich auf.
<Tiefenmagie>
Höchste Finstermagie.
Manipuliert die Dunkelheit des Abgrunds. Die anwendbare Magie unterscheidet sich je nach Level.
LVL 1: Höllentor
LVL 2: Misstrauenshölle
LVL 3: Lusthölle
LVL 4: Schlemmerhölle
LVL 5: Gierhölle
LVL 6: Zorneshölle
LVL 7: Ketzerhölle
LVL 8: Tyrannenhölle
LVL 9: Betrugshölle
LVL 10: Rebellionshölle

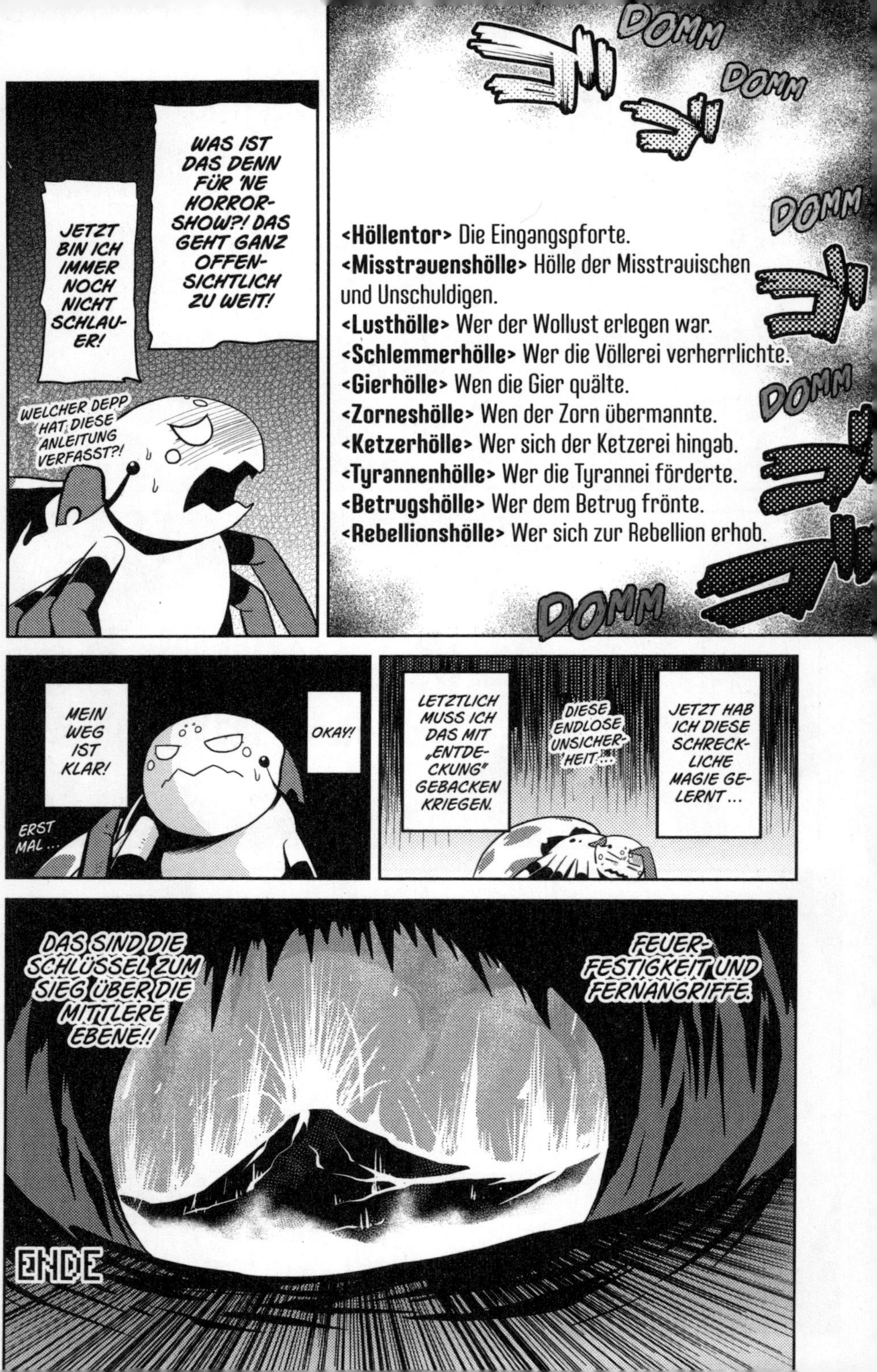
DOMM
DOMM
DOMM
DOMM
DOMM
<Höllentor> Die Eingangspforte.
<Misstrauenshölle> Hölle der Misstrauischen und Unschuldigen.
<Lusthölle> Wer der Wollust erlegen war.
<Schlemmerhölle> Wer die Völlerei verherrlichte.
<Gierhölle> Wen die Gier quälte.
<Zorneshölle> Wen der Zorn übermannte.
<Ketzerhölle> Wer sich der Ketzerei hingab.
<Tyrannenhölle> Wer die Tyrannei förderte.
<Betrugshölle> Wer dem Betrug frönte.
<Rebellionshölle> Wer sich zur Rebellion erhob.
WAS IST DAS DENN FÜR 'NE HORROR-SHOW?! DAS GEHT GANZ OFFEN-SICHTLICH ZU WEIT!
JETZT BIN ICH IMMER NOCH NICHT SCHLAU-ER!
WELCHER DEPP HAT DIESE ANLEITUNG VERFASST?!
JETZT HAB ICH DIESE SCHRECK-LICHE MAGIE GE-LERNT …
DIESE ENDLOSE UNSICHER-HEIT …
LETZTLICH MUSS ICH DAS MIT „ENTDE-CKUNG“ GEBACKEN KRIEGEN.
OKAY!
MEIN WEG IST KLAR!
ERST MAL …
FEUER-FESTIGKEIT UND FERNANGRIFFE.
DAS SIND DIE SCHLÜSSEL ZUM SIEG ÜBER DIE MITTLERE EBENE!!
ENDE

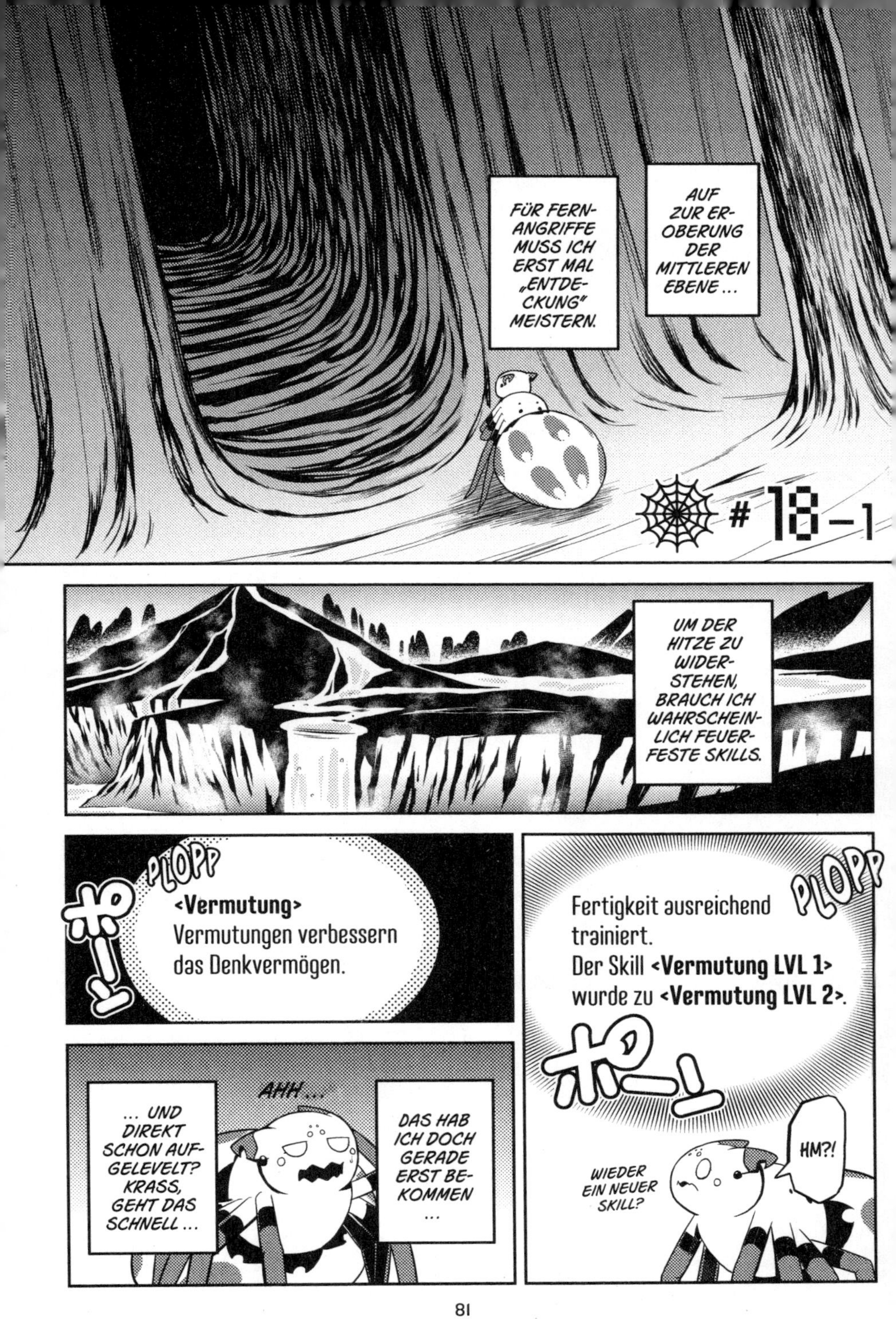
AUF ZUR EROBERUNG DER MITTLEREN EBENE …
FÜR FERNANGRIFFE MUSS ICH ERST MAL „ENTDECKUNG" MEISTERN.
18-1
UM DER HITZE ZU WIDERSTEHEN, BRAUCH ICH WAHRSCHEINLICH FEUERFESTE SKILLS.
PLOPP
Fertigkeit ausreichend trainiert.
Der Skill <Vermutung LVL 1> wurde zu <Vermutung LVL 2>.
HM?!
WIEDER EIN NEUER SKILL?
PLOPP
<Vermutung>
Vermutungen verbessern das Denkvermögen.
AHH …
DAS HAB ICH DOCH GERADE ERST BEKOMMEN …
… UND DIREKT SCHON AUFGELEVELT? KRASS, GEHT DAS SCHNELL …

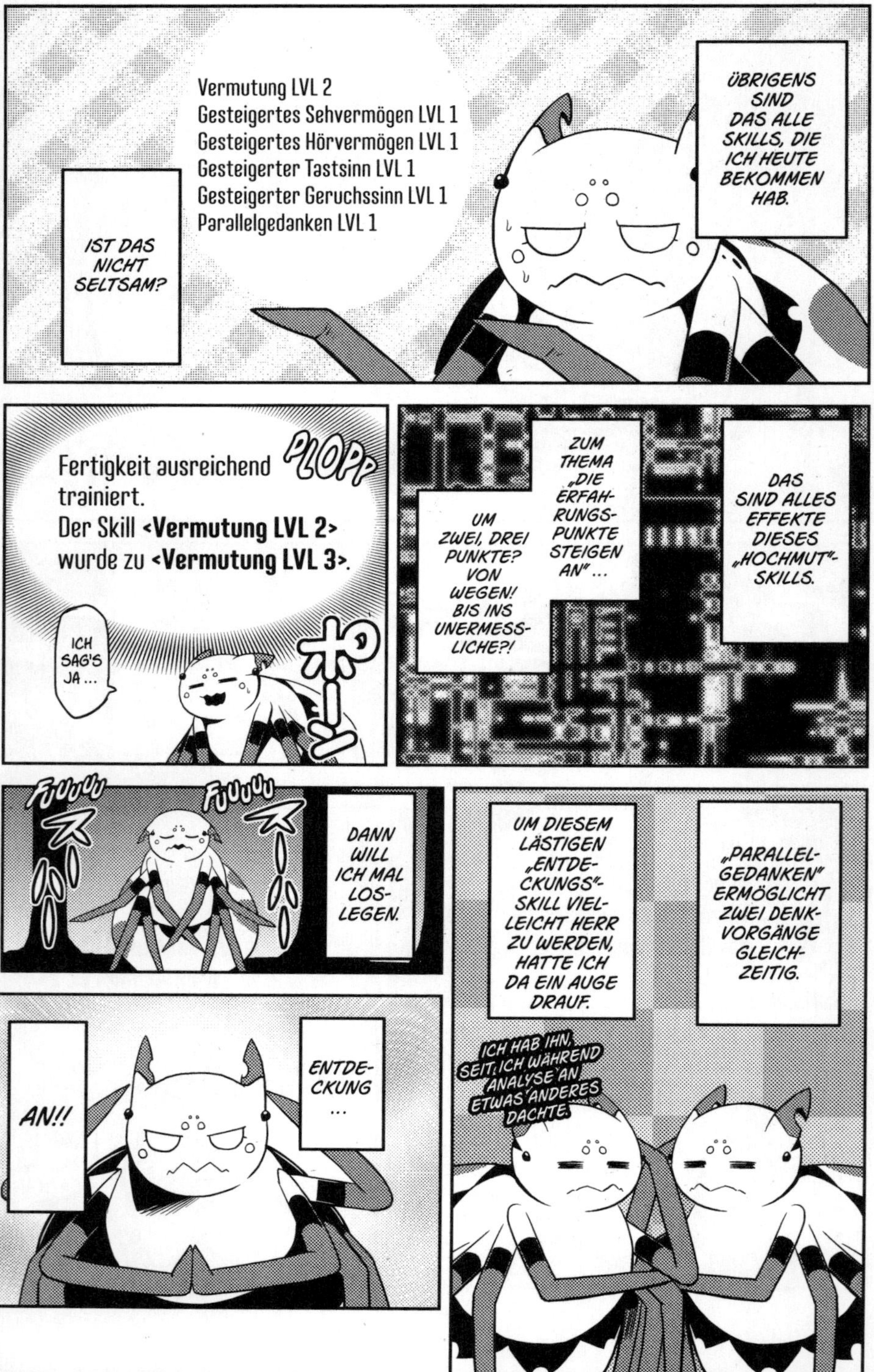
ÜBRIGENS SIND DAS ALLE SKILLS, DIE ICH HEUTE BEKOMMEN HAB.
Vermutung LVL 2
Gesteigertes Sehvermögen LVL 1
Gesteigertes Hörvermögen LVL 1
Gesteigerter Tastsinn LVL 1
Gesteigerter Geruchssinn LVL 1
Parallelgedanken LVL 1
IST DAS NICHT SELTSAM?
DAS SIND ALLES EFFEKTE DIESES „HOCHMUT"-SKILLS.
ZUM THEMA „DIE ERFAHRUNGSPUNKTE STEIGEN AN" …
UM ZWEI, DREI PUNKTE? VON WEGEN! BIS INS UNERMESSLICHE?!
PLOPP
Fertigkeit ausreichend trainiert.
Der Skill <Vermutung LVL 2> wurde zu <Vermutung LVL 3>.
ICH SAG'S JA …
„PARALLELGEDANKEN" ERMÖGLICHT ZWEI DENKVORGÄNGE GLEICHZEITIG.
UM DIESEM LÄSTIGEN „ENTDECKUNGS"-SKILL VIELLEICHT HERR ZU WERDEN, HATTE ICH DA EIN AUGE DRAUF.
ICH HAB IHN, SEIT ICH WÄHREND ANALYSE AN ETWAS ANDERES DACHTE.
DANN WILL ICH MAL LOSLEGEN.
FUUUUU
FUUUUU
ENTDECKUNG …
AN!!

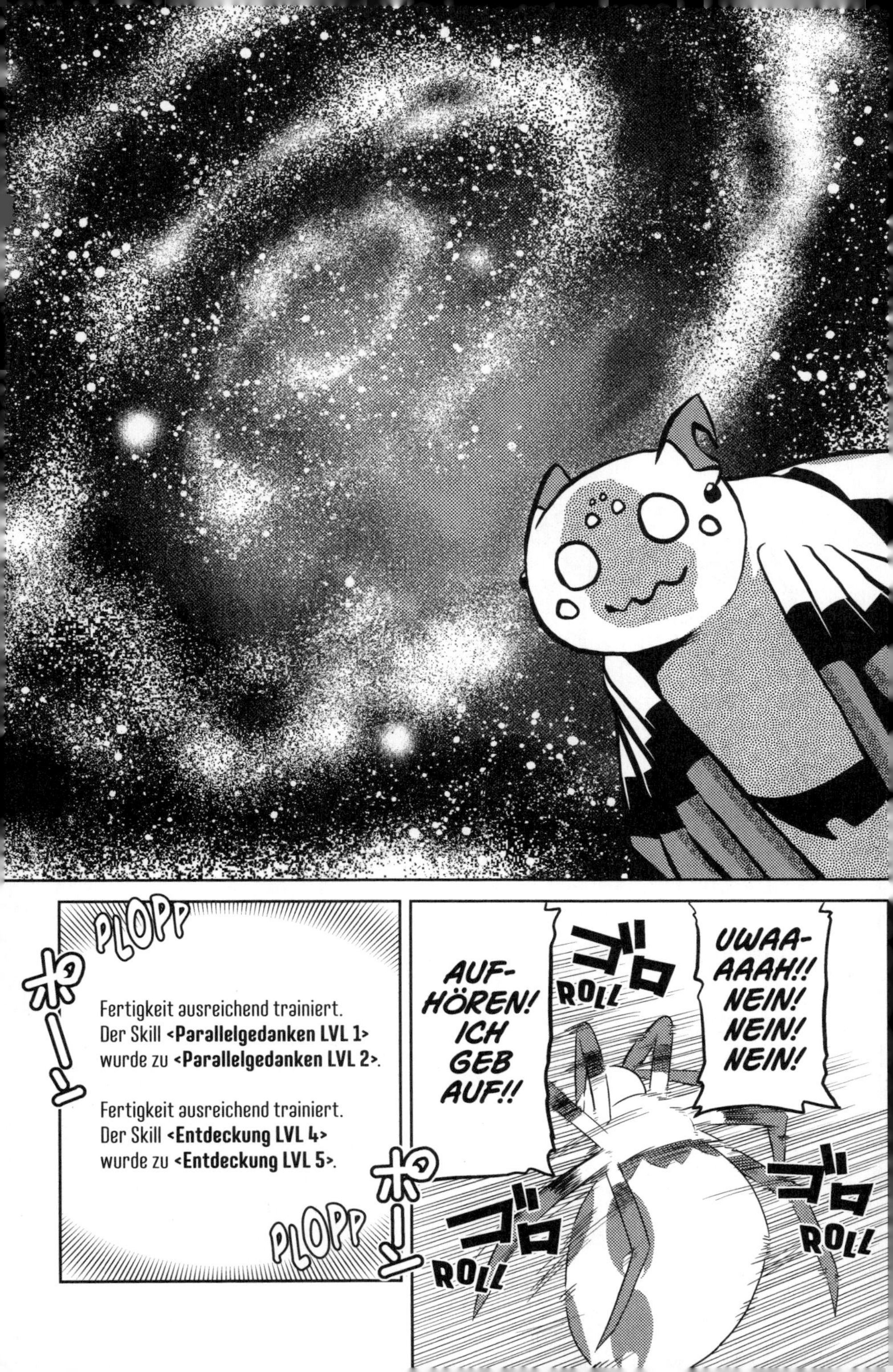
UWAA-AAAH!! NEIN! NEIN! NEIN!
ゴロ
ROLL
AUF-HÖREN! ICH GEB AUF!!
ゴロ
ROLL
ゴロ
ROLL
ポーン
PLOPP
ポーン
PLOPP
Fertigkeit ausreichend trainiert.
Der Skill **<Parallelgedanken LVL 1>**
wurde zu **<Parallelgedanken LVL 2>**.
Fertigkeit ausreichend trainiert.
Der Skill **<Entdeckung LVL 4>**
wurde zu **<Entdeckung LVL 5>**.

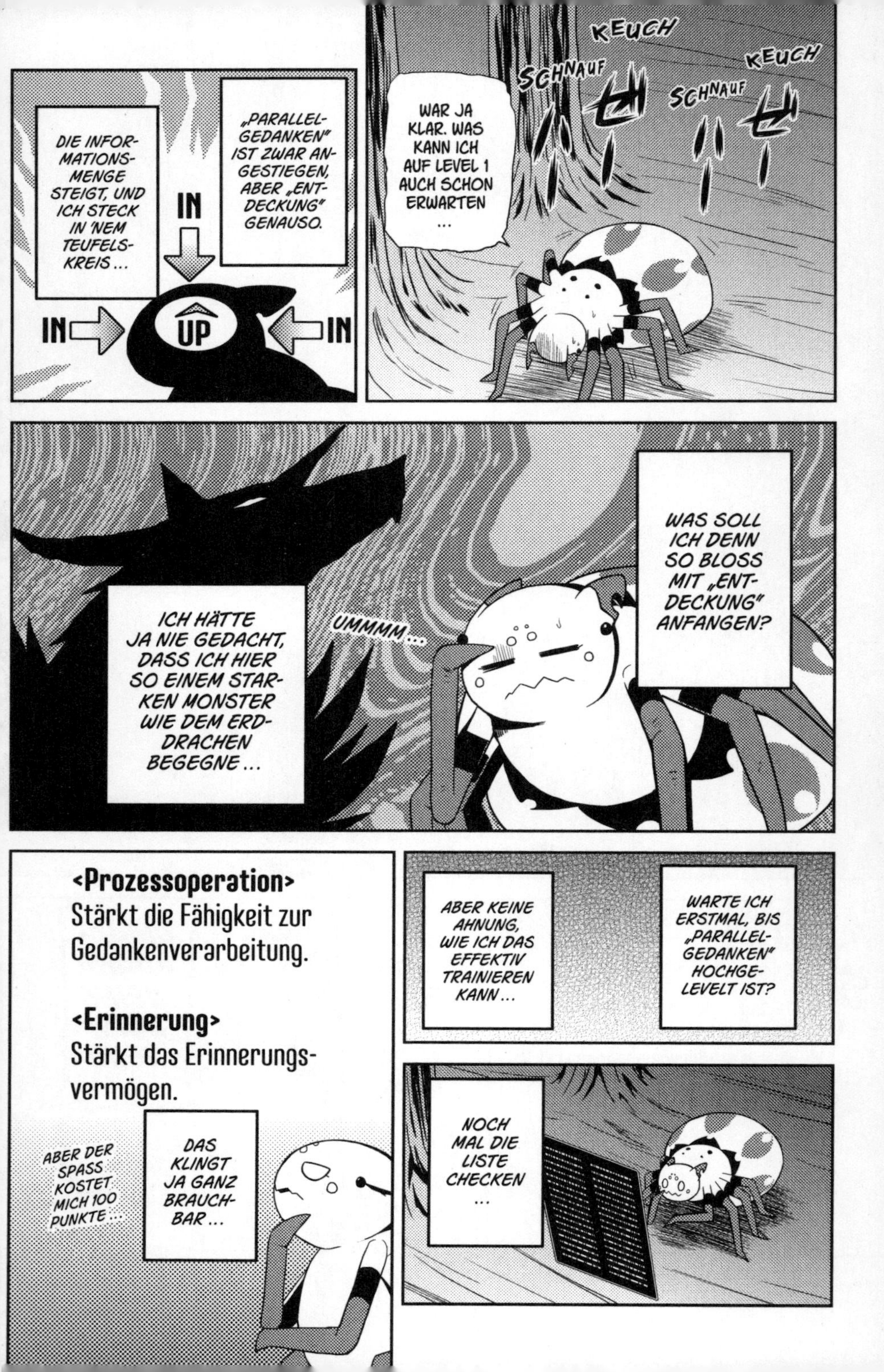
KEUCH
SCHNAUF
KEUCH
SCHNAUF
WAR JA KLAR. WAS KANN ICH AUF LEVEL 1 AUCH SCHON ERWARTEN …
„PARALLELGEDANKEN" IST ZWAR ANGESTIEGEN, ABER „ENTDECKUNG" GENAUSO.
DIE INFORMATIONSMENGE STEIGT, UND ICH STECK IN 'NEM TEUFELSKREIS …
IN
IN
UP
IN
WAS SOLL ICH DENN SO BLOSS MIT „ENTDECKUNG" ANFANGEN?
UMMMM …
ICH HÄTTE JA NIE GEDACHT, DASS ICH HIER SO EINEM STARKEN MONSTER WIE DEM ERDDRACHEN BEGEGNE …
WARTE ICH ERSTMAL, BIS „PARALLELGEDANKEN" HOCHGELEVELT IST?
ABER KEINE AHNUNG, WIE ICH DAS EFFEKTIV TRAINIEREN KANN …
NOCH MAL DIE LISTE CHECKEN …
<Prozessoperation>
Stärkt die Fähigkeit zur Gedankenverarbeitung.
<Erinnerung>
Stärkt das Erinnerungsvermögen.
DAS KLINGT JA GANZ BRAUCHBAR …
ABER DER SPASS KOSTET MICH 100 PUNKTE …

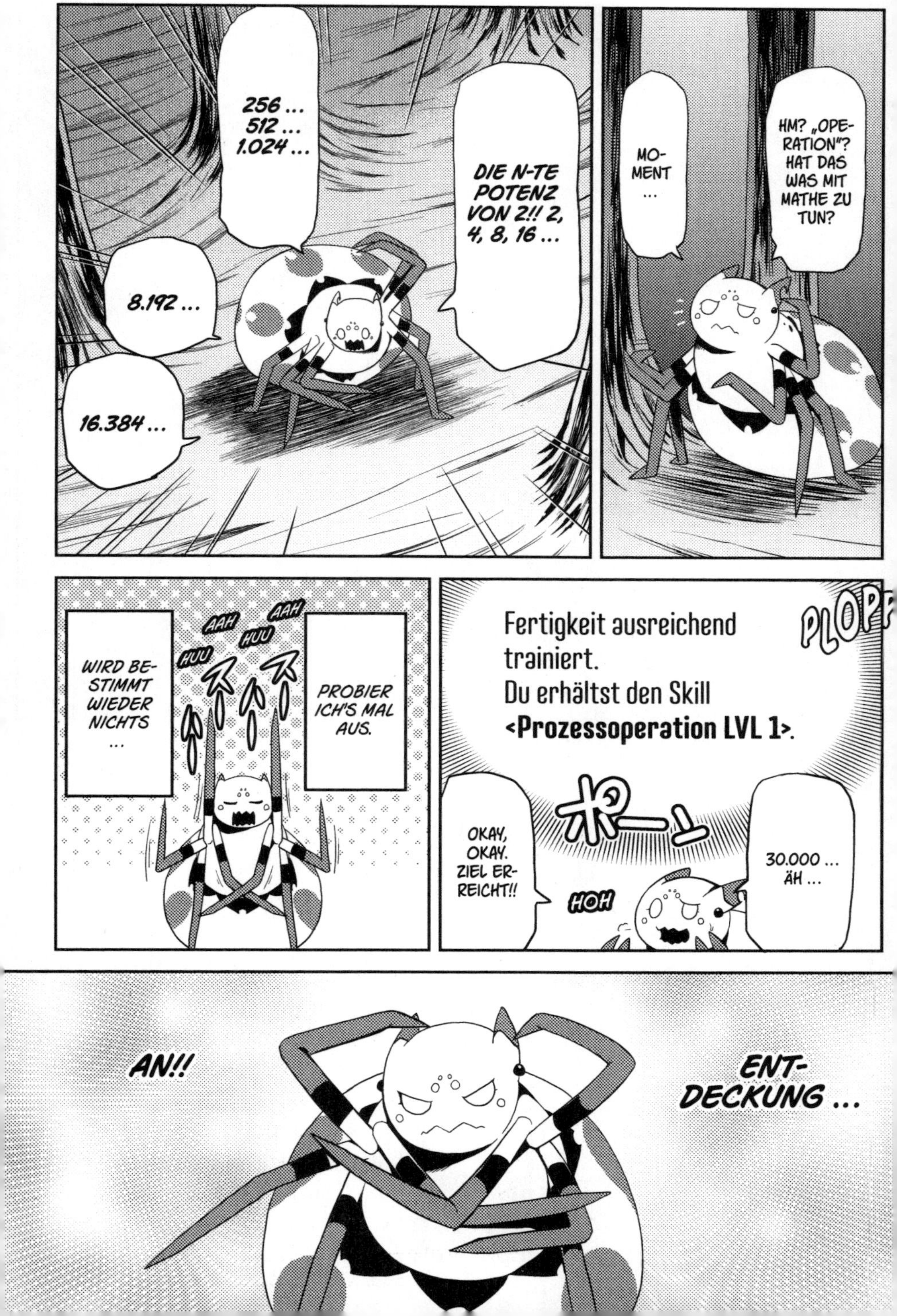

HM? „OPERATION"? HAT DAS WAS MIT MATHE ZU TUN?
MOMENT …
DIE N-TE POTENZ VON 2!! 2, 4, 8, 16 …
256 … 512 … 1.024 …
8.192 …
16.384 …
PLOPP
Fertigkeit ausreichend trainiert.
Du erhältst den Skill **<Prozessoperation LVL 1>**.
30.000 … ÄH …
HOH
OKAY, OKAY. ZIEL ERREICHT!!
PROBIER ICH'S MAL AUS.
WIRD BESTIMMT WIEDER NICHTS …
AAH
HUU
AAH
HUU
ENT-DECKUNG …
AN!!

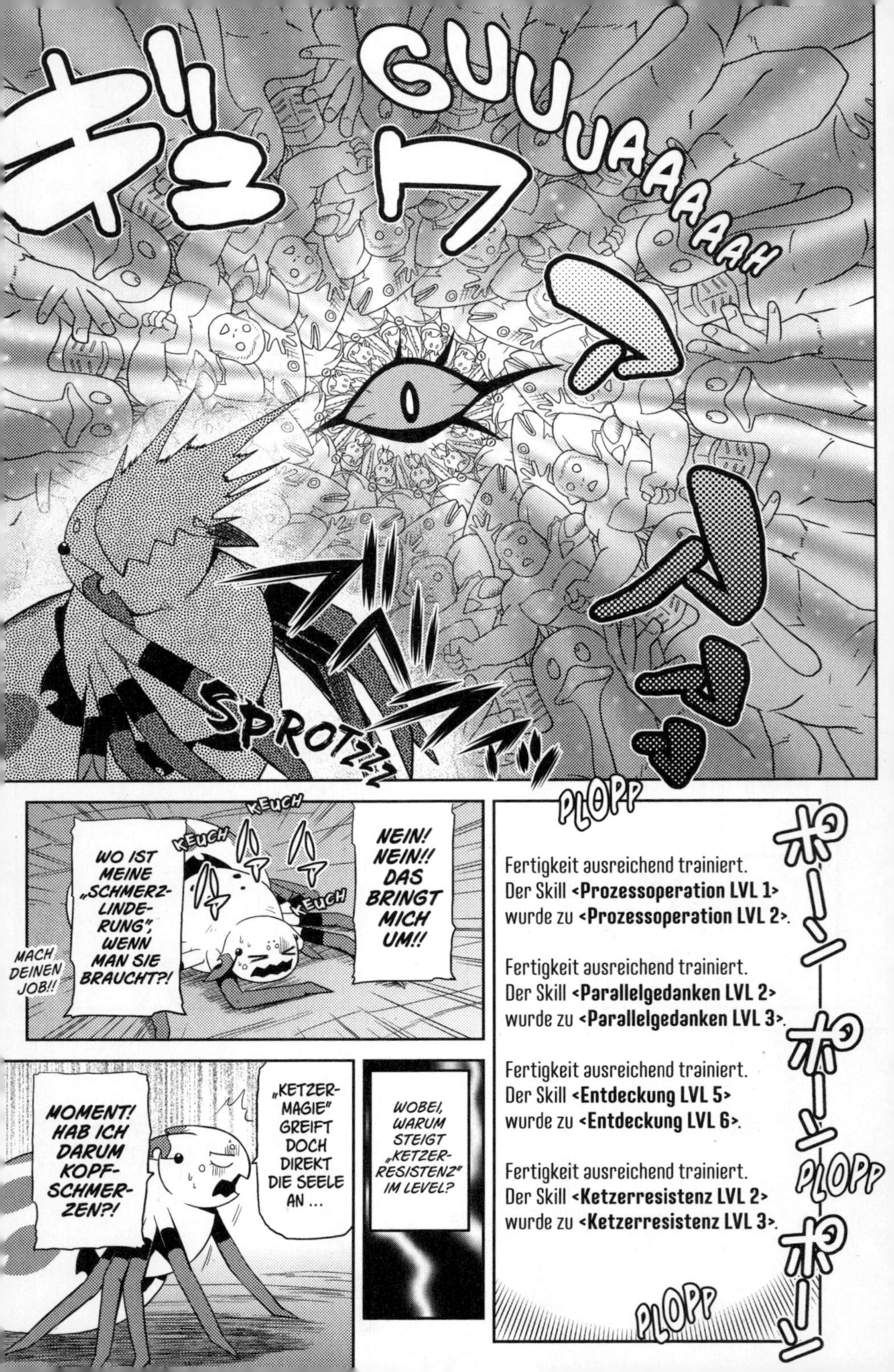
GUUUAAAAAAH
SPROTZZZ
PLOPP
NEIN! NEIN!! DAS BRINGT MICH UM!!
KEUCH
KEUCH
KEUCH
WO IST MEINE „SCHMERZLINDERUNG", WENN MAN SIE BRAUCHT?!
MACH DEINEN JOB!!
Fertigkeit ausreichend trainiert.
Der Skill <Prozessoperation LVL 1>
wurde zu <Prozessoperation LVL 2>.
Fertigkeit ausreichend trainiert.
Der Skill <Parallelgedanken LVL 2>
wurde zu <Parallelgedanken LVL 3>.
Fertigkeit ausreichend trainiert.
Der Skill <Entdeckung LVL 5>
wurde zu <Entdeckung LVL 6>.
Fertigkeit ausreichend trainiert.
Der Skill <Ketzerresistenz LVL 2>
wurde zu <Ketzerresistenz LVL 3>.
PLOPP
PLOPP
WOBEI, WARUM STEIGT „KETZERRESISTENZ" IM LEVEL?
„KETZERMAGIE" GREIFT DOCH DIREKT DIE SEELE AN …
MOMENT! HAB ICH DARUM KOPFSCHMERZEN?!

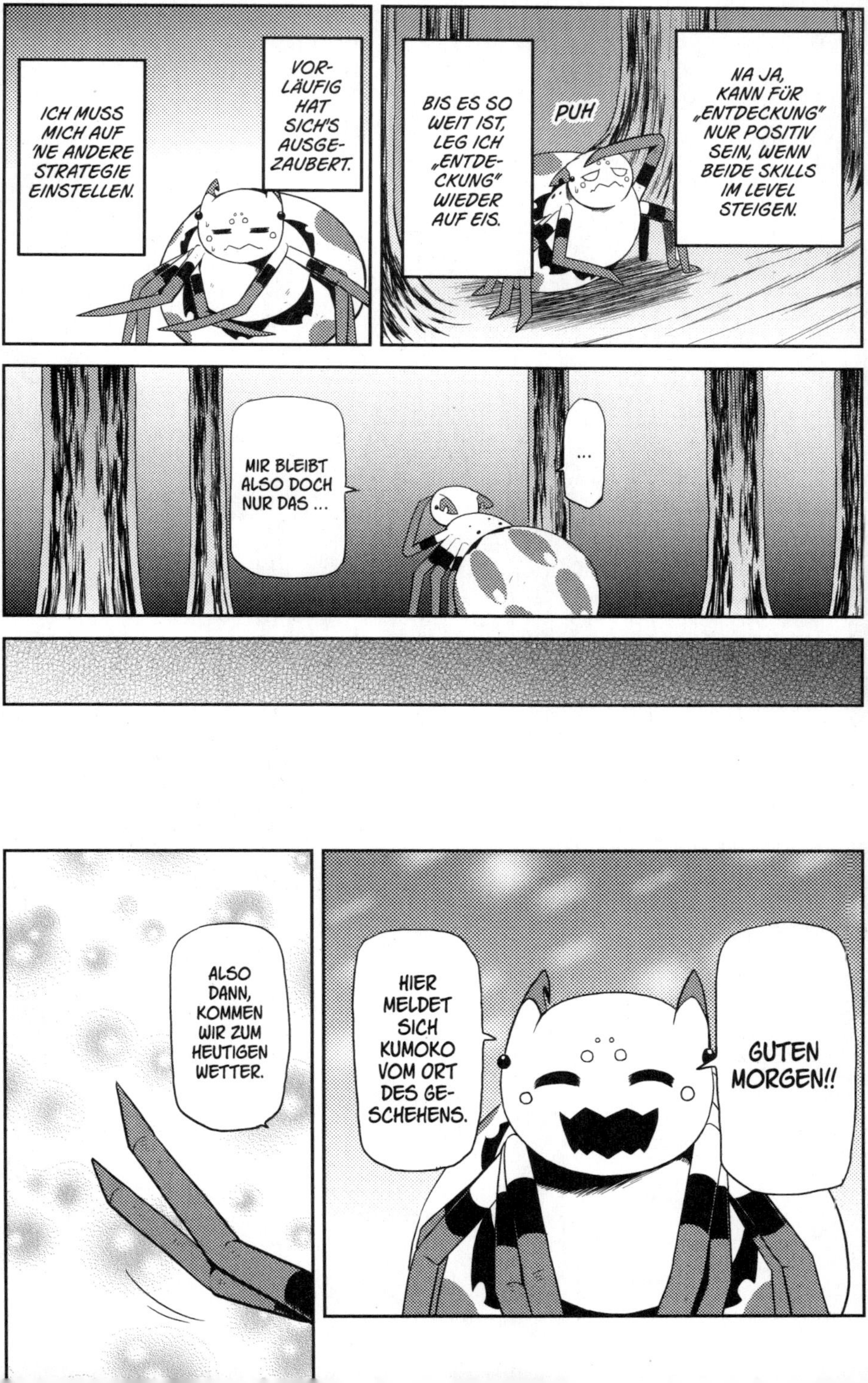
NA JA, KANN FÜR „ENTDECKUNG" NUR POSITIV SEIN, WENN BEIDE SKILLS IM LEVEL STEIGEN.
PUH
BIS ES SO WEIT IST, LEG ICH „ENTDECKUNG" WIEDER AUF EIS.
VORLÄUFIG HAT SICH'S AUSGEZAUBERT.
ICH MUSS MICH AUF 'NE ANDERE STRATEGIE EINSTELLEN.
…
MIR BLEIBT ALSO DOCH NUR DAS …
GUTEN MORGEN!!
HIER MELDET SICH KUMOKO VOM ORT DES GESCHEHENS.
ALSO DANN, KOMMEN WIR ZUM HEUTIGEN WETTER.

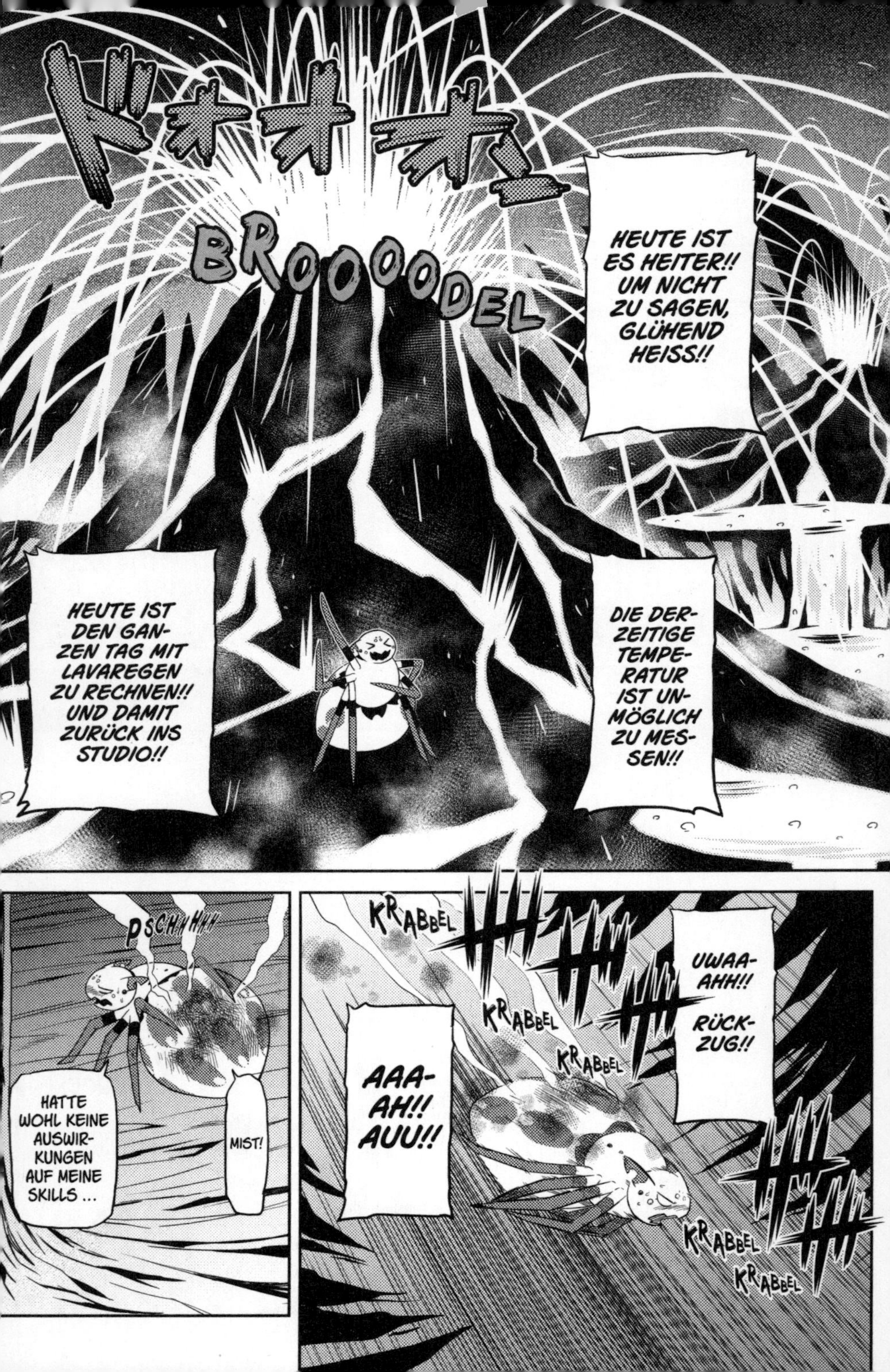
ドォオオオ
BROOOODEL
HEUTE IST ES HEITER!! UM NICHT ZU SAGEN, GLÜHEND HEISS!!
DIE DERZEITIGE TEMPERATUR IST UNMÖGLICH ZU MESSEN!!
HEUTE IST DEN GANZEN TAG MIT LAVAREGEN ZU RECHNEN!! UND DAMIT ZURÜCK INS STUDIO!!
PSCHHHH
MIST!
HATTE WOHL KEINE AUSWIRKUNGEN AUF MEINE SKILLS ...
KRABBEL
KRABBEL
UWAAAHH!!
RÜCKZUG!!
KRABBEL
AAAAH!! AUU!!
KRABBEL
KRABBEL

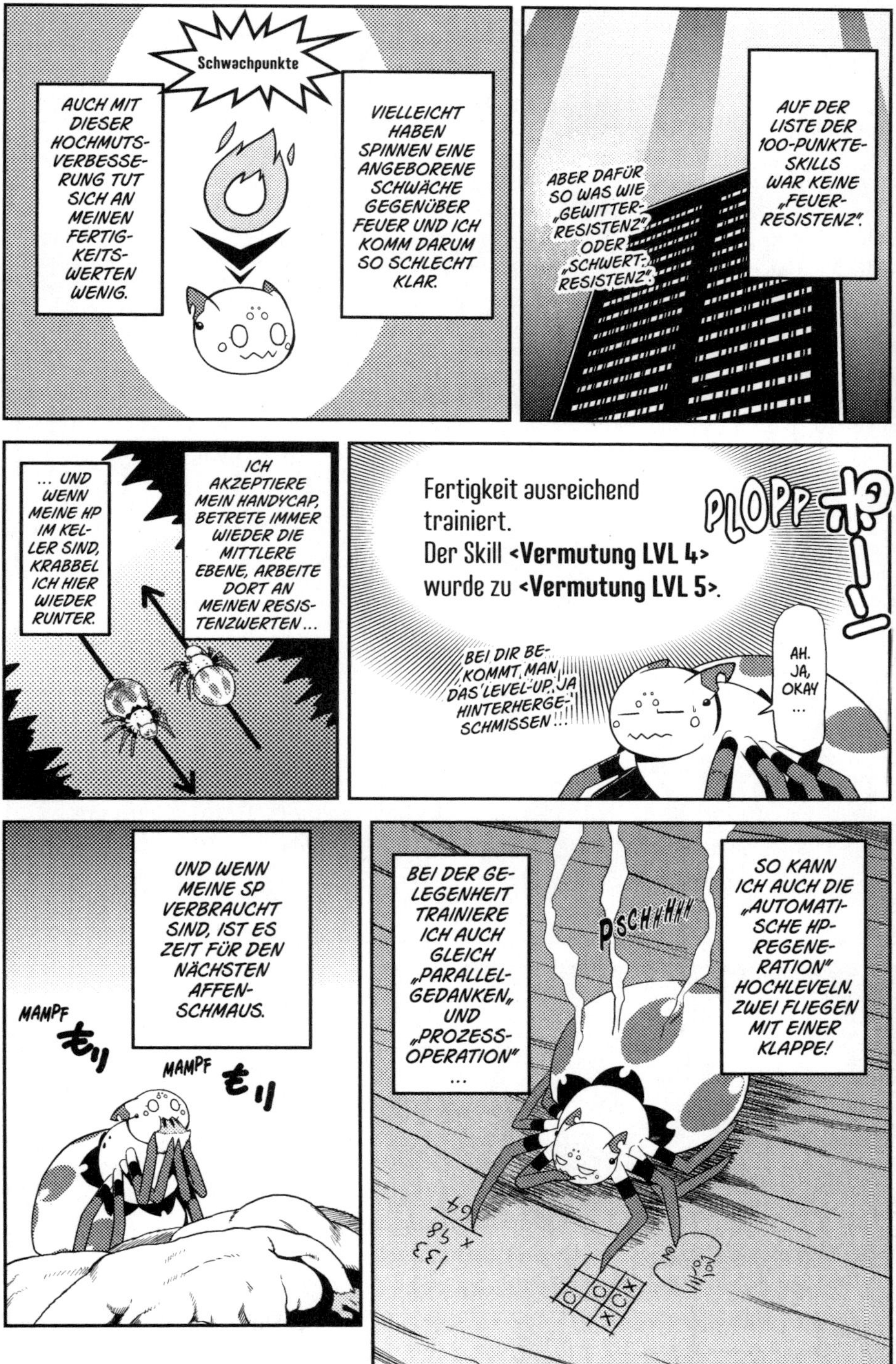
AUF DER LISTE DER 100-PUNKTE-SKILLS WAR KEINE „FEUER-RESISTENZ".
ABER DAFÜR SO WAS WIE „GEWITTER-RESISTENZ" ODER „SCHWERT-RESISTENZ".
Schwachpunkte
VIELLEICHT HABEN SPINNEN EINE ANGEBORENE SCHWÄCHE GEGENÜBER FEUER UND ICH KOMM DARUM SO SCHLECHT KLAR.
AUCH MIT DIESER HOCHMUTS-VERBESSE-RUNG TUT SICH AN MEINEN FERTIG-KEITS-WERTEN WENIG.
PLOPP
Fertigkeit ausreichend trainiert.
Der Skill <Vermutung LVL 4> wurde zu <Vermutung LVL 5>.
AH. JA, OKAY …
BEI DIR BE-KOMMT MAN DAS LEVEL-UP JA HINTERHERGE-SCHMISSEN …
ICH AKZEPTIERE MEIN HANDYCAP, BETRETE IMMER WIEDER DIE MITTLERE EBENE, ARBEITE DORT AN MEINEN RESIS-TENZWERTEN …
… UND WENN MEINE HP IM KEL-LER SIND, KRABBEL ICH HIER WIEDER RUNTER.
SO KANN ICH AUCH DIE „AUTOMATI-SCHE HP-REGENE-RATION" HOCHLEVELN. ZWEI FLIEGEN MIT EINER KLAPPE!
PSCHHHHH
BEI DER GE-LEGENHEIT TRAINIERE ICH AUCH GLEICH „PARALLEL-GEDANKEN" UND „PROZESS-OPERATION" …
UND WENN MEINE SP VERBRAUCHT SIND, IST ES ZEIT FÜR DEN NÄCHSTEN AFFEN-SCHMAUS.
MAMPF
MAMPF

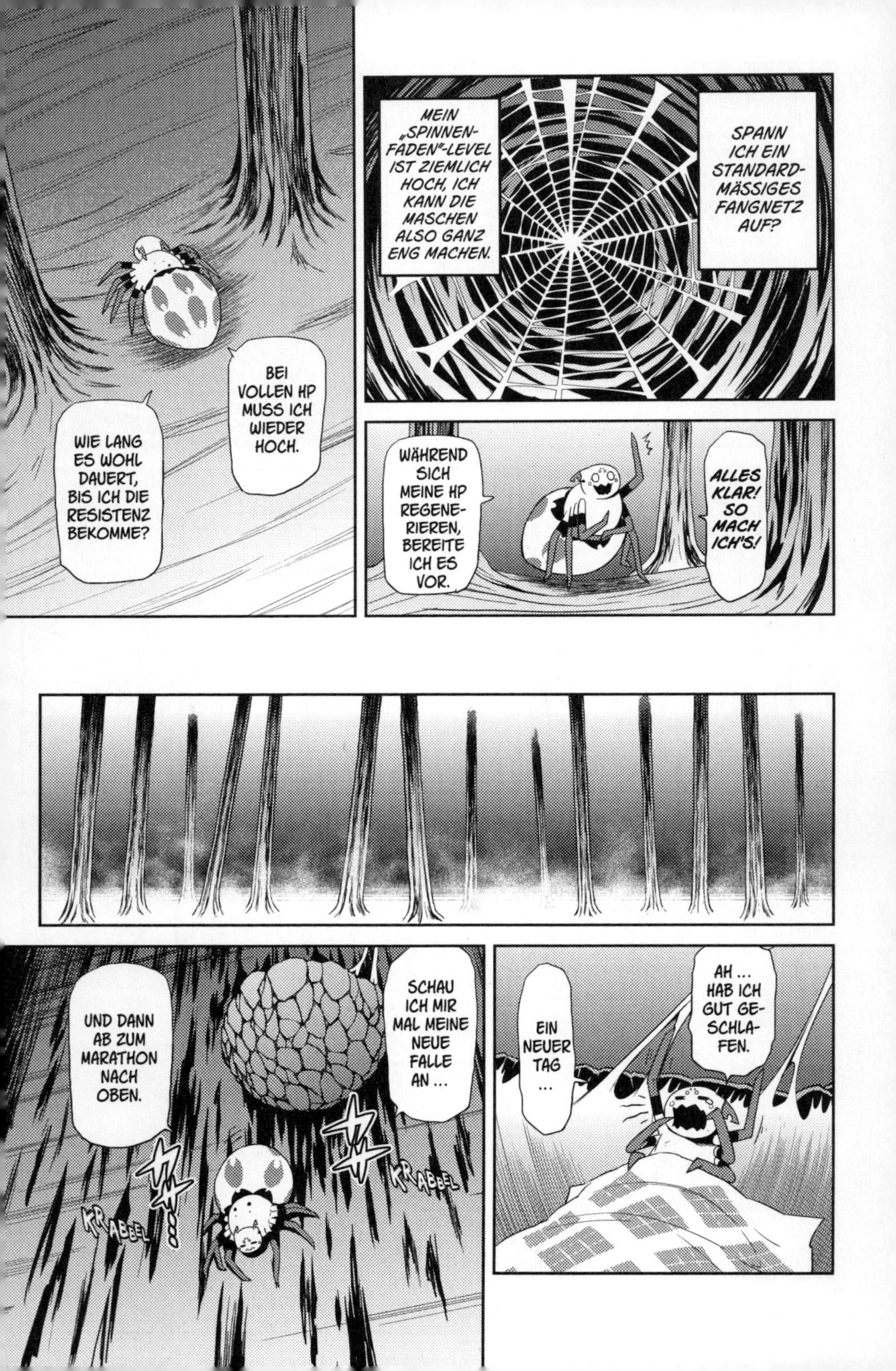
SPANN ICH EIN STANDARDMÄSSIGES FANGNETZ AUF?
MEIN „SPINNENFADEN"-LEVEL IST ZIEMLICH HOCH, ICH KANN DIE MASCHEN ALSO GANZ ENG MACHEN.
ALLES KLAR! SO MACH ICH'S!
WÄHREND SICH MEINE HP REGENERIEREN, BEREITE ICH ES VOR.
BEI VOLLEN HP MUSS ICH WIEDER HOCH.
WIE LANG ES WOHL DAUERT, BIS ICH DIE RESISTENZ BEKOMME?
AH … HAB ICH GUT GESCHLAFEN.
EIN NEUER TAG …
SCHAU ICH MIR MAL MEINE NEUE FALLE AN …
UND DANN AB ZUM MARATHON NACH OBEN.
KRABBEL
KRABBEL

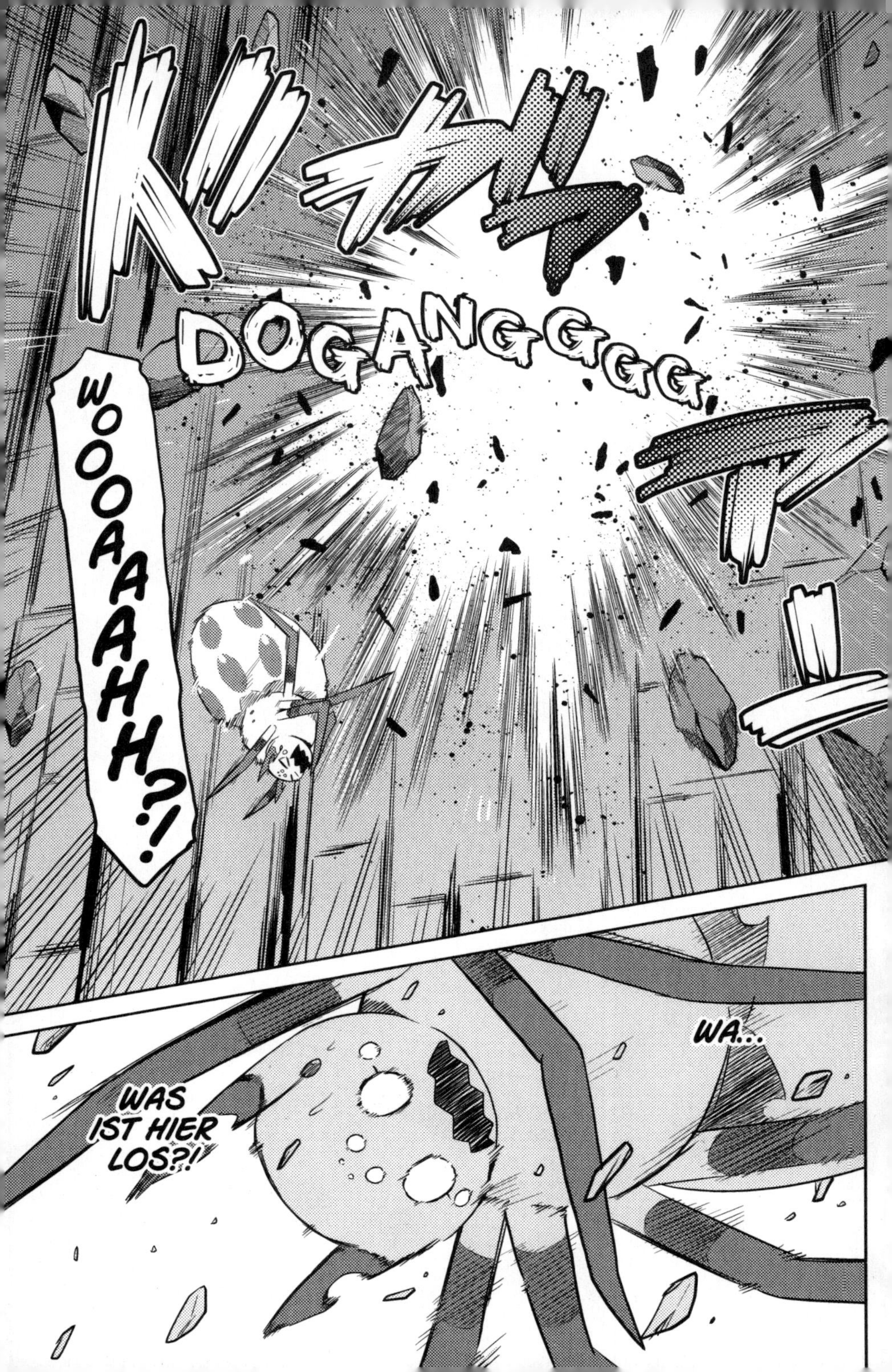
DOGANGGGG
WOOOAAAAHH?!
WA...
WAS IST HIER LOS?!

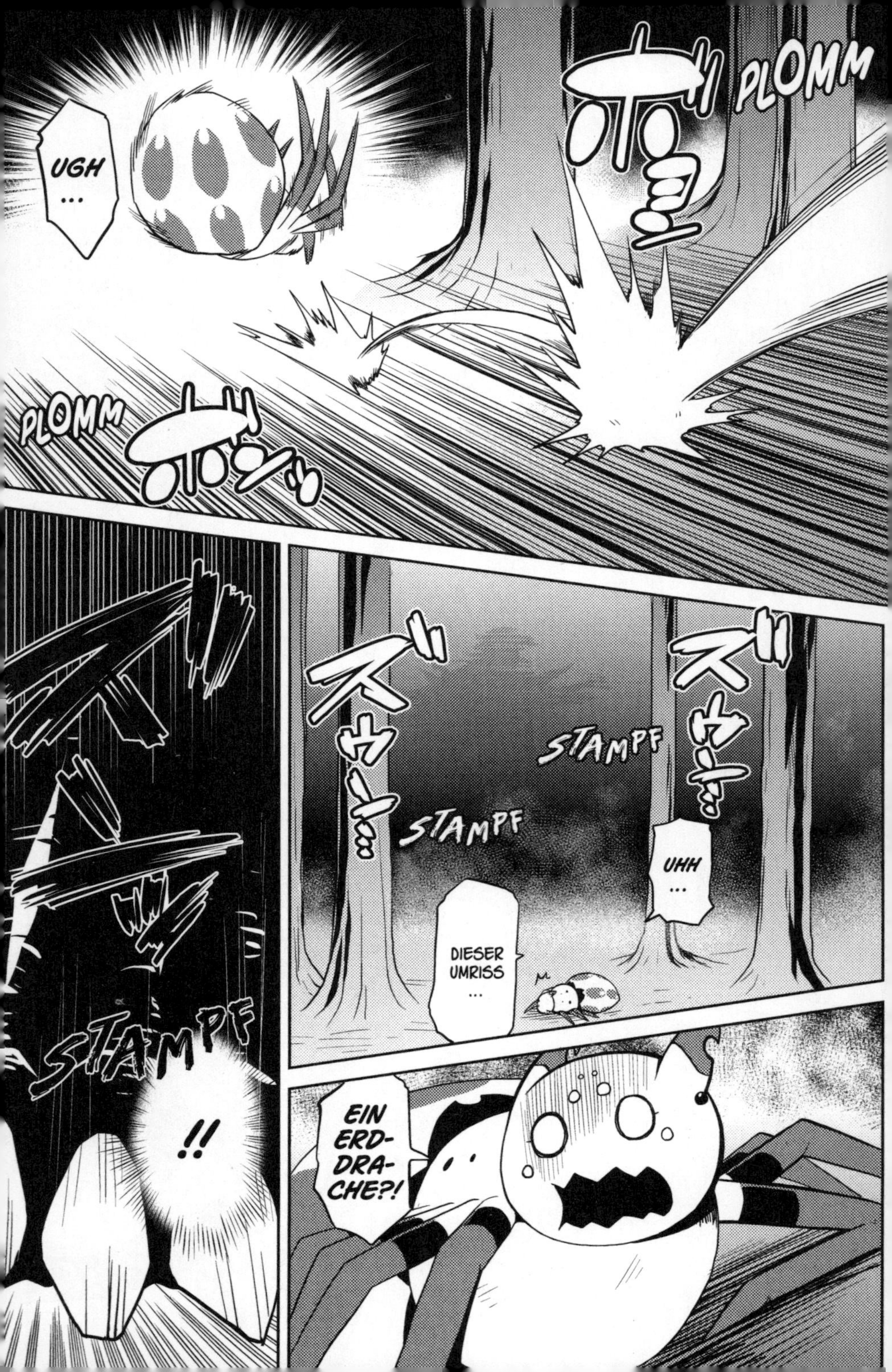

PLOMM
UGH …
PLOMM
STAMPF
STAMPF
UHH …
DIESER UMRISS …
STAMPF
!!
EIN ERD-DRA-CHE?!

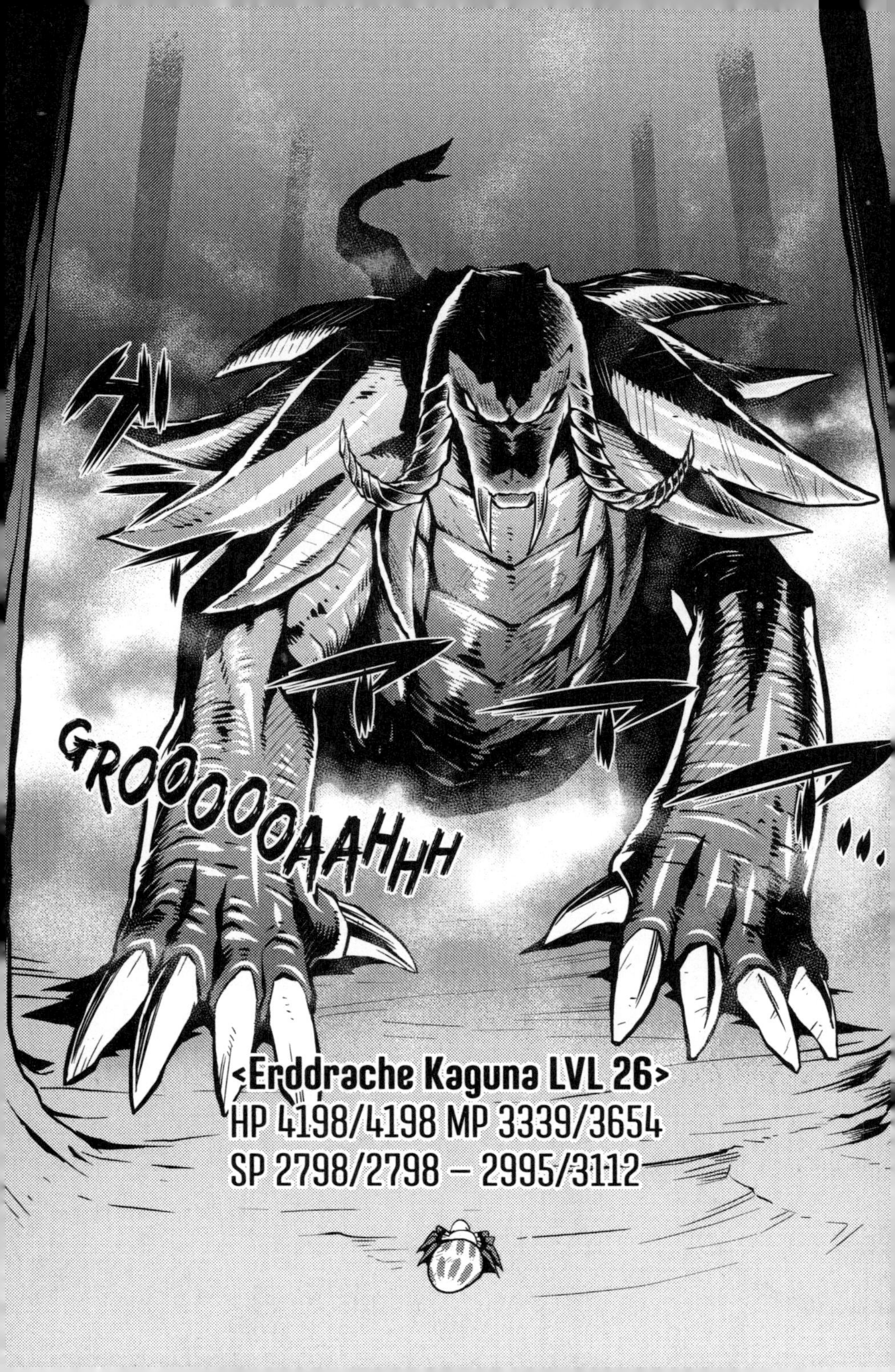

SHI
GROOOOOOAAAHHH
<Erddrache Kaguna LVL 26>
HP 4198/4198 MP 3339/3654
SP 2798/2798 – 2995/3112

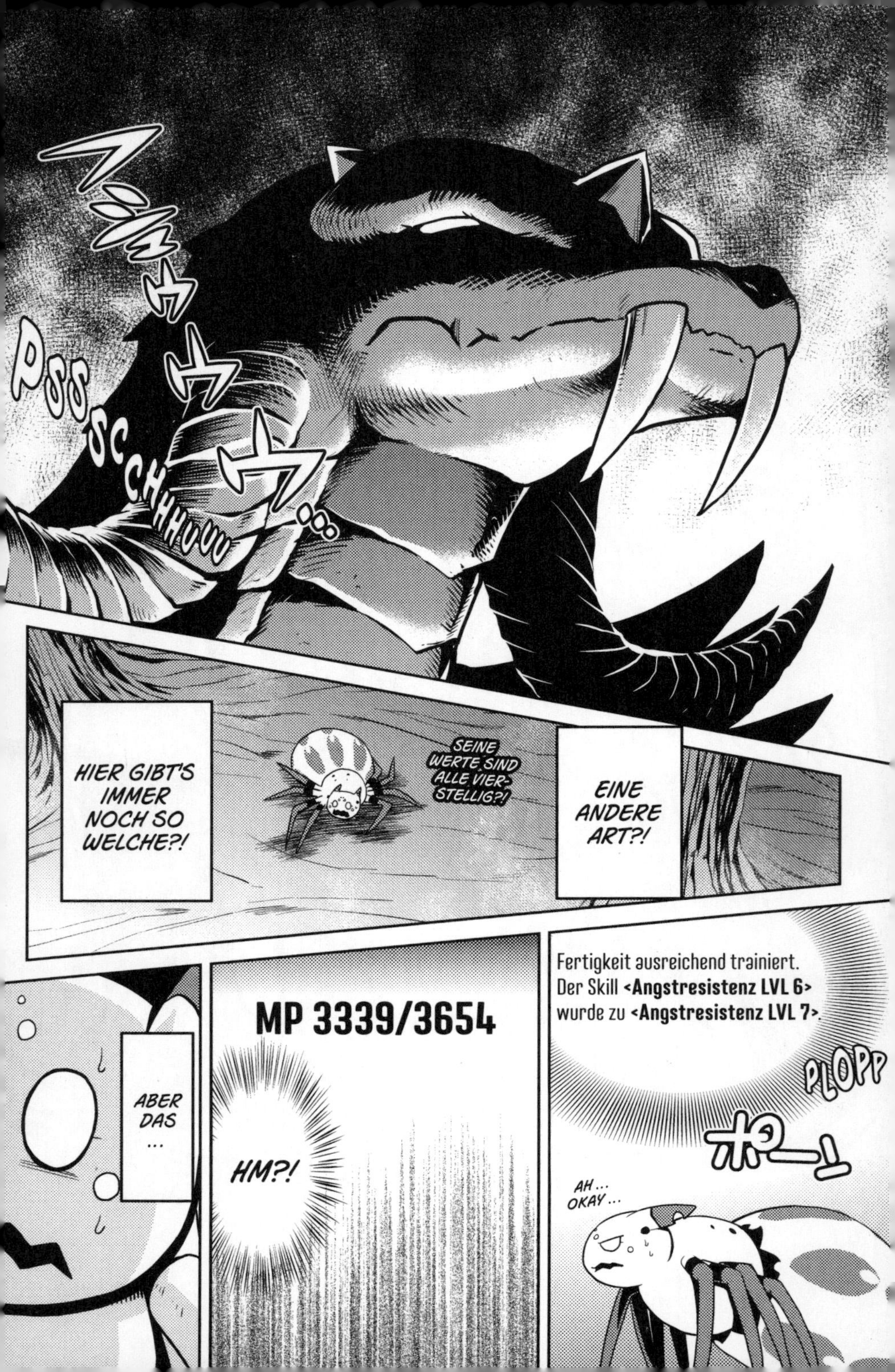
PSSSCHHHUUU
EINE ANDERE ART?!
SEINE WERTE SIND ALLE VIER-STELLIG?!
HIER GIBT'S IMMER NOCH SO WELCHE?!
Fertigkeit ausreichend trainiert.
Der Skill <Angstresistenz LVL 6>
wurde zu <Angstresistenz LVL 7>.
PLOPP
AH ... OKAY ...
MP 3339/3654
HM?!
ABER DAS ...

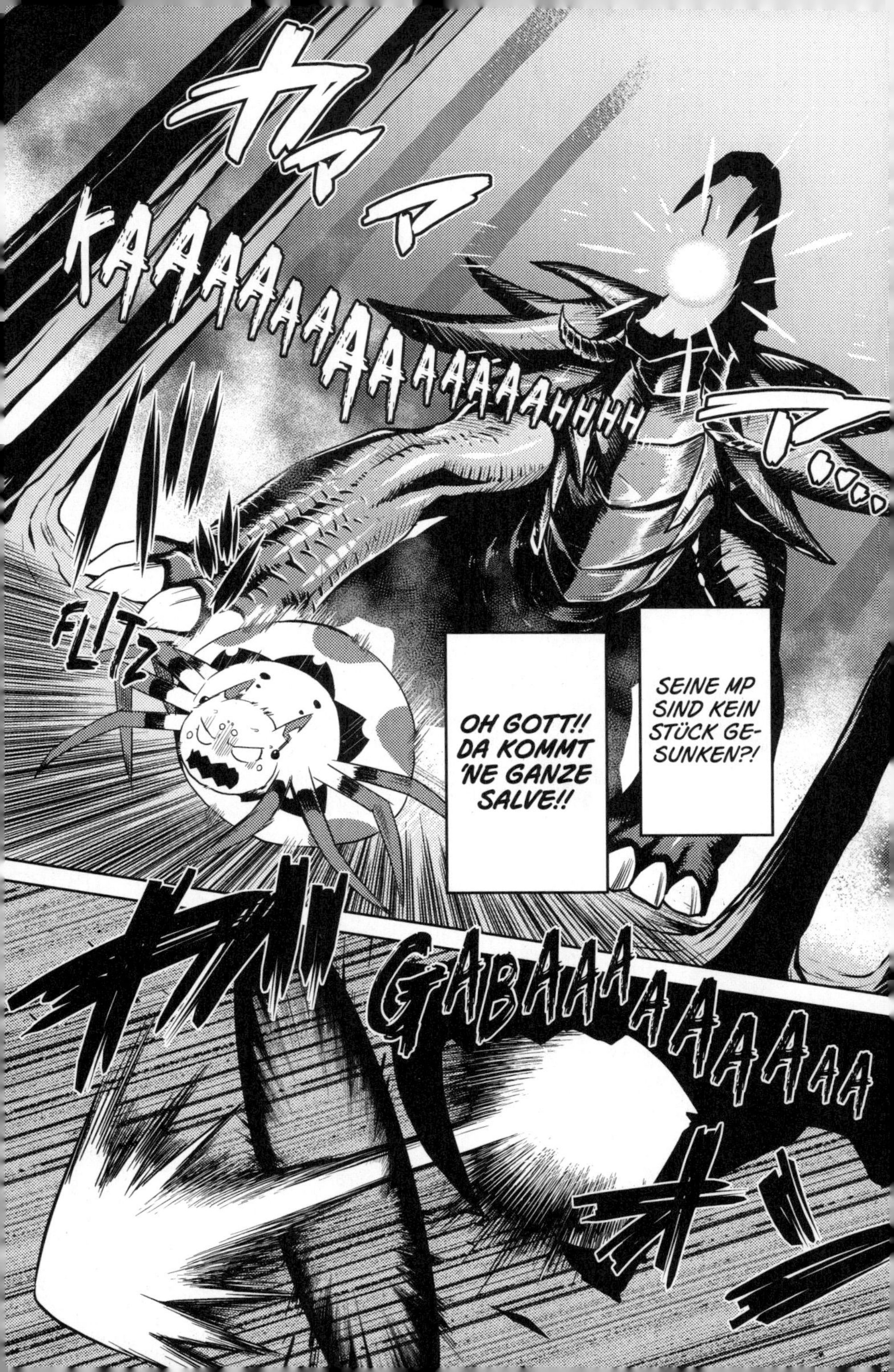

KAAAAAAAAAAAAAAHHHH
FLITZ
SEINE MP SIND KEIN STÜCK GESUNKEN?!
OH GOTT!! DA KOMMT 'NE GANZE SALVE!!
GABAAAAAAAAAAA

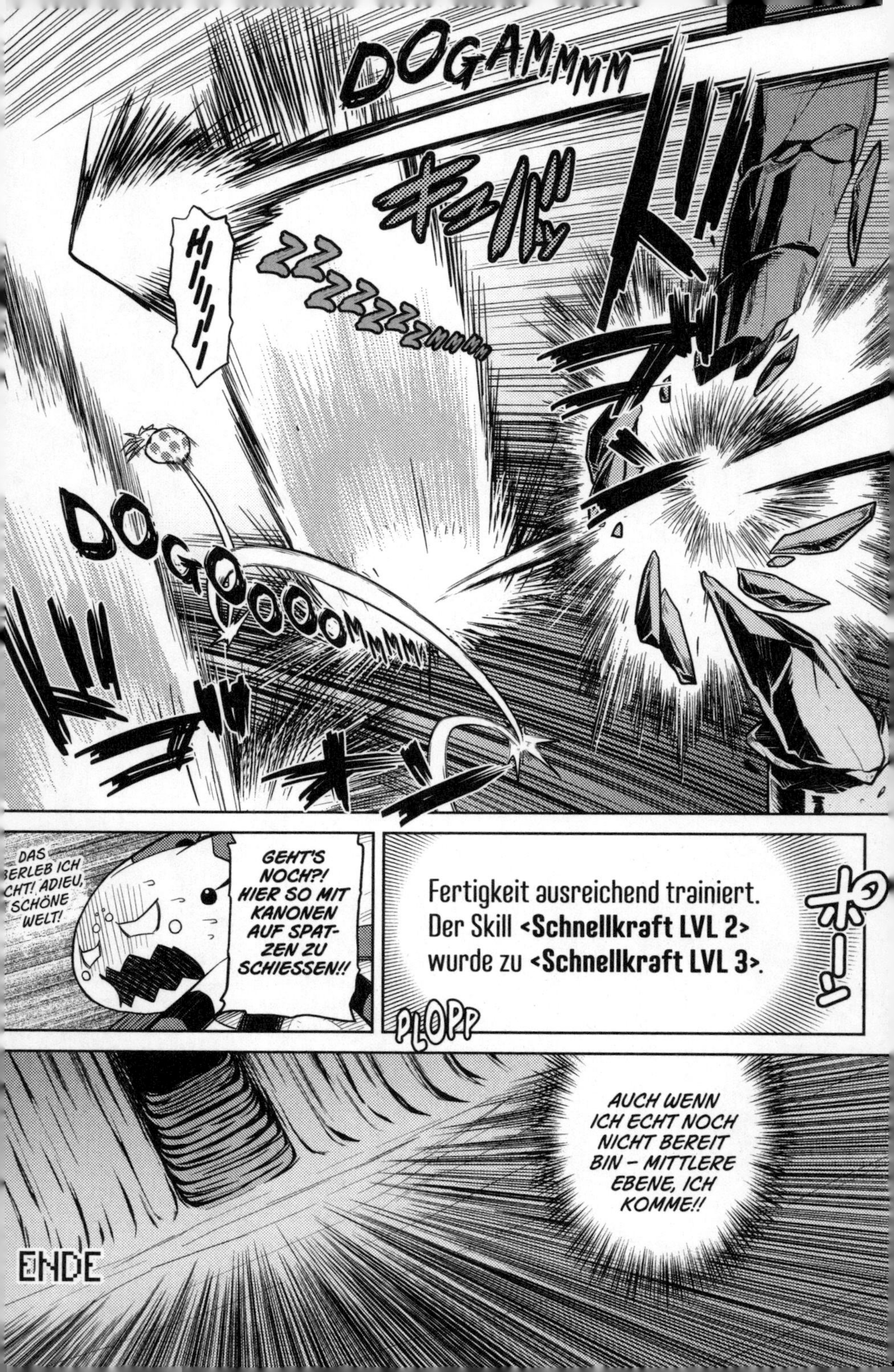
DOGAMMMM
HIIIIII
ZZZZZZZZZMMMM
DOGOOOOOOMMMM
Fertigkeit ausreichend trainiert. Der Skill <Schnellkraft LVL 2> wurde zu <Schnellkraft LVL 3>.
PLOPP
GEHT'S NOCH?! HIER SO MIT KANONEN AUF SPATZEN ZU SCHIESSEN!!
DAS ERLEB ICH CHT! ADIEU, SCHÖNE WELT!
AUCH WENN ICH ECHT NOCH NICHT BEREIT BIN – MITTLERE EBENE, ICH KOMME!!
ENDE

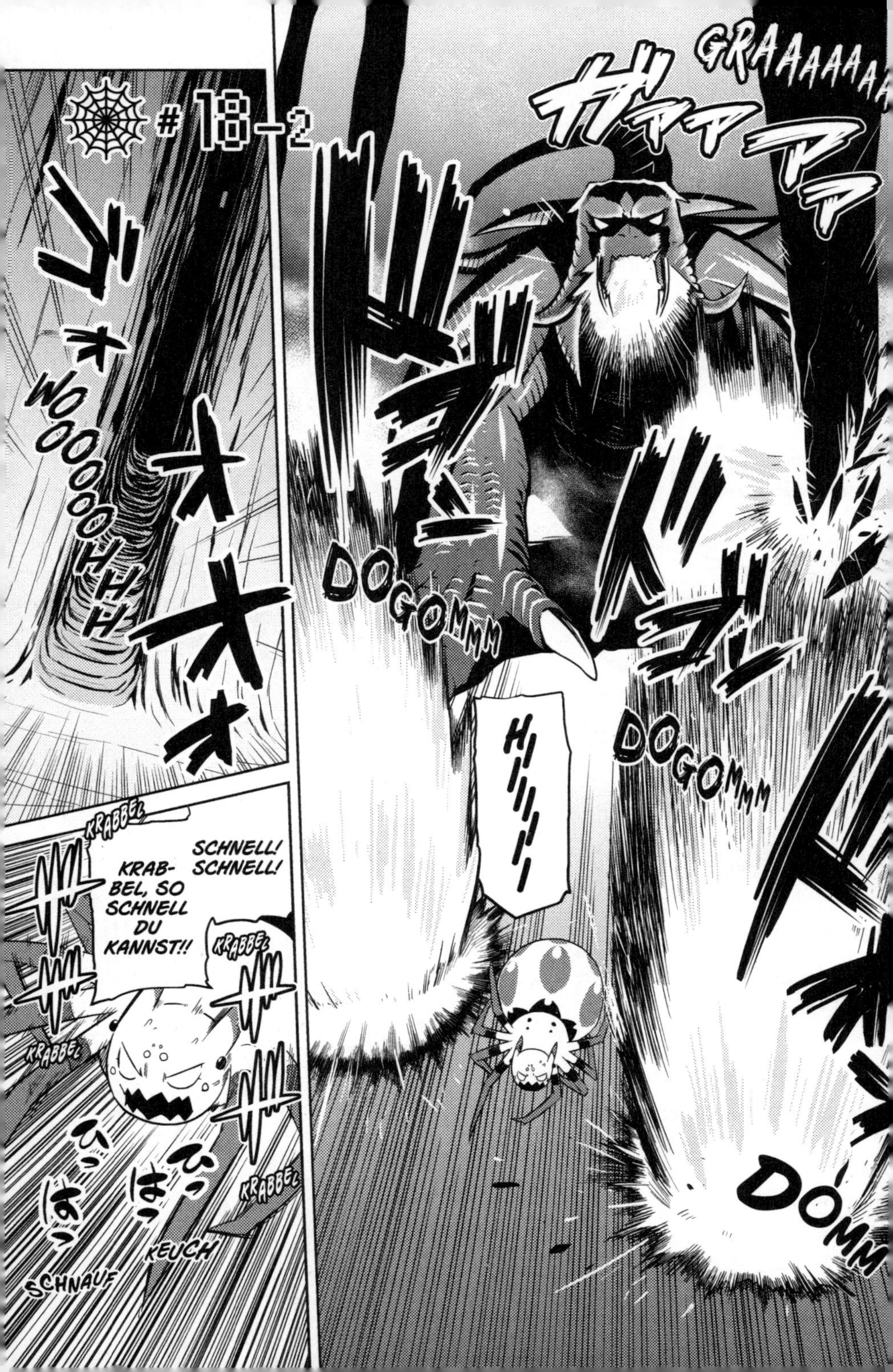
GRAAAAAAA
DOGOMMM
DOGOMMM
HIIIIII
DOMM
#18-2
WOOOOOOHHHH
SCHNELL! SCHNELL!
KRABBEL, SO SCHNELL DU KANNST!!
KRABBEL
KRABBEL
KRABBEL
KRABBEL
KEUCH
SCHNAUF

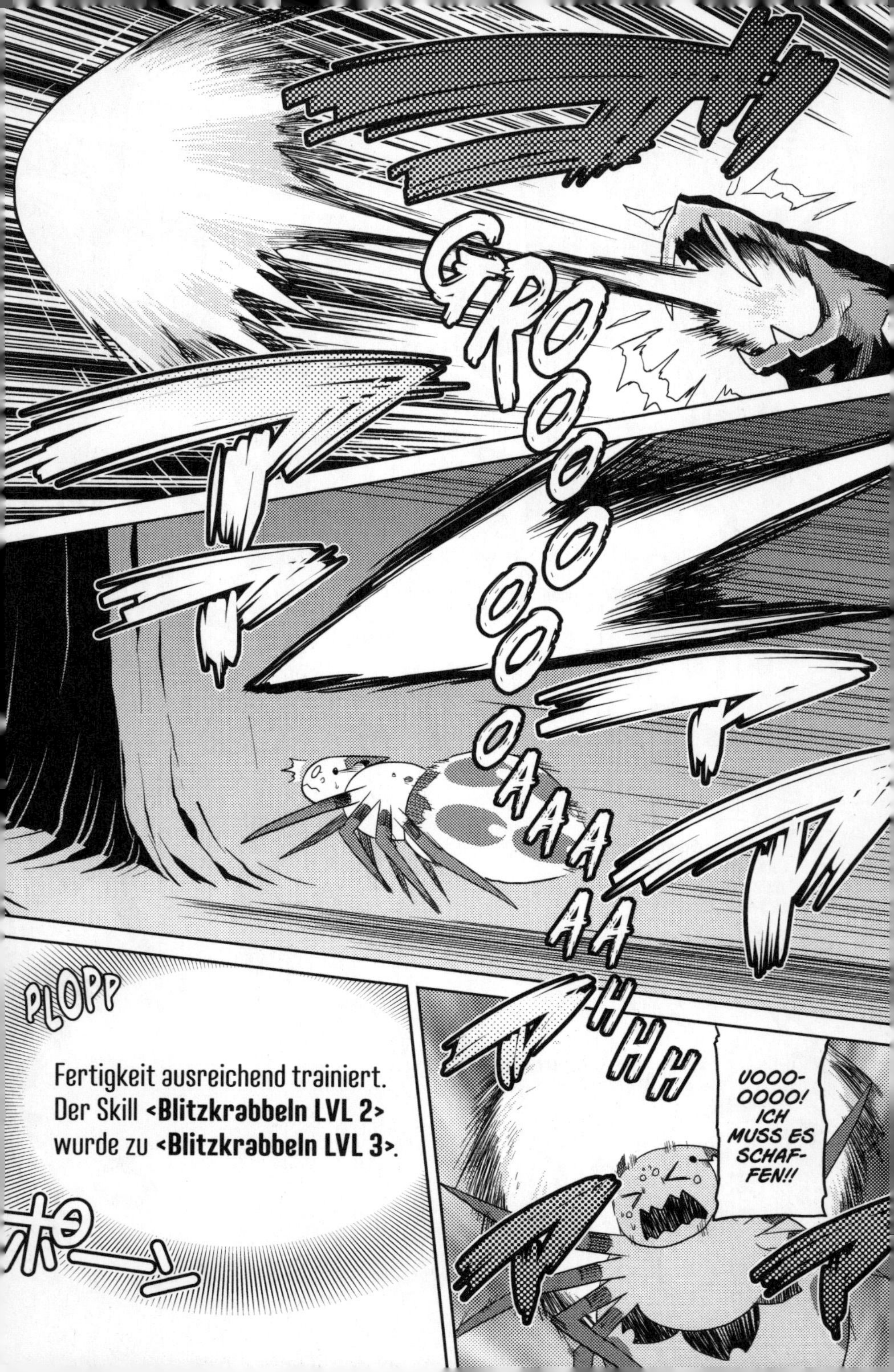
GROOOOOOOOOAAAAAAHHH
PLOPP
Fertigkeit ausreichend trainiert.
Der Skill <**Blitzkrabbeln LVL 2**> wurde zu <**Blitzkrabbeln LVL 3**>.
VOOOOOOO! ICH MUSS ES SCHAFFEN!!

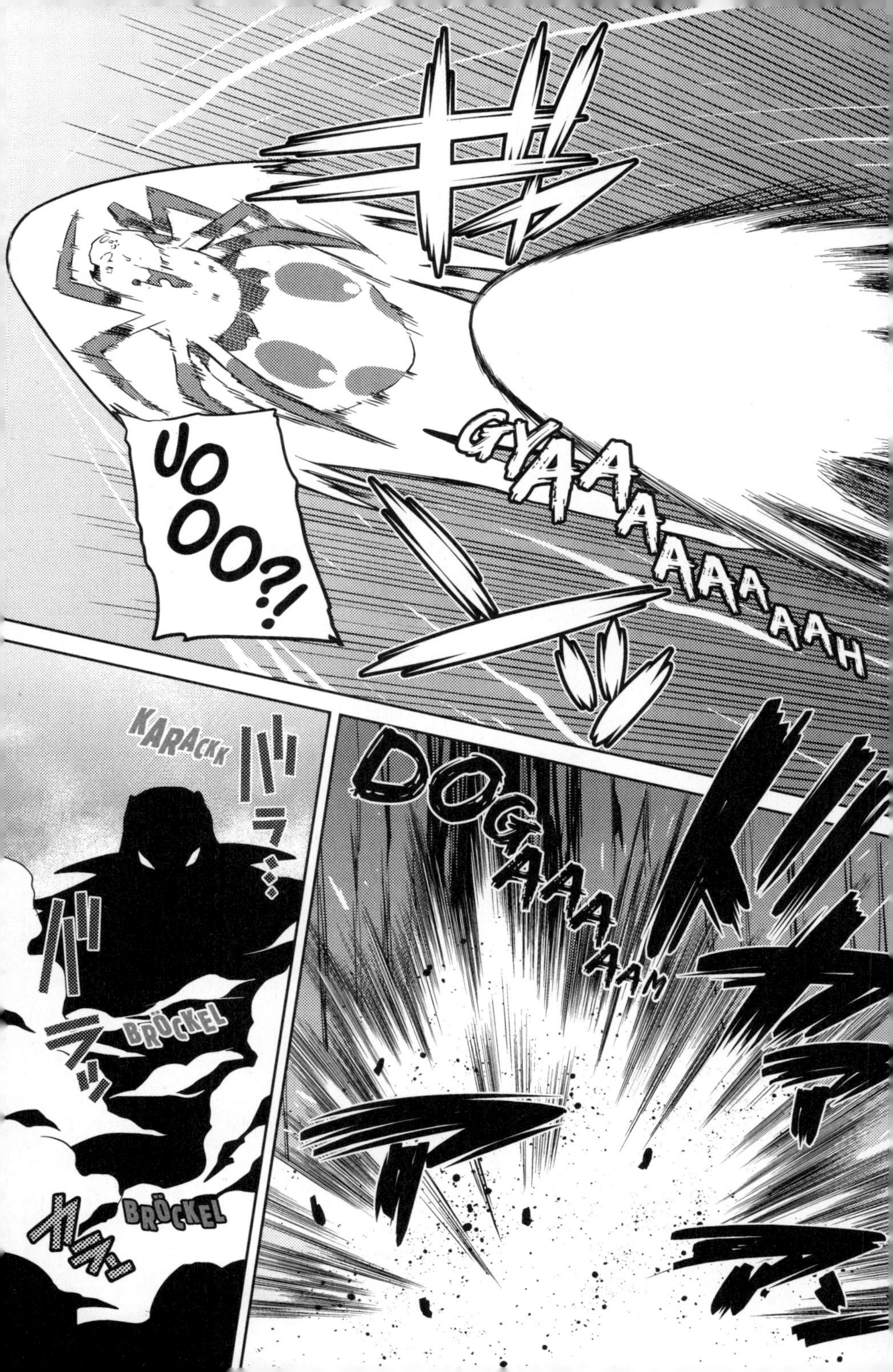
GYAAAAAAAAAH
UOOOO?!
DOGAAAAAAM
KARACKK
BRÖCKEL
BRÖCKEL

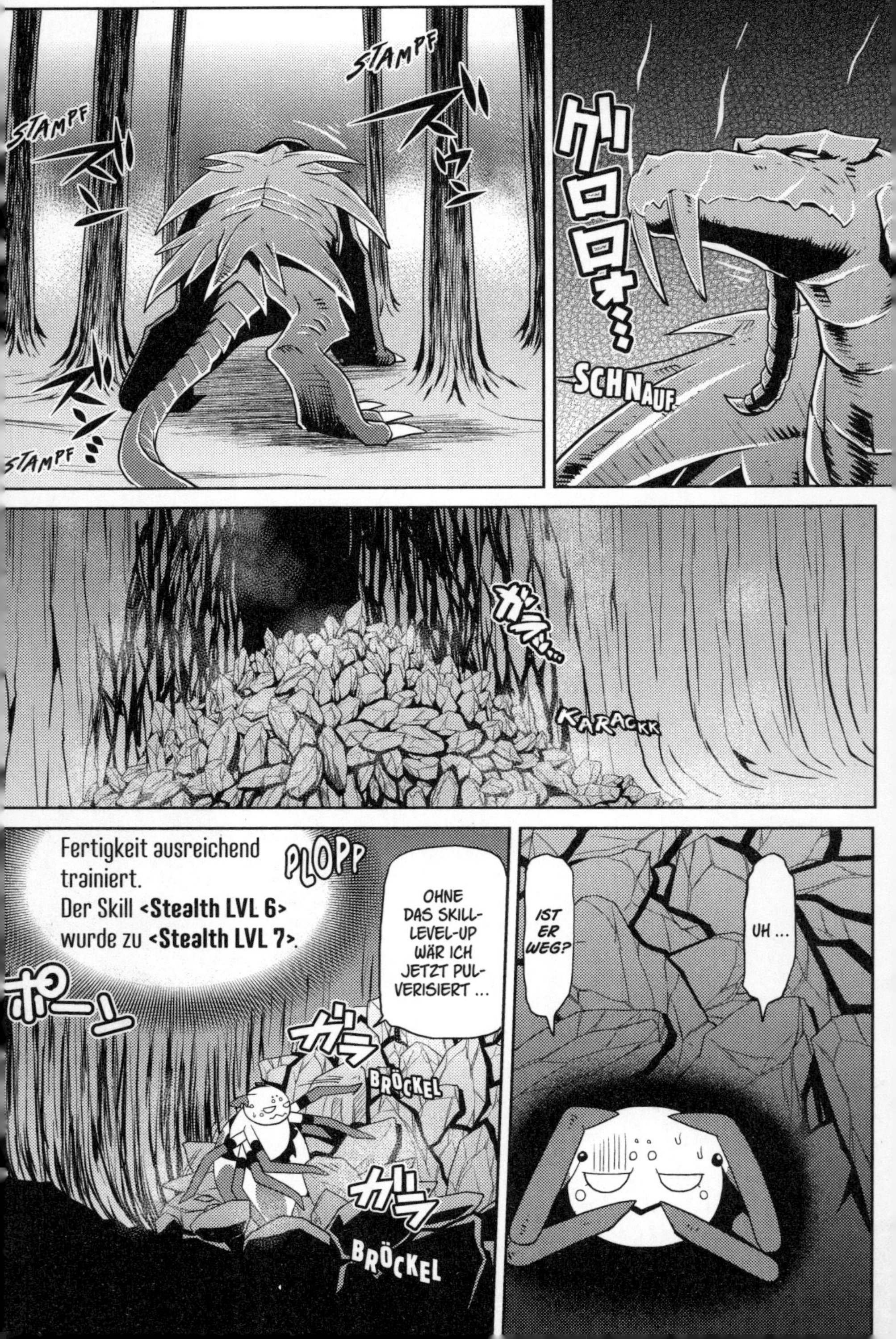
SCHNAUF
STAMPF
STAMPF
STAMPF
KARACKK
UH …
IST ER WEG?
OHNE DAS SKILL-LEVEL-UP WÄR ICH JETZT PULVERISIERT …
PLOPP
Fertigkeit ausreichend trainiert.
Der Skill <Stealth LVL 6> wurde zu <Stealth LVL 7>.
BRÖCKEL
BRÖCKEL

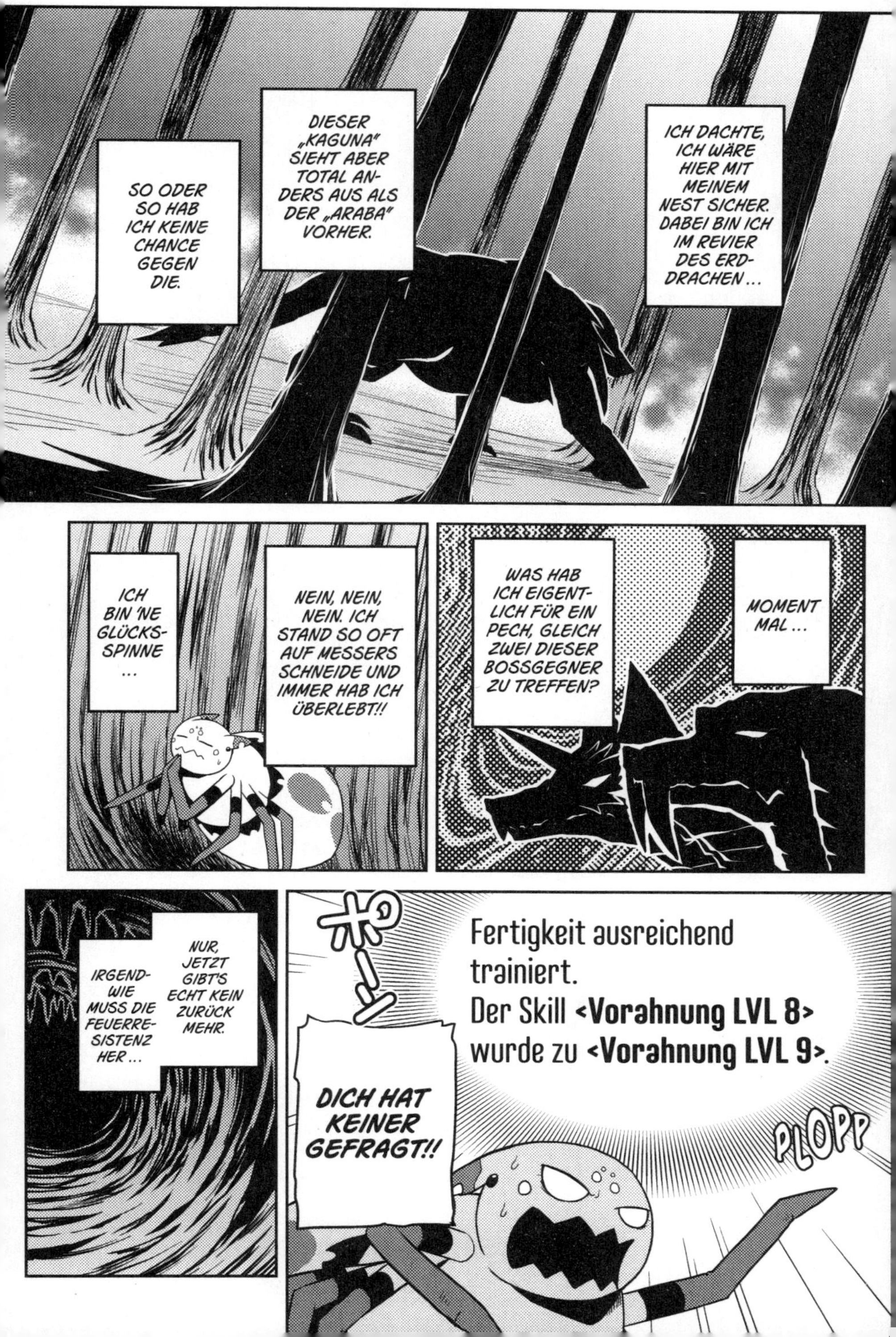

ICH DACHTE, ICH WÄRE HIER MIT MEINEM NEST SICHER. DABEI BIN ICH IM REVIER DES ERD-DRACHEN …
DIESER „KAGUNA" SIEHT ABER TOTAL AN-DERS AUS ALS DER „ARABA" VORHER.
SO ODER SO HAB ICH KEINE CHANCE GEGEN DIE.
WAS HAB ICH EIGENT-LICH FÜR EIN PECH, GLEICH ZWEI DIESER BOSSGEGNER ZU TREFFEN?
MOMENT MAL …
NEIN, NEIN, NEIN. ICH STAND SO OFT AUF MESSERS SCHNEIDE UND IMMER HAB ICH ÜBERLEBT!!
ICH BIN 'NE GLÜCKS-SPINNE …
NUR, JETZT GIBT'S ECHT KEIN ZURÜCK MEHR.
IRGEND-WIE MUSS DIE FEUERRE-SISTENZ HER …
Fertigkeit ausreichend trainiert.
Der Skill **<Vorahnung LVL 8>** wurde zu **<Vorahnung LVL 9>**.
DICH HAT KEINER GEFRAGT!!
PLOPP

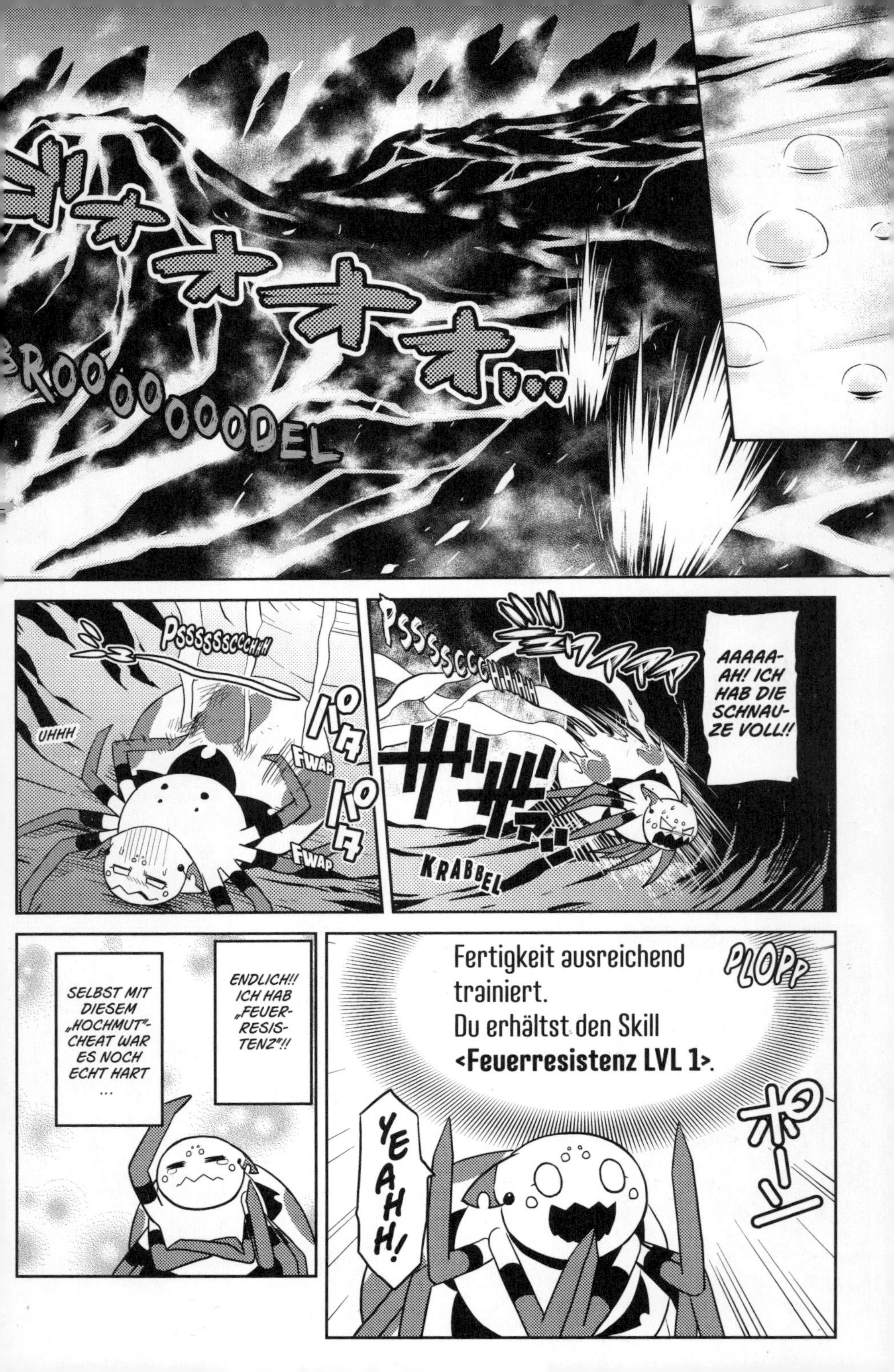
BROOOOOOOODEL
PSSSSSSCCCHHH
UHHH
FWAP
FWAP
PSSSSCCCHHHHH
KRABBEL
AAAAA-AH! ICH HAB DIE SCHNAUZE VOLL!!
PLOPP
Fertigkeit ausreichend trainiert.
Du erhältst den Skill
<Feuerresistenz LVL 1>.
YEAHH!
ENDLICH!! ICH HAB „FEUERRESISTENZ"!!
SELBST MIT DIESEM „HOCHMUT"-CHEAT WAR ES NOCH ECHT HART …

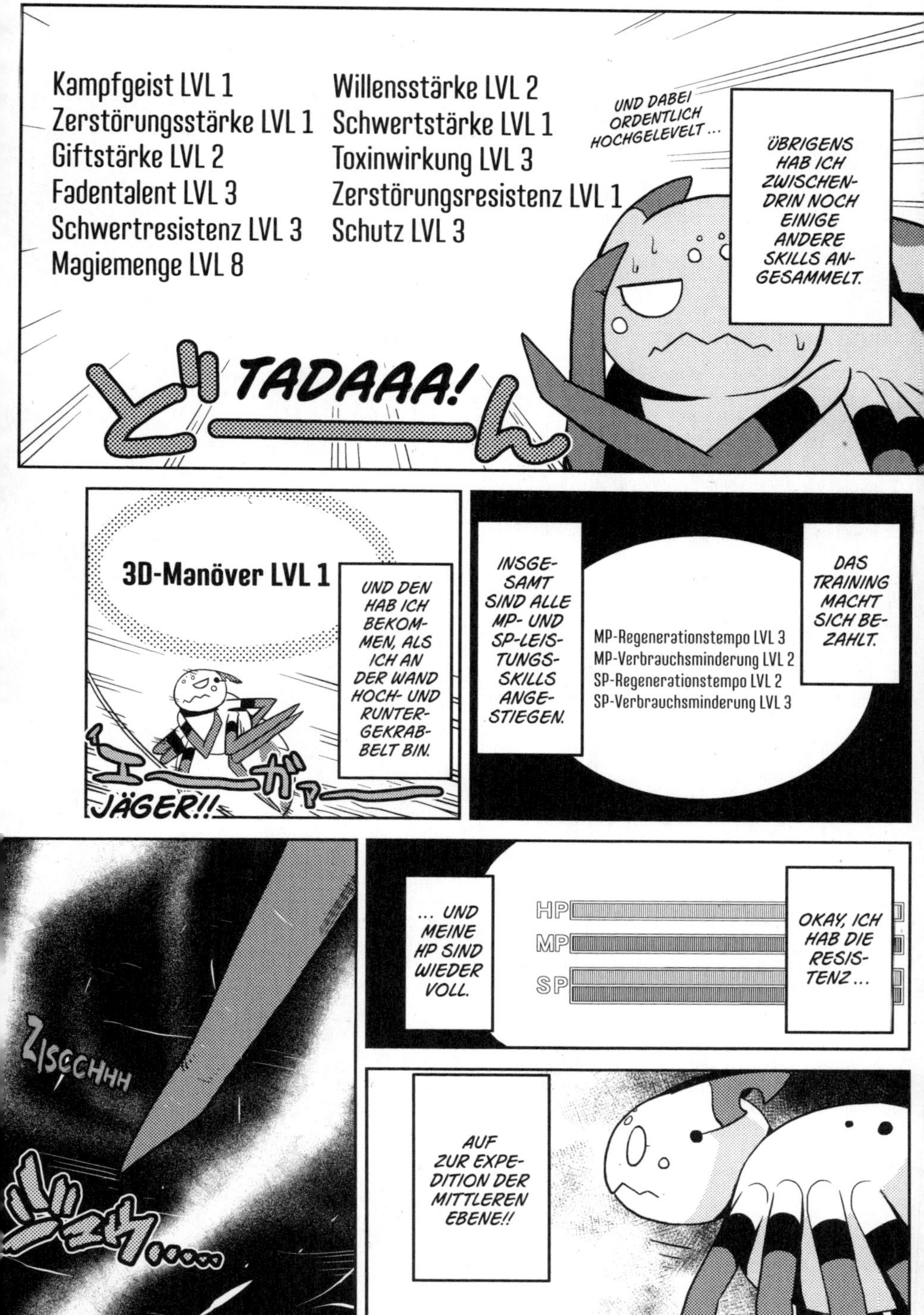
ÜBRIGENS HAB ICH ZWISCHENDRIN NOCH EINIGE ANDERE SKILLS ANGESAMMELT.
UND DABEI ORDENTLICH HOCHGELEVELT ...
Kampfgeist LVL 1
Zerstörungsstärke LVL 1
Giftstärke LVL 2
Fadentalent LVL 3
Schwertresistenz LVL 3
Magiemenge LVL 8
Willensstärke LVL 2
Schwertstärke LVL 1
Toxinwirkung LVL 3
Zerstörungsresistenz LVL 1
Schutz LVL 3
TADAAA!
DAS TRAINING MACHT SICH BEZAHLT.
INSGESAMT SIND ALLE MP- UND SP-LEISTUNGSSKILLS ANGESTIEGEN.
MP-Regenerationstempo LVL 3
MP-Verbrauchsminderung LVL 2
SP-Regenerationstempo LVL 2
SP-Verbrauchsminderung LVL 3
3D-Manöver LVL 1
UND DEN HAB ICH BEKOMMEN, ALS ICH AN DER WAND HOCH- UND RUNTERGEKRABBELT BIN.
JÄGER!!
OKAY, ICH HAB DIE RESISTENZ ...
... UND MEINE HP SIND WIEDER VOLL.
HP
MP
SP
AUF ZUR EXPEDITION DER MITTLEREN EBENE!!
ZISCHHH

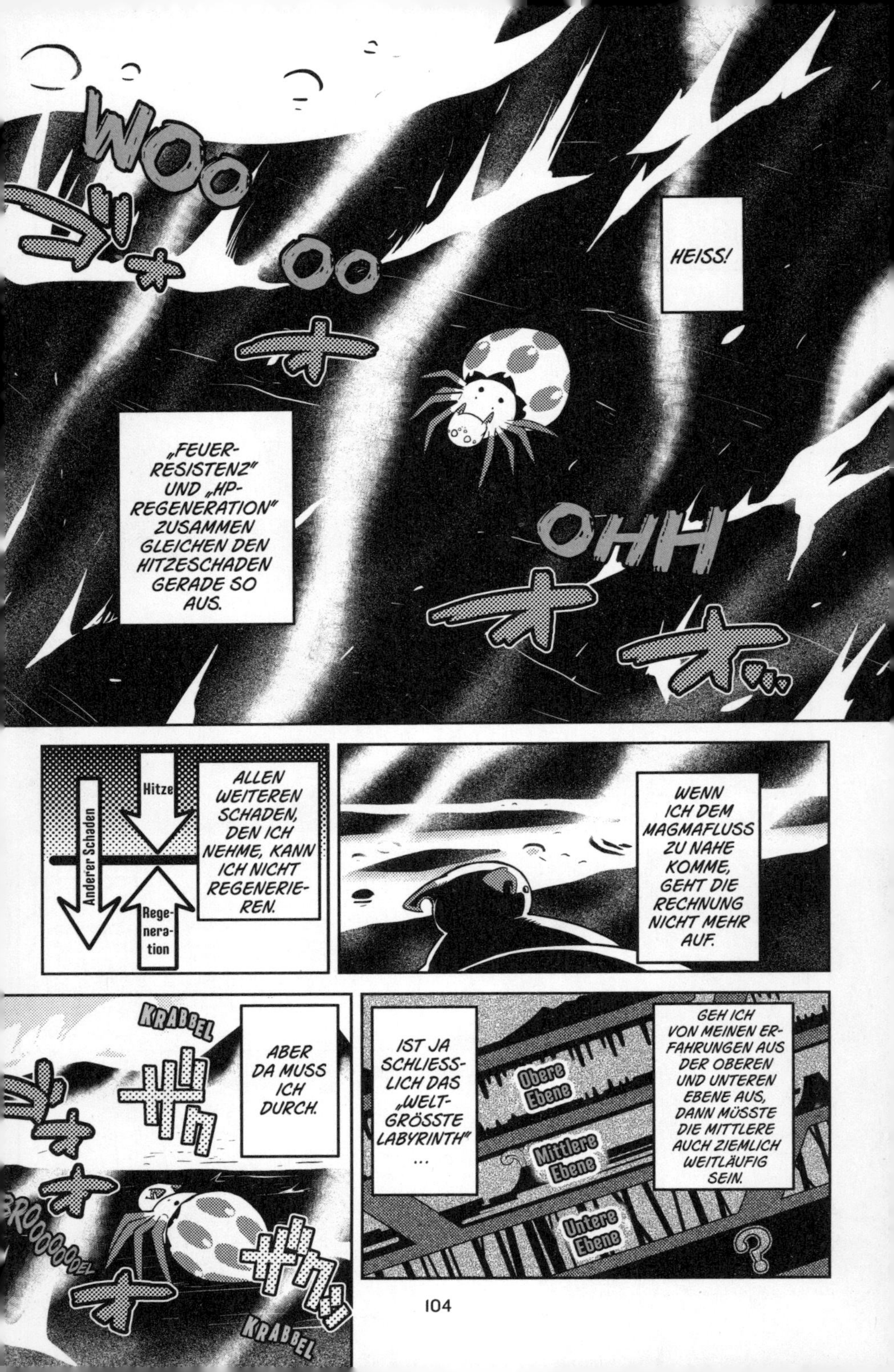
WOOOOO
HEISS!
OHH
„FEUER-RESISTENZ" UND „HP-REGENERATION" ZUSAMMEN GLEICHEN DEN HITZESCHADEN GERADE SO AUS.
WENN ICH DEM MAGMAFLUSS ZU NAHE KOMME, GEHT DIE RECHNUNG NICHT MEHR AUF.
Hitze
Anderer Schaden
Regeneration
ALLEN WEITEREN SCHADEN, DEN ICH NEHME, KANN ICH NICHT REGENERIEREN.
GEH ICH VON MEINEN ERFAHRUNGEN AUS DER OBEREN UND UNTEREN EBENE AUS, DANN MÜSSTE DIE MITTLERE AUCH ZIEMLICH WEITLÄUFIG SEIN.
Obere Ebene
Mittlere Ebene
Untere Ebene
?
IST JA SCHLIESSLICH DAS „WELTGRÖSSTE LABYRINTH" …
KRABBEL
ABER DA MUSS ICH DURCH.
BROOOOODEL
KRABBEL

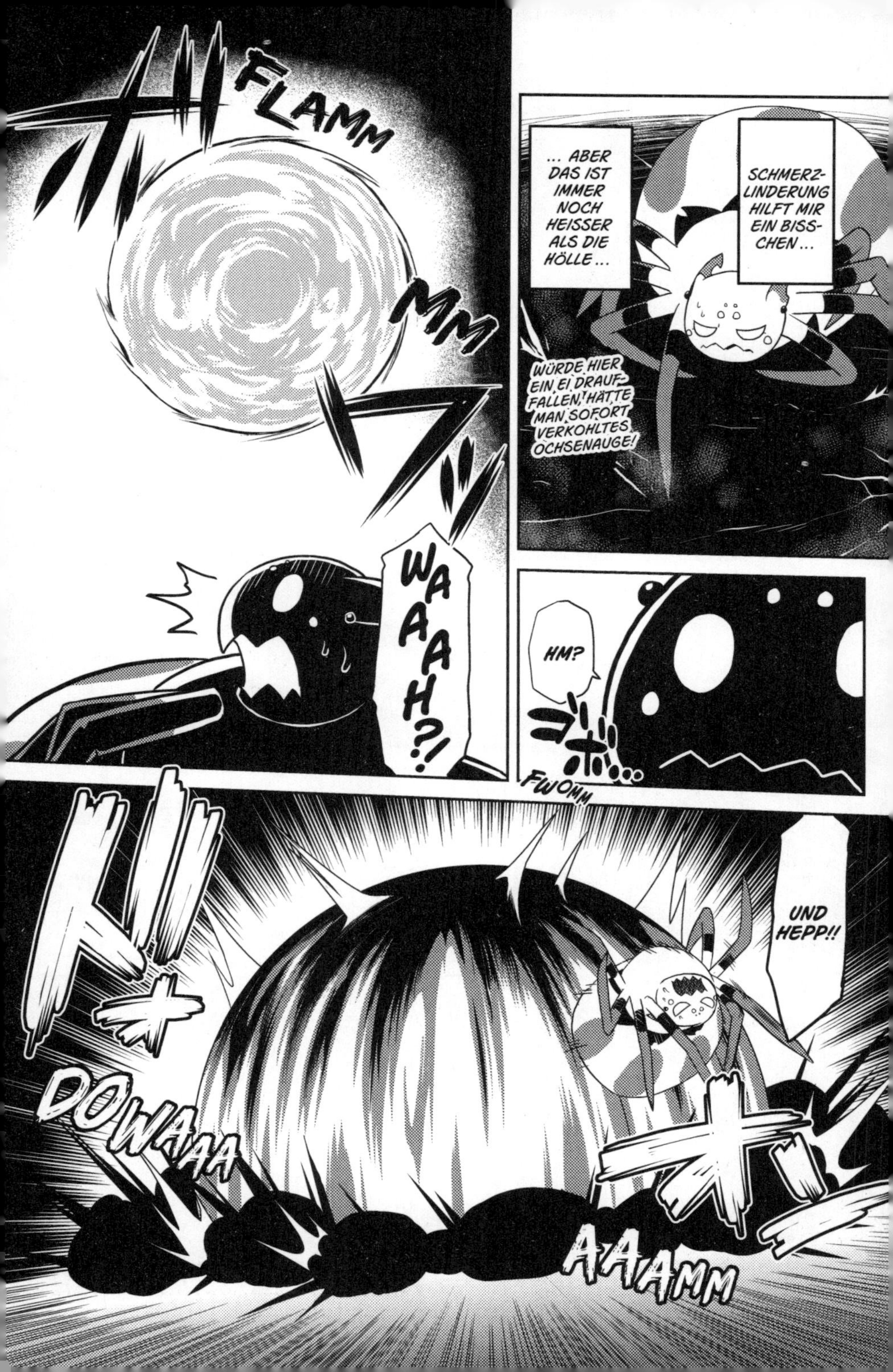
FLAMM
MM
... ABER DAS IST IMMER NOCH HEISSER ALS DIE HÖLLE ...
SCHMERZ-LINDERUNG HILFT MIR EIN BISS-CHEN ...
WÜRDE HIER EIN EI DRAUF-FALLEN, HÄTTE MAN SOFORT VERKOHLTES OCHSENAUGE!
WAAAH?!
HM?
FWOMM
UND HEPP!!
DOWAAAA
AAAMM

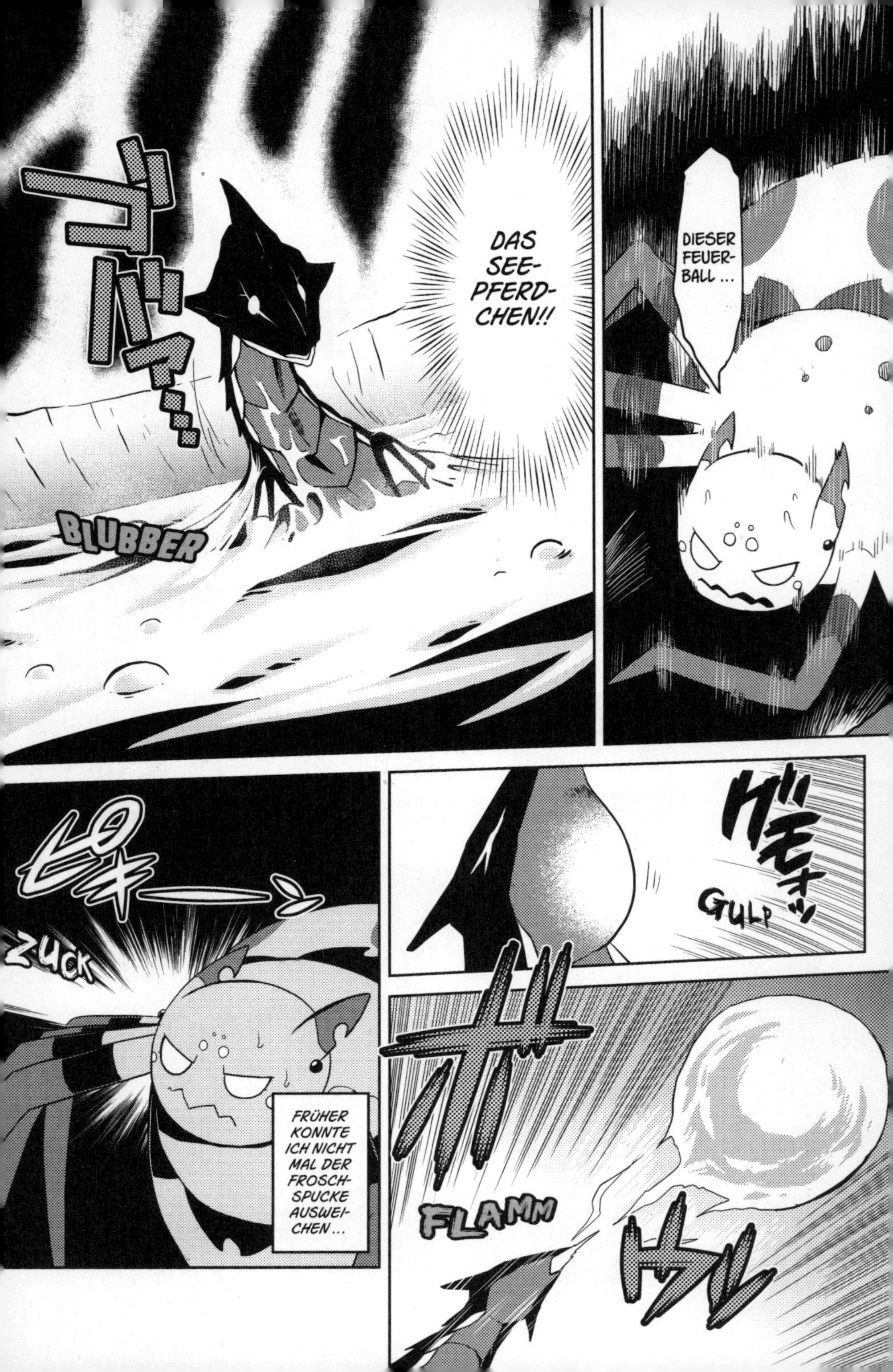

DIESER FEUER-BALL …
DAS SEE-PFERD-CHEN!!
BLUBBER
GULP
ZUCK
FRÜHER KONNTE ICH NICHT MAL DER FROSCH-SPUCKE AUSWEI-CHEN …
FLAMM

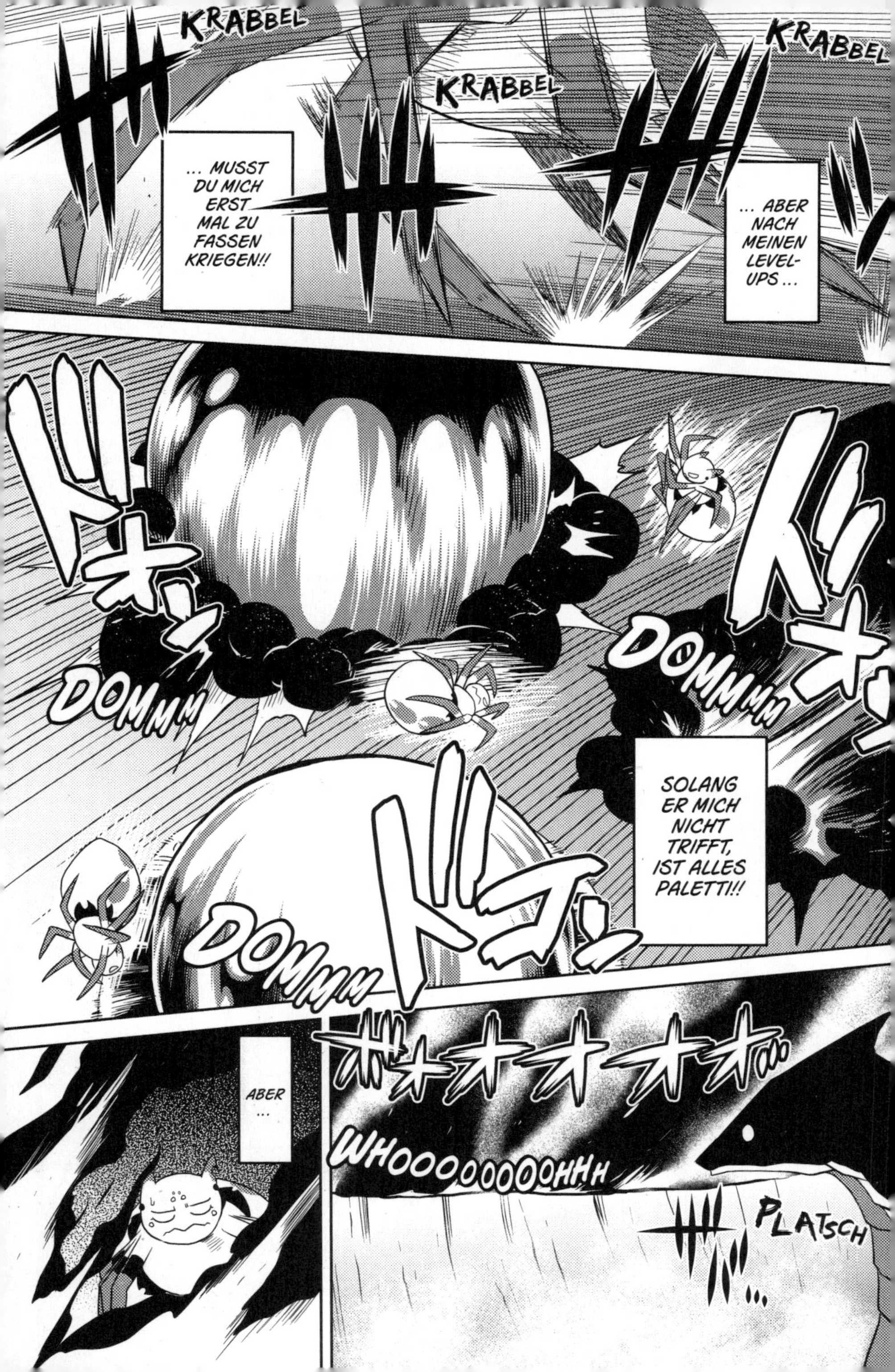
KRABBEL
KRABBEL
KRABBEL
… ABER NACH MEINEN LEVEL-UPS …
… MUSST DU MICH ERST MAL ZU FASSEN KRIEGEN!!
DOMMMM
DOMMM
SOLANG ER MICH NICHT TRIFFT, IST ALLES PALETTI!!!
DOMMMM
WHOOOOOOOOOHHH
PLATSCH
ABER …

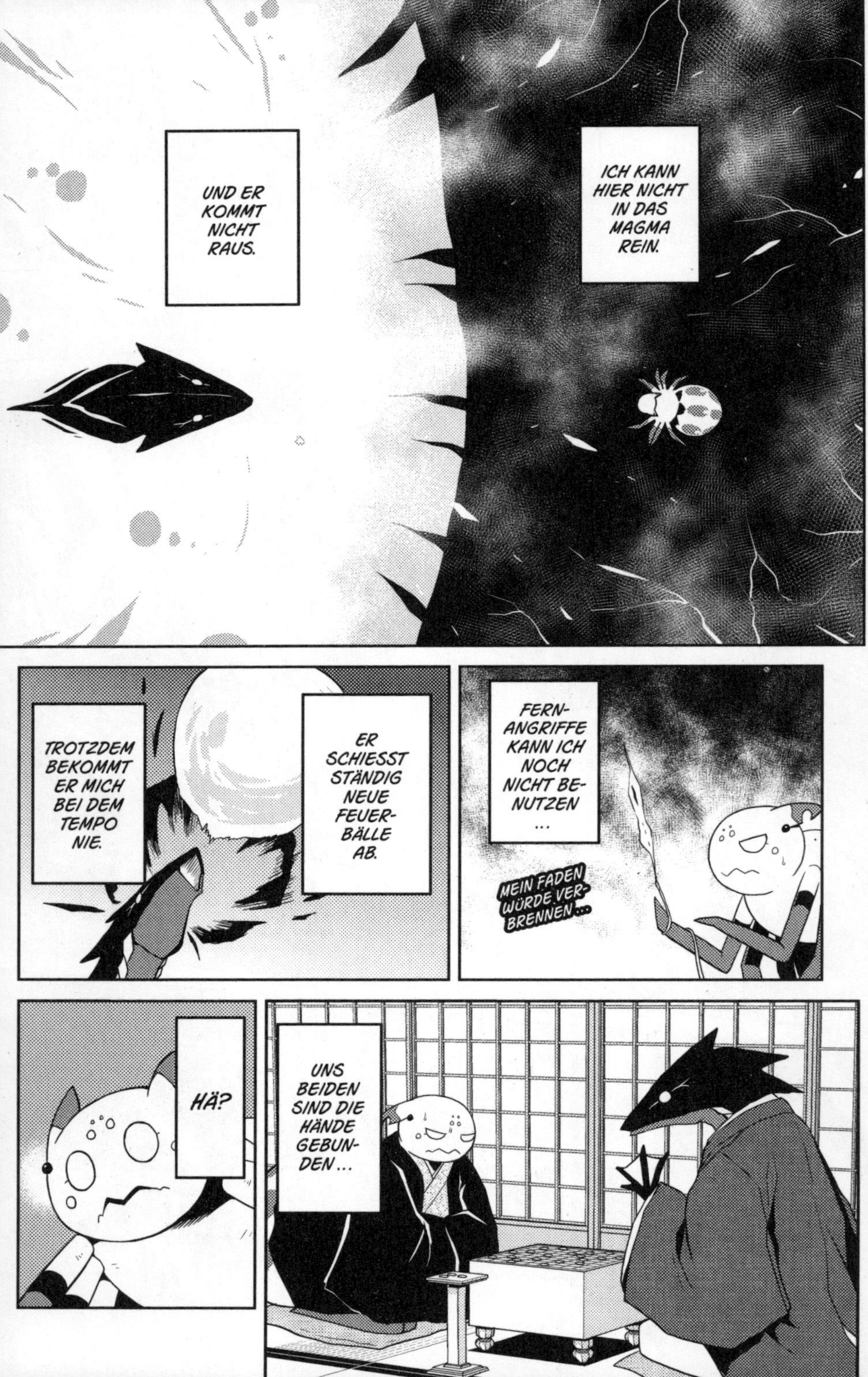
ICH KANN HIER NICHT IN DAS MAGMA REIN.
UND ER KOMMT NICHT RAUS.
FERN-ANGRIFFE KANN ICH NOCH NICHT BE-NUTZEN …
MEIN FADEN WÜRDE VER-BRENNEN …
ER SCHIESST STÄNDIG NEUE FEUER-BÄLLE AB.
TROTZDEM BEKOMMT ER MICH BEI DEM TEMPO NIE.
UNS BEIDEN SIND DIE HÄNDE GEBUNDEN …
HÄ?

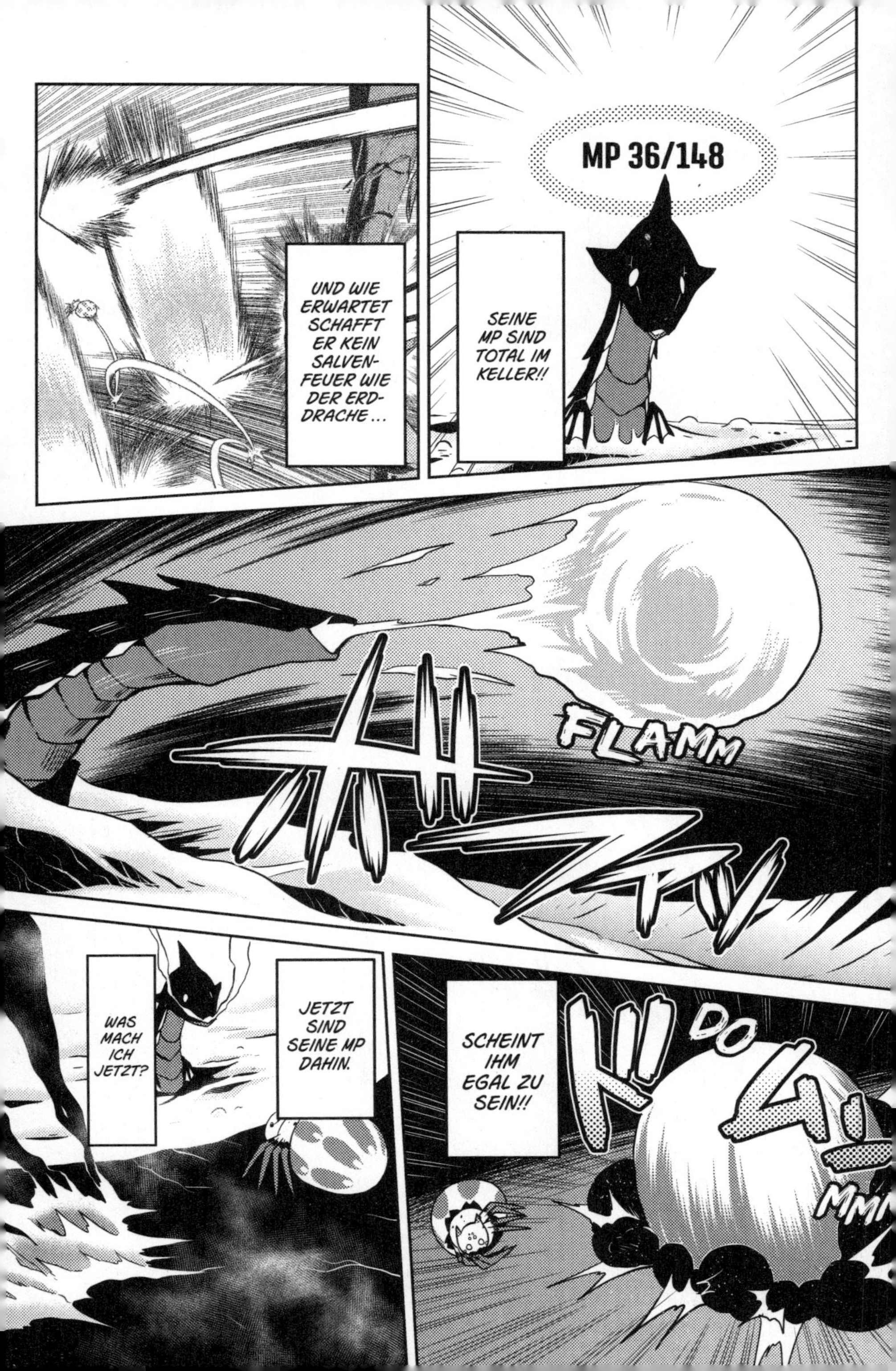
MP 36/148
SEINE MP SIND TOTAL IM KELLER!!
UND WIE ERWARTET SCHAFFT ER KEIN SALVEN-FEUER WIE DER ERD-DRACHE …
FLAMM
SCHEINT IHM EGAL ZU SEIN!!
DO
JETZT SIND SEINE MP DAHIN.
WAS MACH ICH JETZT?

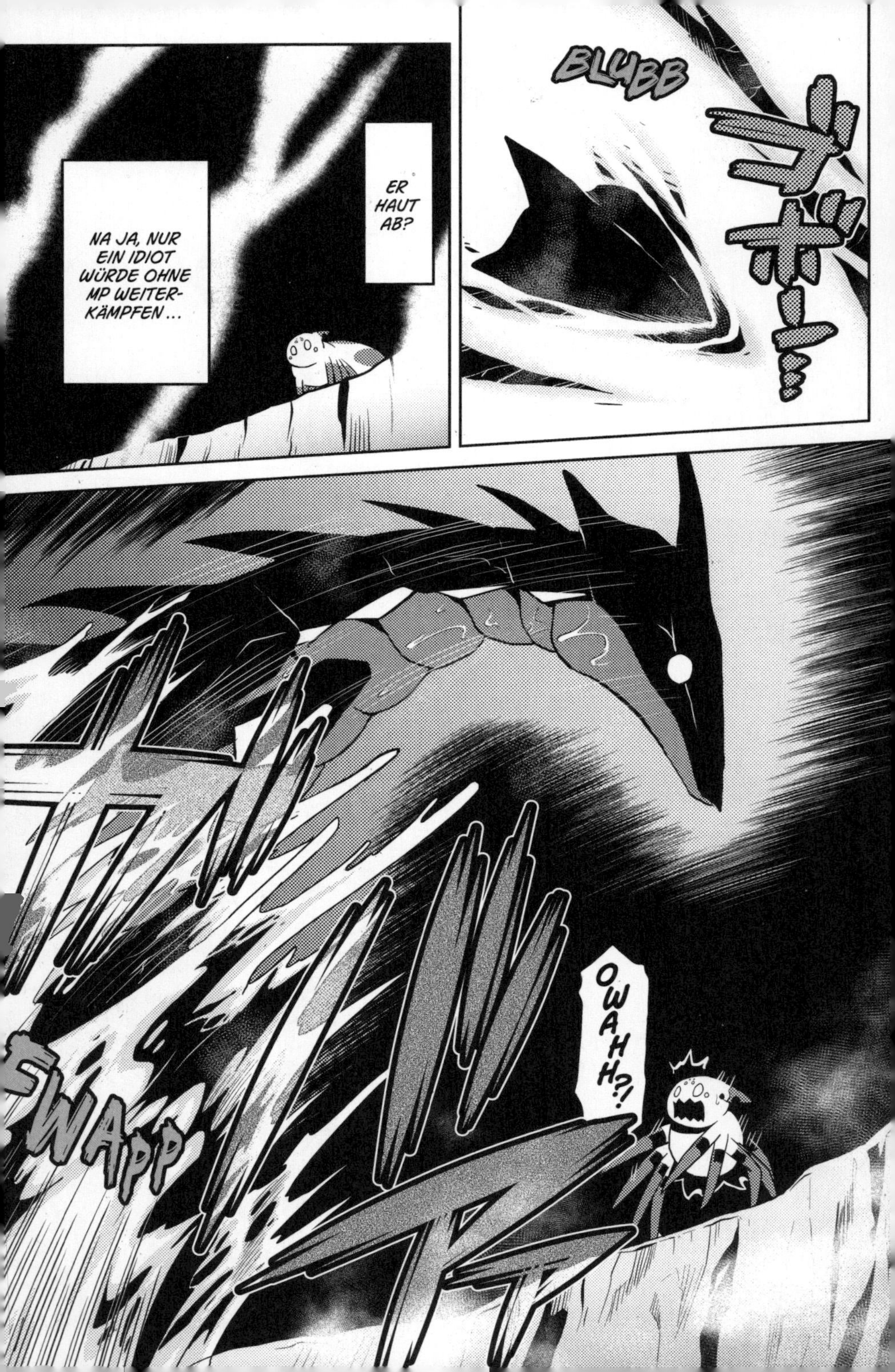
BLUBB
ER HAUT AB?
NA JA, NUR EIN IDIOT WÜRDE OHNE MP WEITER-KÄMPFEN …
WAPP
OWAHH?!

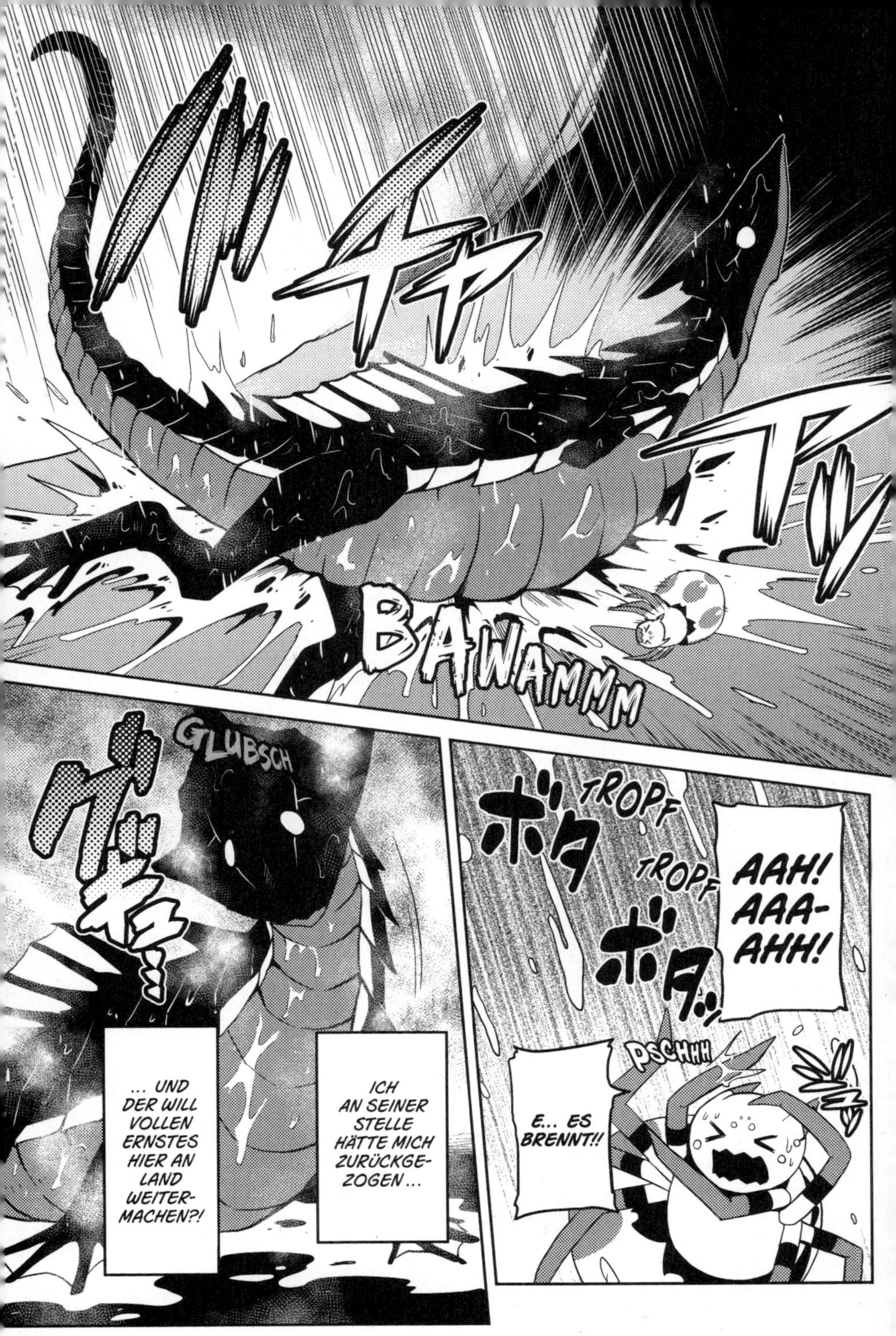
BAWAMMM
TROPF
TROPF
AAH! AAA-AHH!
PSCHHH
E… ES BRENNT!!
GLUBSCH
ICH AN SEINER STELLE HÄTTE MICH ZURÜCKGE-ZOGEN …
… UND DER WILL VOLLEN ERNSTES HIER AN LAND WEITER-MACHEN?!

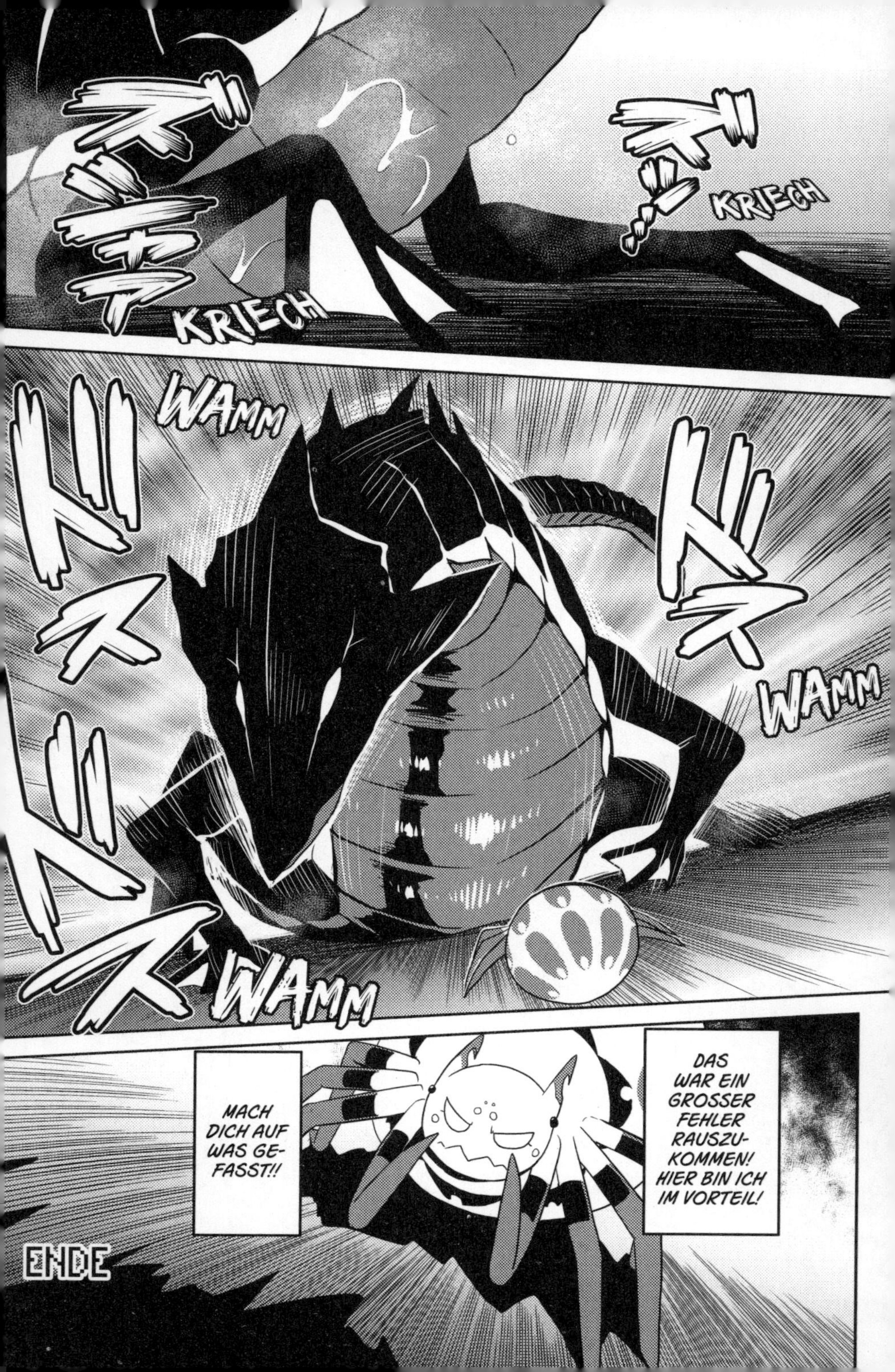
KRIECH
KRIECH
WAMM
WAMM
WAMM
DAS WAR EIN GROSSER FEHLER RAUSZUKOMMEN! HIER BIN ICH IM VORTEIL!
MACH DICH AUF WAS GEFASST!!
ENDE

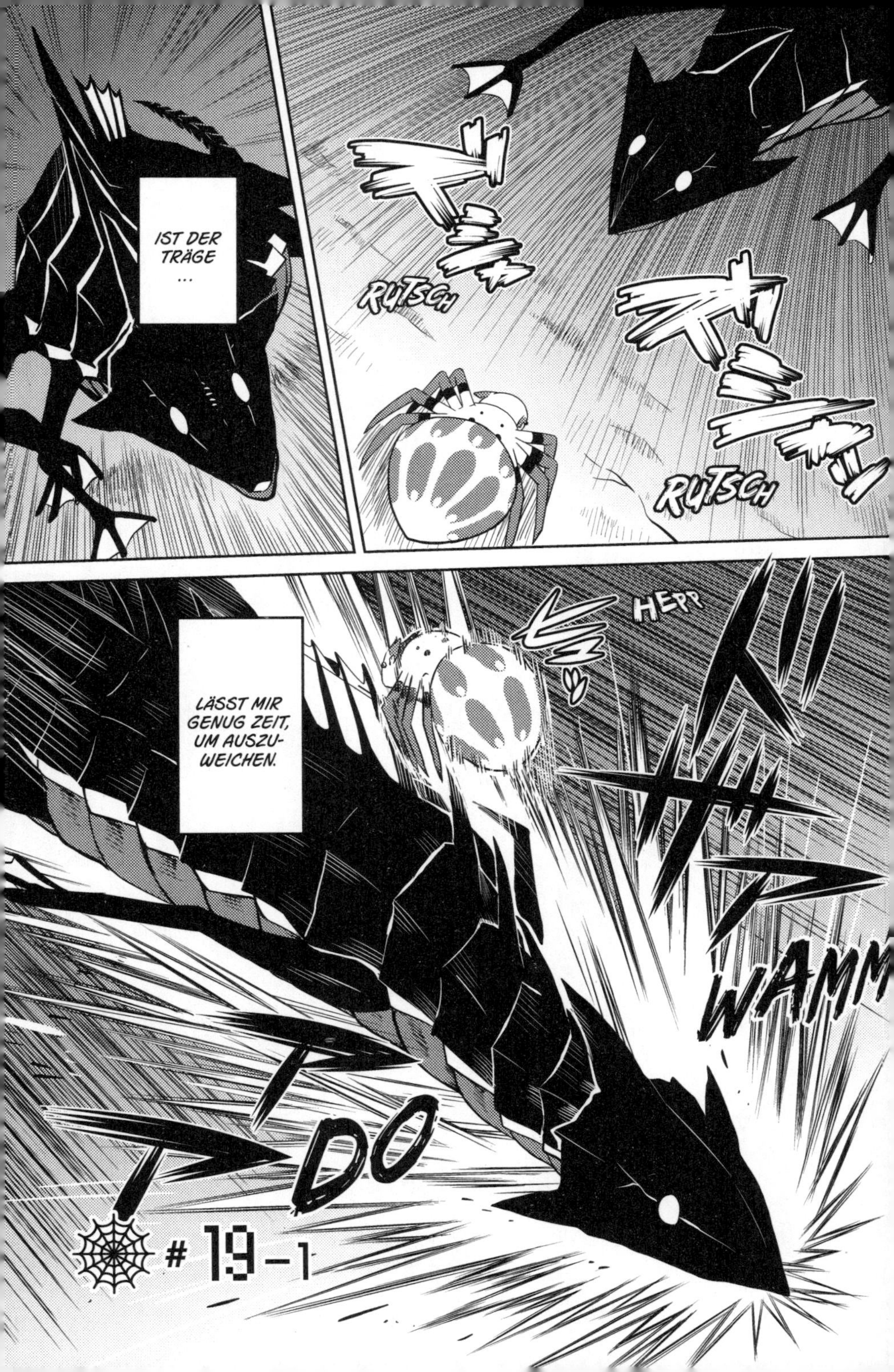

IST DER TRÄGE ...
RUTSCH
RUTSCH
LÄSST MIR GENUG ZEIT, UM AUSZU-WEICHEN.
HEPP
WAMM
DO
19-1

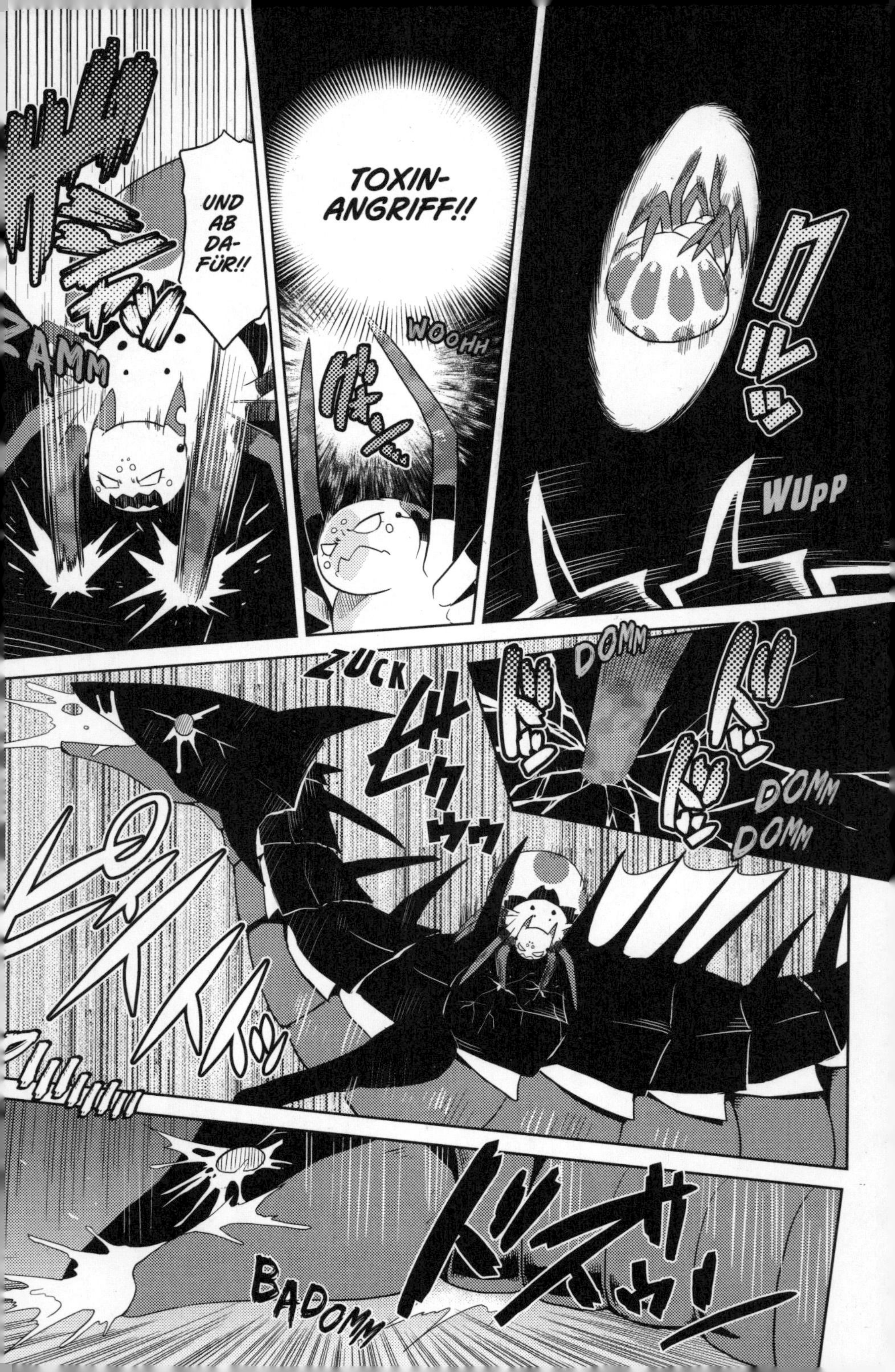
TOXIN-
ANGRIFF!!
UND
AB
DA-
FÜR!!
WOOHH
WUPP
ZAMM
DOMM
ZUCK
DOMM
DOMM
BADOMM

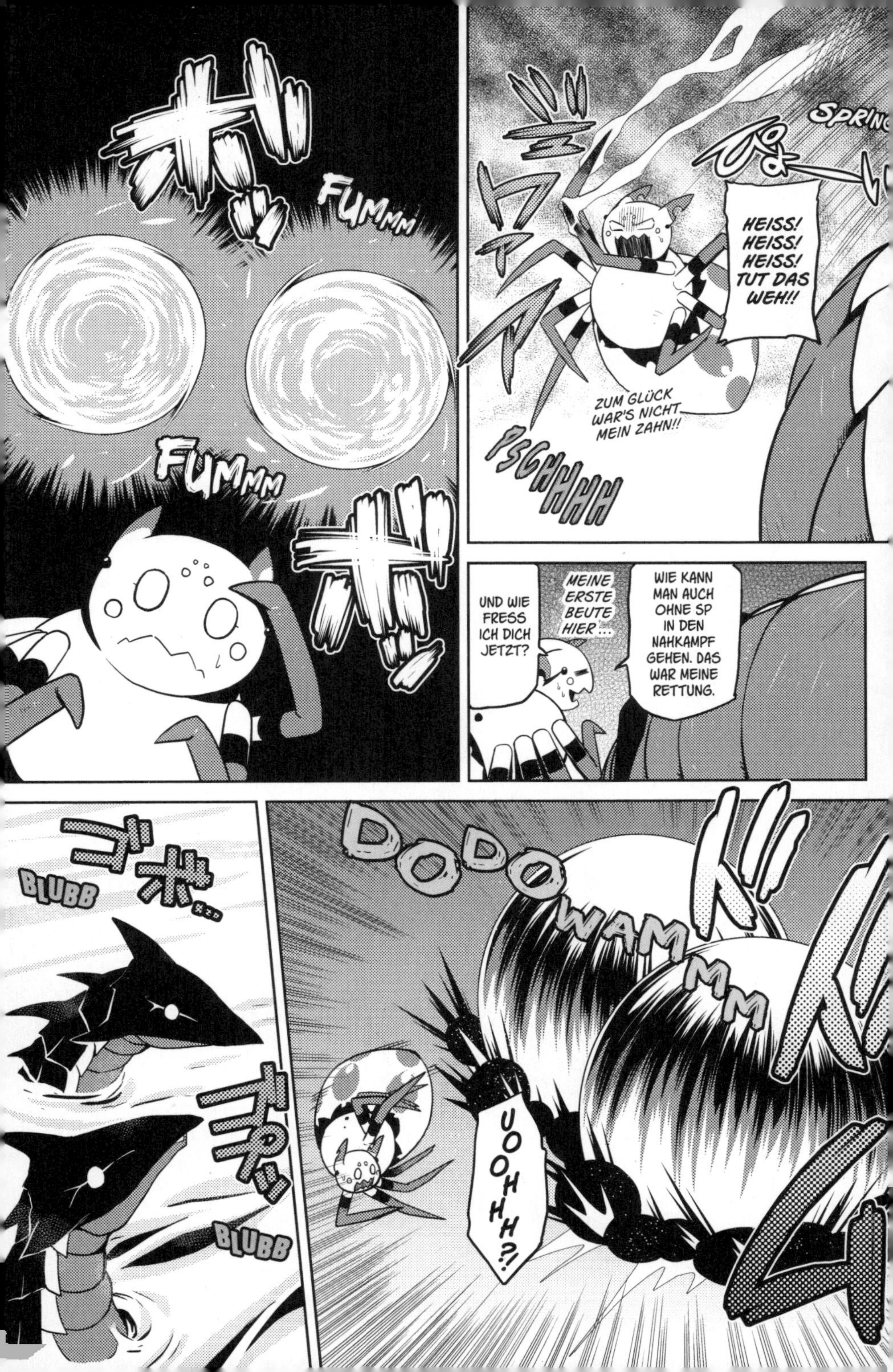
SPRING
HEISS! HEISS! HEISS! TUT DAS WEH!!
ZUM GLÜCK WAR'S NICHT MEIN ZAHN!!
PSCHHHHH
FUMMM
FUMMM
WIE KANN MAN AUCH OHNE SP IN DEN NAHKAMPF GEHEN. DAS WAR MEINE RETTUNG.
MEINE ERSTE BEUTE HIER...
UND WIE FRESS ICH DICH JETZT?
DODOWAMMMM
UOOHHH?!
BLUBB
BLUBB

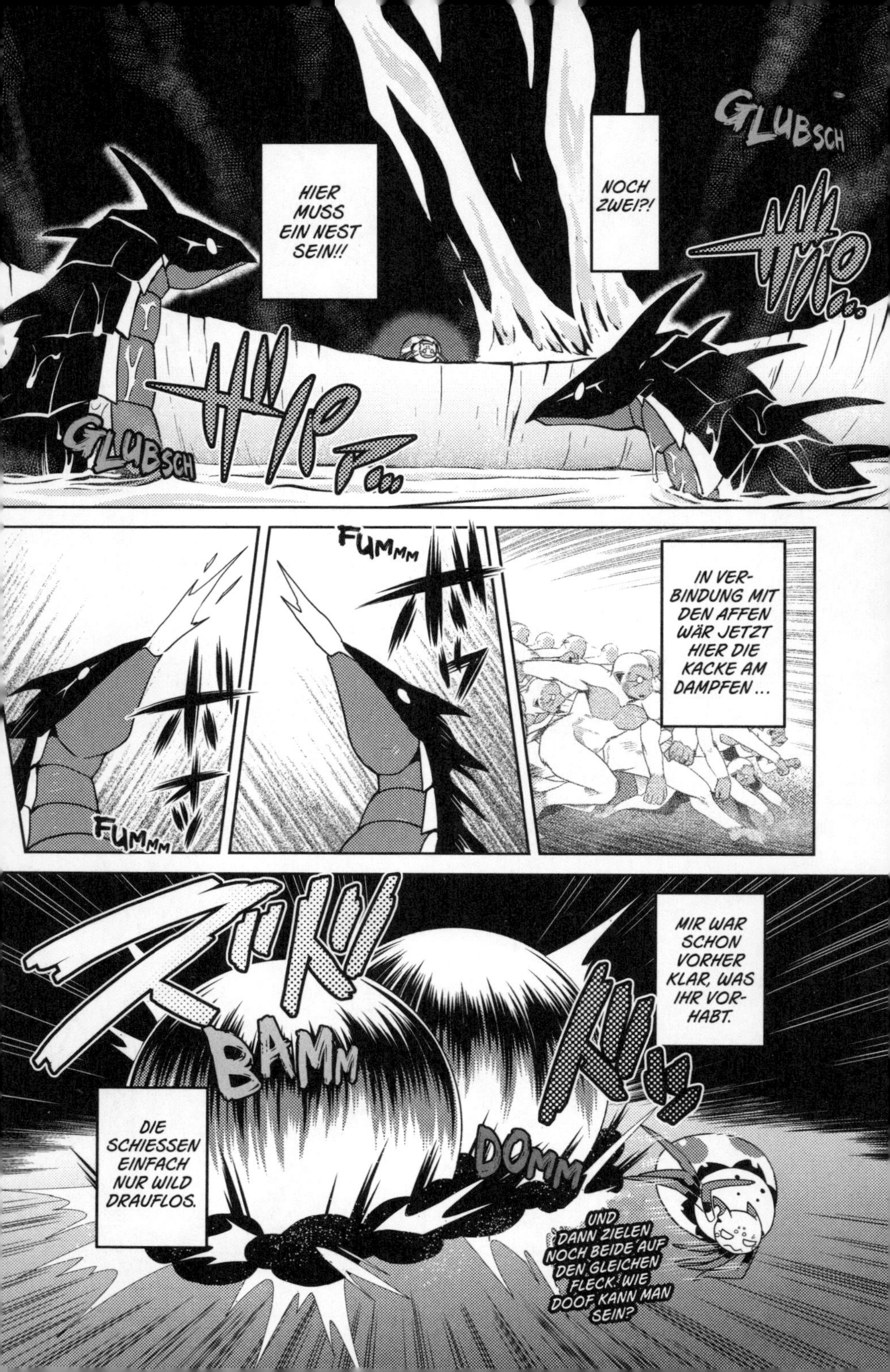
GLUBSCH
NOCH ZWEI!?!
HIER MUSS EIN NEST SEIN!!
GLUBSCH
IN VERBINDUNG MIT DEN AFFEN WÄR JETZT HIER DIE KACKE AM DAMPFEN ...
FUMMM
FUMMM
MIR WAR SCHON VORHER KLAR, WAS IHR VORHABT.
BAMM
DIE SCHIESSEN EINFACH NUR WILD DRAUFLOS.
DOMM
UND DANN ZIELEN NOCH BEIDE AUF DEN GLEICHEN FLECK. WIE DOOF KANN MAN SEIN?

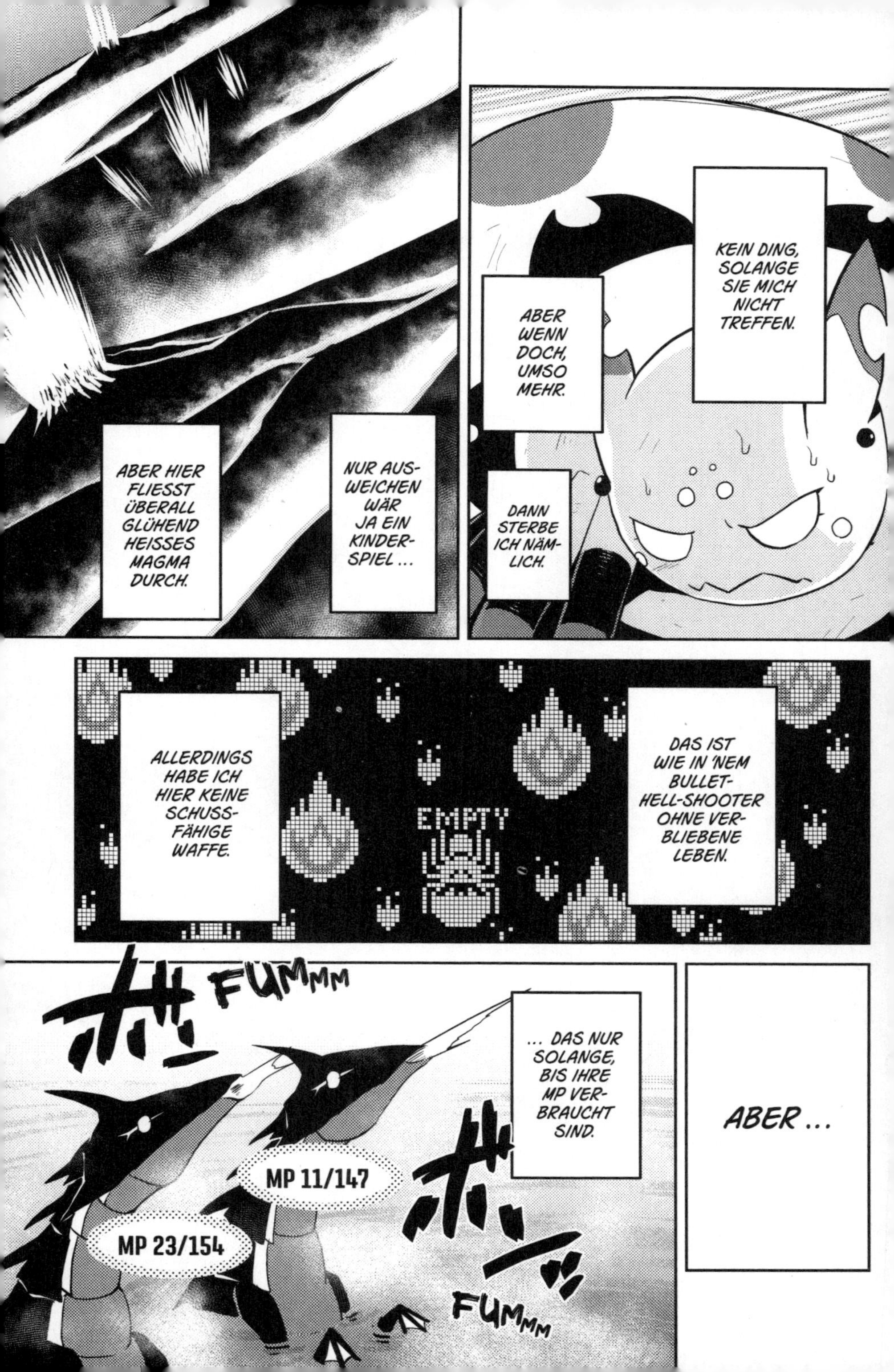
KEIN DING, SOLANGE SIE MICH NICHT TREFFEN.
ABER WENN DOCH, UMSO MEHR.
DANN STERBE ICH NÄMLICH.
NUR AUS-WEICHEN WÄR JA EIN KINDER-SPIEL …
ABER HIER FLIESST ÜBERALL GLÜHEND HEISSES MAGMA DURCH.
DAS IST WIE IN 'NEM BULLET-HELL-SHOOTER OHNE VER-BLIEBENE LEBEN.
EMPTY
ALLERDINGS HABE ICH HIER KEINE SCHUSS-FÄHIGE WAFFE.
ABER …
… DAS NUR SOLANGE, BIS IHRE MP VER-BRAUCHT SIND.
FUMMM
MP 11/147
MP 23/154
FUMMM

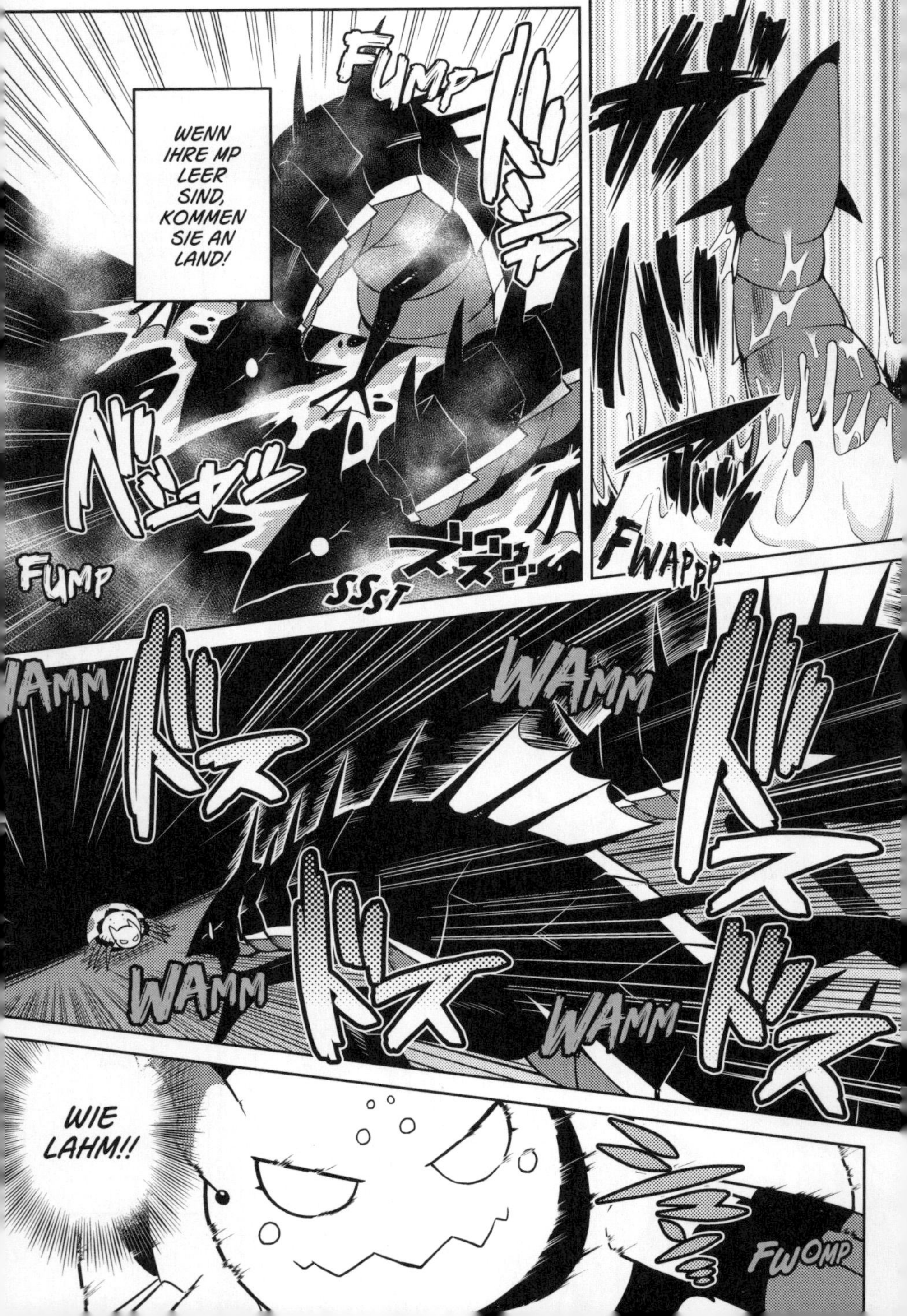
FWAPPP
FUMP
WENN IHRE MP LEER SIND, KOMMEN SIE AN LAND!
SSST
FUMP
WAMM
WAMM
WAMM
WAMM
WIE LAHM!!
FWOMP

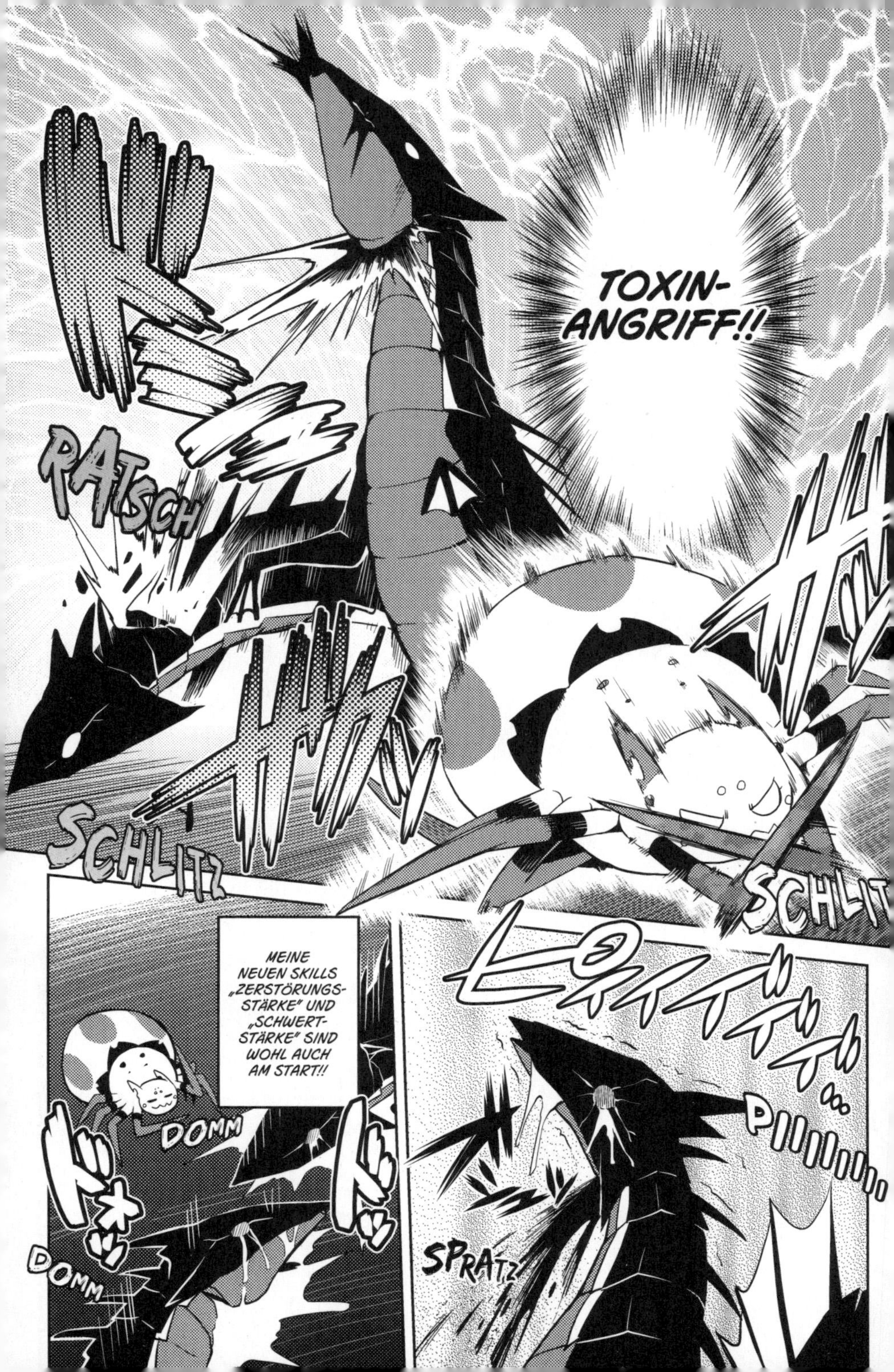
TOXIN-ANGRIFF!!
RATSCH
SCHLIT
SCHLITZ
PIIIIIIIII...
SPRATZ
MEINE NEUEN SKILLS „ZERSTÖRUNGS-STÄRKE“ UND „SCHWERT-STÄRKE“ SIND WOHL AUCH AM START!!
DOMM
DOMM

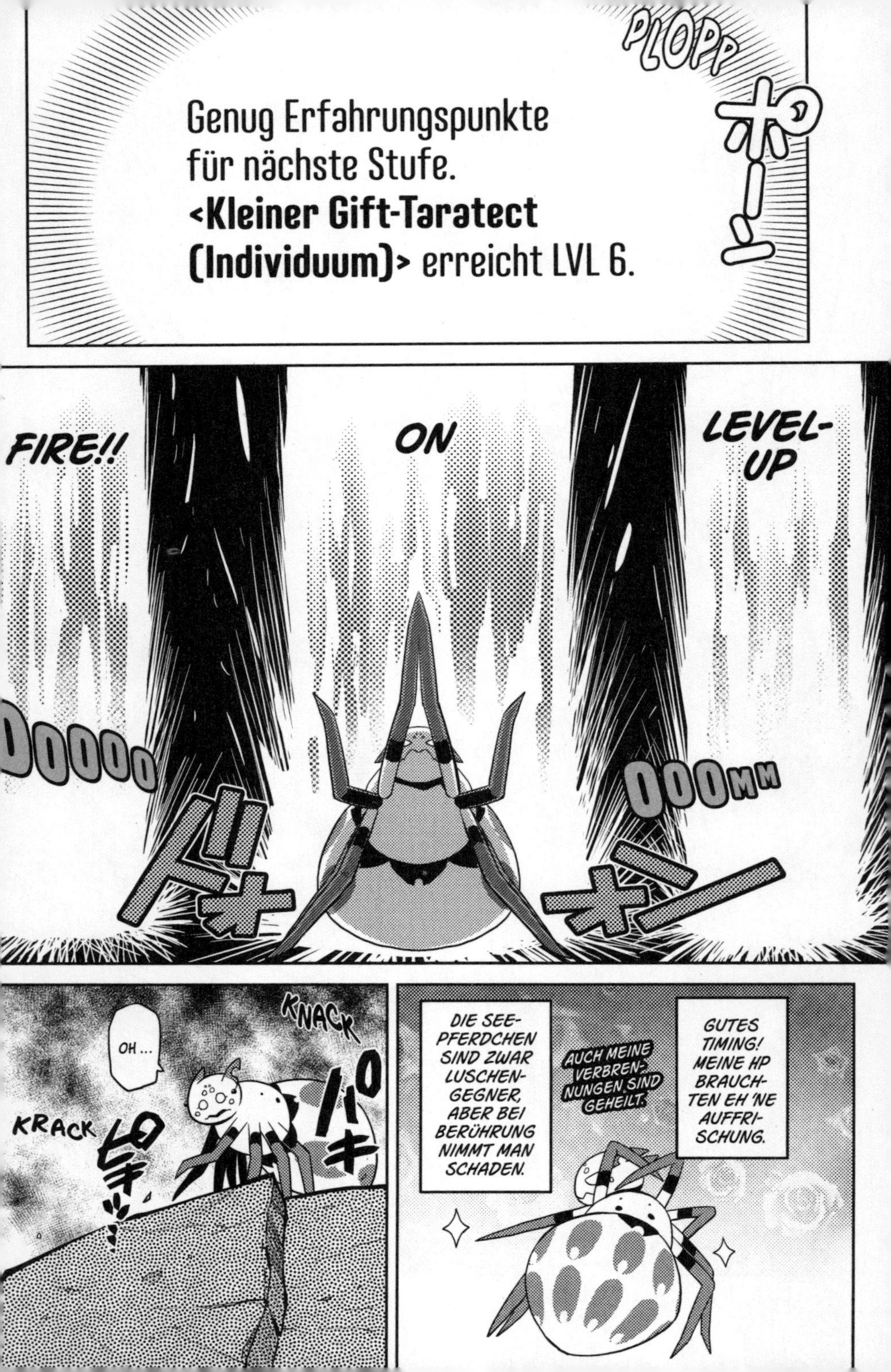
PLOPP
Genug Erfahrungspunkte für nächste Stufe.
<Kleiner Gift-Taratect (Individuum)> erreicht LVL 6.
LEVEL-UP
ON
FIRE!!
DOOOOO
OOOMM
GUTES TIMING! MEINE HP BRAUCHTEN EH 'NE AUFFRISCHUNG.
AUCH MEINE VERBRENNUNGEN SIND GEHEILT.
DIE SEEPFERDCHEN SIND ZWAR LUSCHENGEGNER, ABER BEI BERÜHRUNG NIMMT MAN SCHADEN.
KNACK
OH ...
KRACK

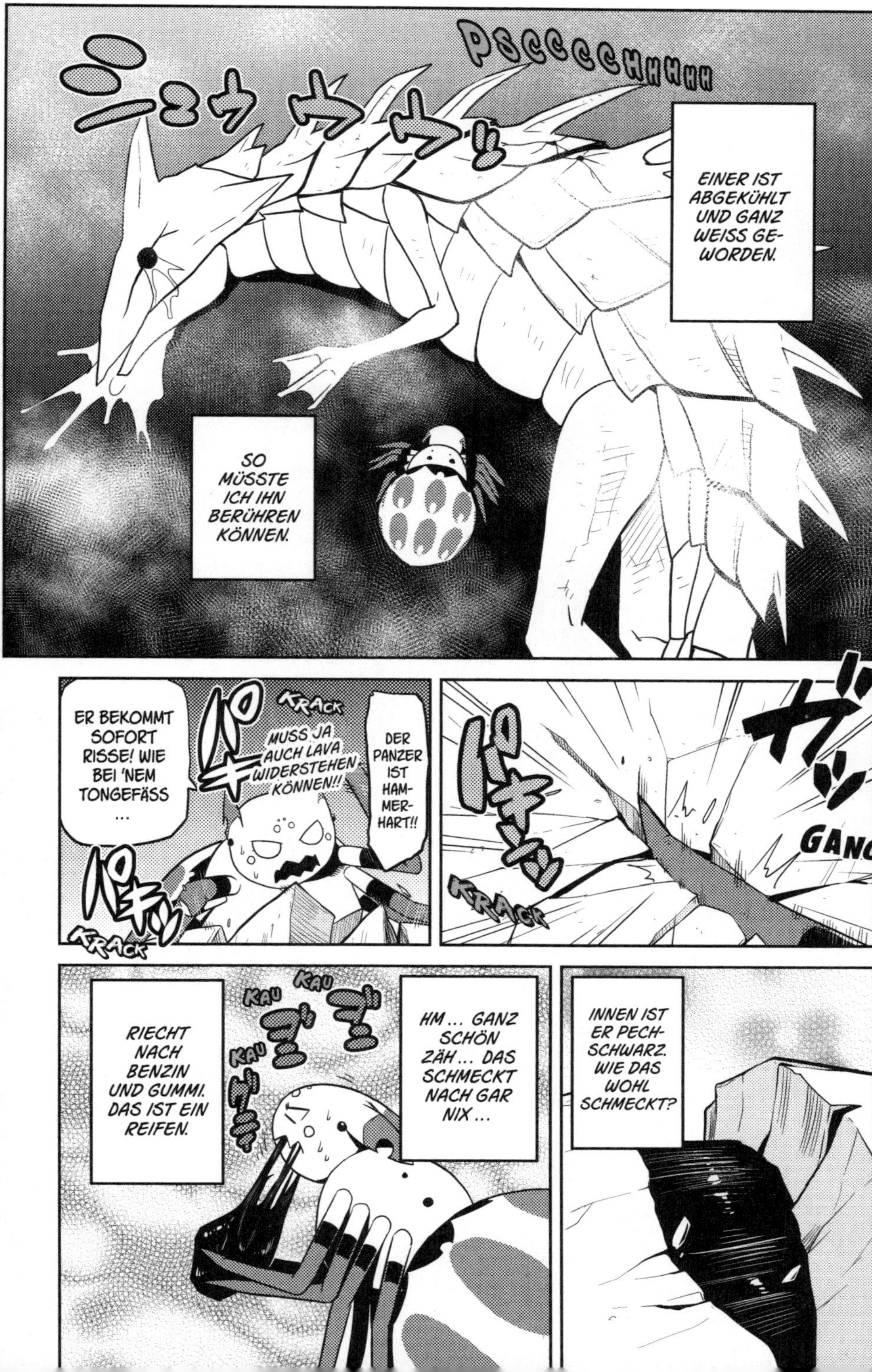
PSCCCCHHHHH
EINER IST ABGEKÜHLT UND GANZ WEISS GEWORDEN.
SO MÜSSTE ICH IHN BERÜHREN KÖNNEN.
GANG
KRACK
DER PANZER IST HAMMERHART!!
KRACK
MUSS JA AUCH LAVA WIDERSTEHEN KÖNNEN!!
ER BEKOMMT SOFORT RISSE! WIE BEI 'NEM TONGEFÄSS …
KRACK
INNEN IST ER PECHSCHWARZ. WIE DAS WOHL SCHMECKT?
HM … GANZ SCHÖN ZÄH … DAS SCHMECKT NACH GAR NIX …
KAU
KAU
KAU
RIECHT NACH BENZIN UND GUMMI. DAS IST EIN REIFEN.

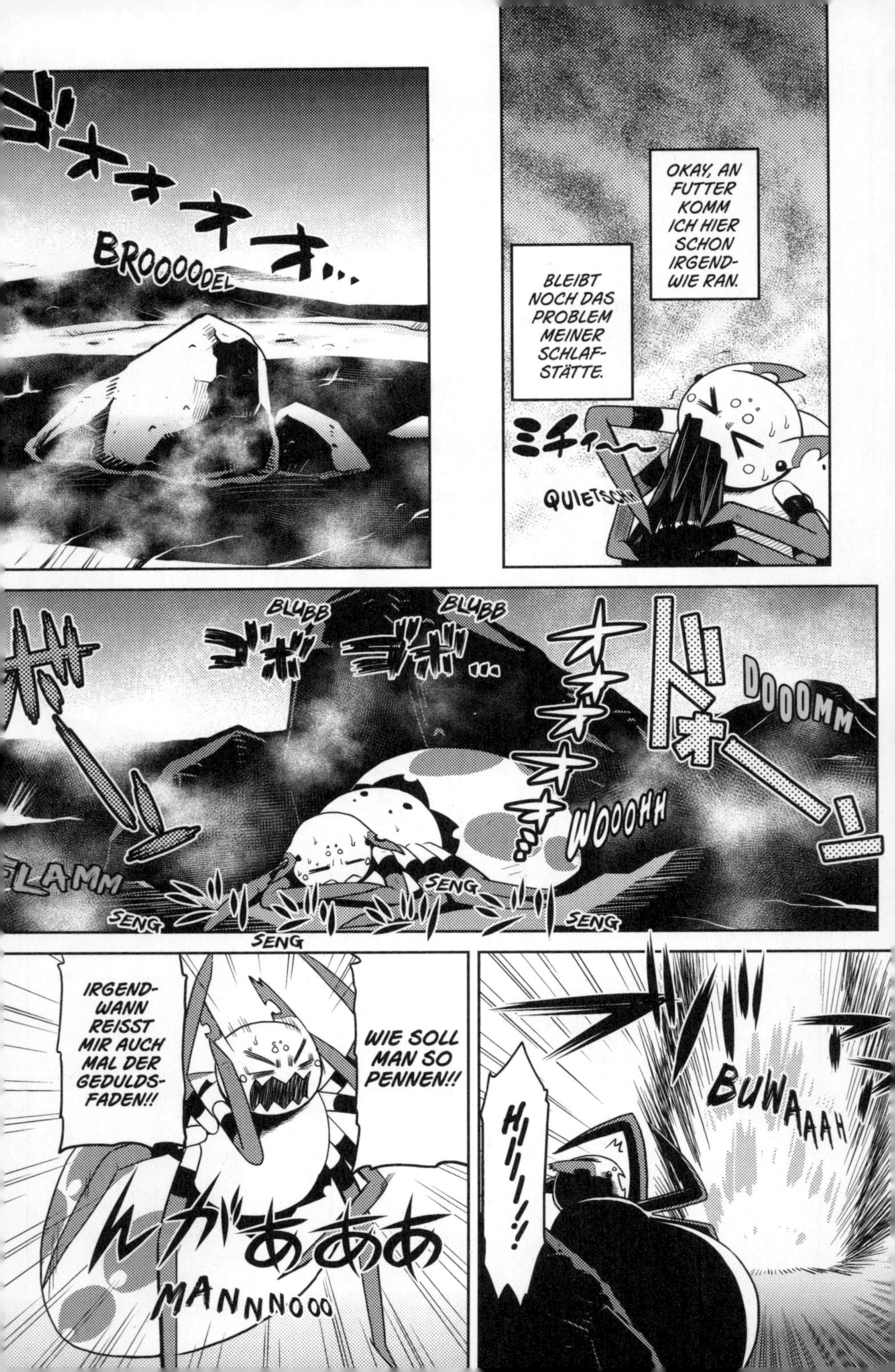
OKAY, AN FUTTER KOMM ICH HIER SCHON IRGEND-WIE RAN.
BLEIBT NOCH DAS PROBLEM MEINER SCHLAF-STÄTTE.
ミチィ〜〜
QUIETSCH
ゴォォォォオ…
BROOOODEL
ドォーン
DOOOMM
オォォォォォ
WOOOHH
ゴボ ゴボ…
BLUBB
BLUBB
SENG
SENG
SENG
SENG
IRGEND-WANN REISST MIR AUCH MAL DER GEDULDS-FADEN!!
WIE SOLL MAN SO PENNEN!!
んがあああ
MANNNOOO
BUWAAAAH
HI!!!!!!

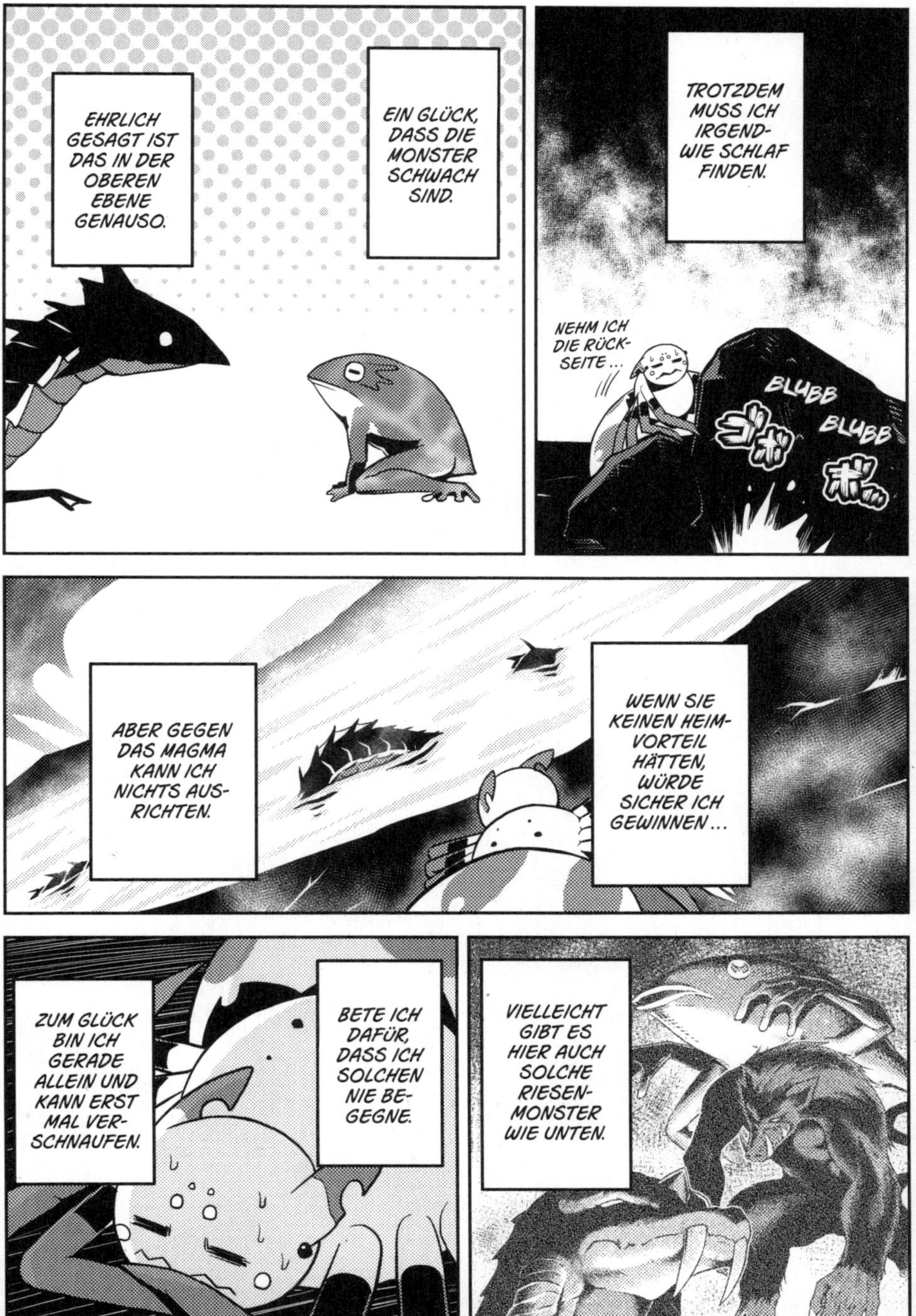
TROTZDEM MUSS ICH IRGENDWIE SCHLAF FINDEN.
NEHM ICH DIE RÜCKSEITE …
BLUBB BLUBB
EIN GLÜCK, DASS DIE MONSTER SCHWACH SIND.
EHRLICH GESAGT IST DAS IN DER OBEREN EBENE GENAUSO.
WENN SIE KEINEN HEIMVORTEIL HÄTTEN, WÜRDE SICHER ICH GEWINNEN …
ABER GEGEN DAS MAGMA KANN ICH NICHTS AUSRICHTEN.
VIELLEICHT GIBT ES HIER AUCH SOLCHE RIESENMONSTER WIE UNTEN.
BETE ICH DAFÜR, DASS ICH SOLCHEN NIE BEGEGNE.
ZUM GLÜCK BIN ICH GERADE ALLEIN UND KANN ERST MAL VERSCHNAUFEN.

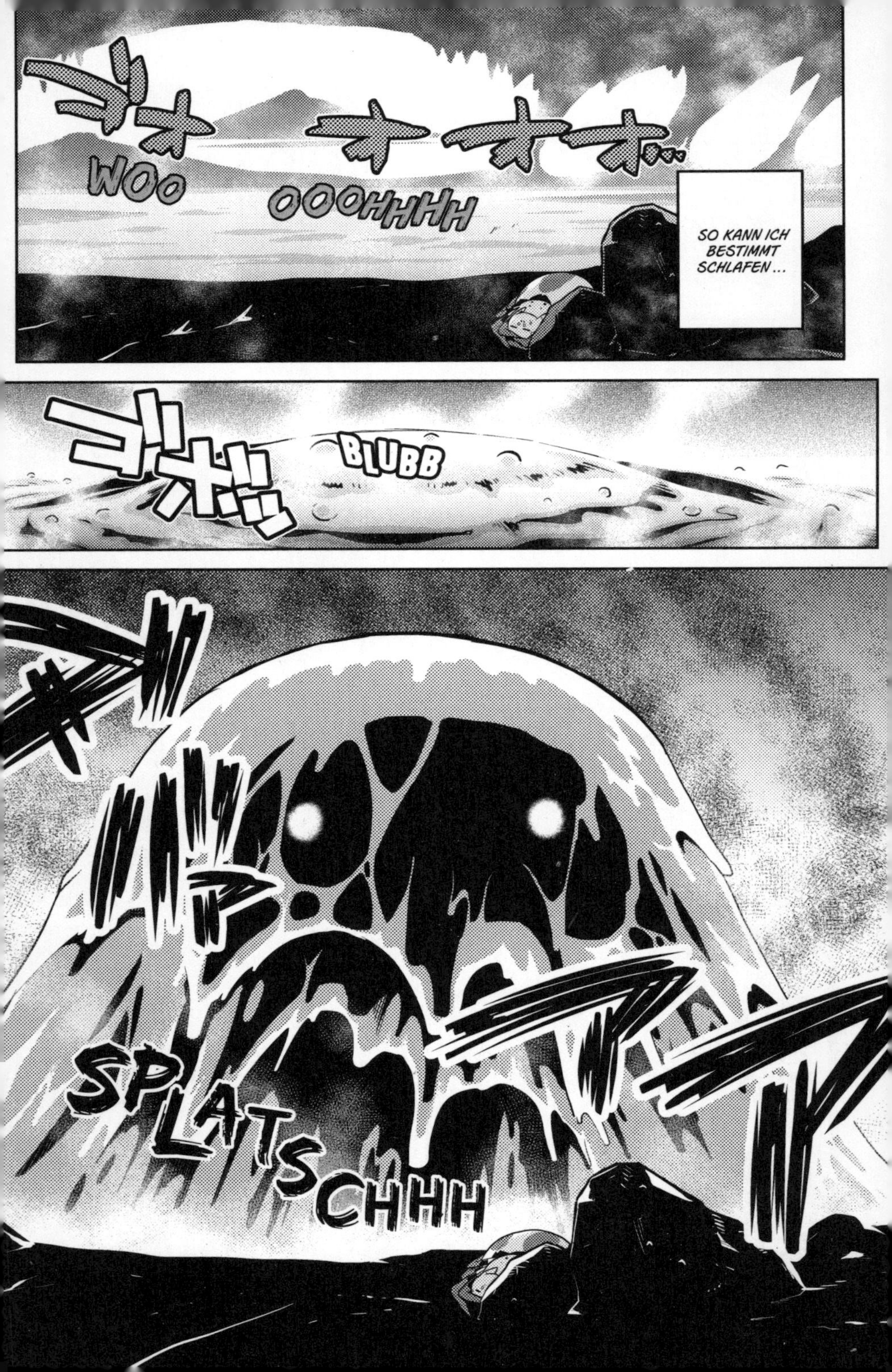
ゴオオオオオォ
WOO
OOOHHHH
SO KANN ICH BESTIMMT SCHLAFEN …
ゴボッ
BLUBB
SPLATSCHHH

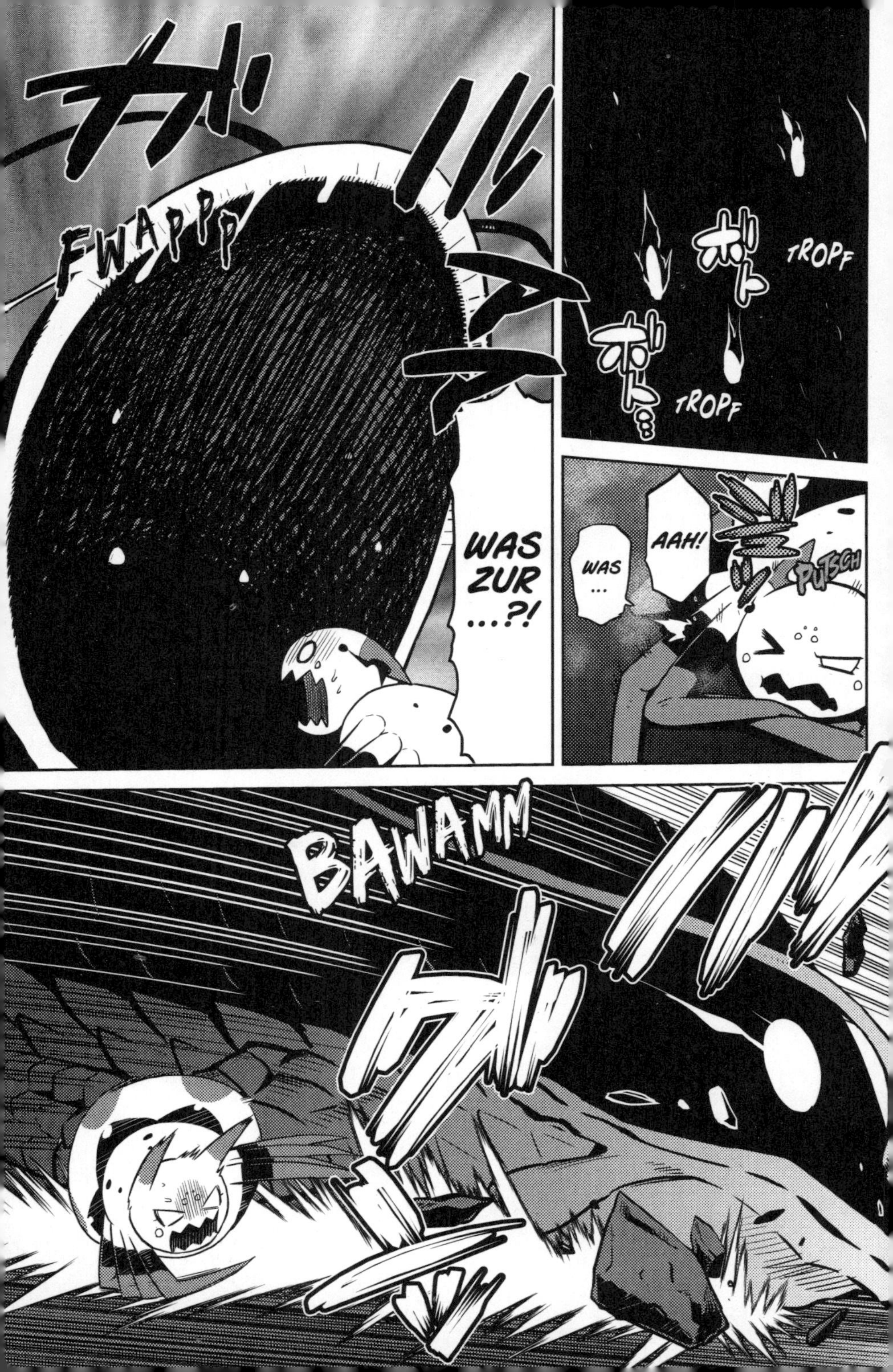

TROPF
TROPF
WAS ...
AAH!
PUTSCH
FWAPPP
WAS ZUR ...?!
BAWAMM

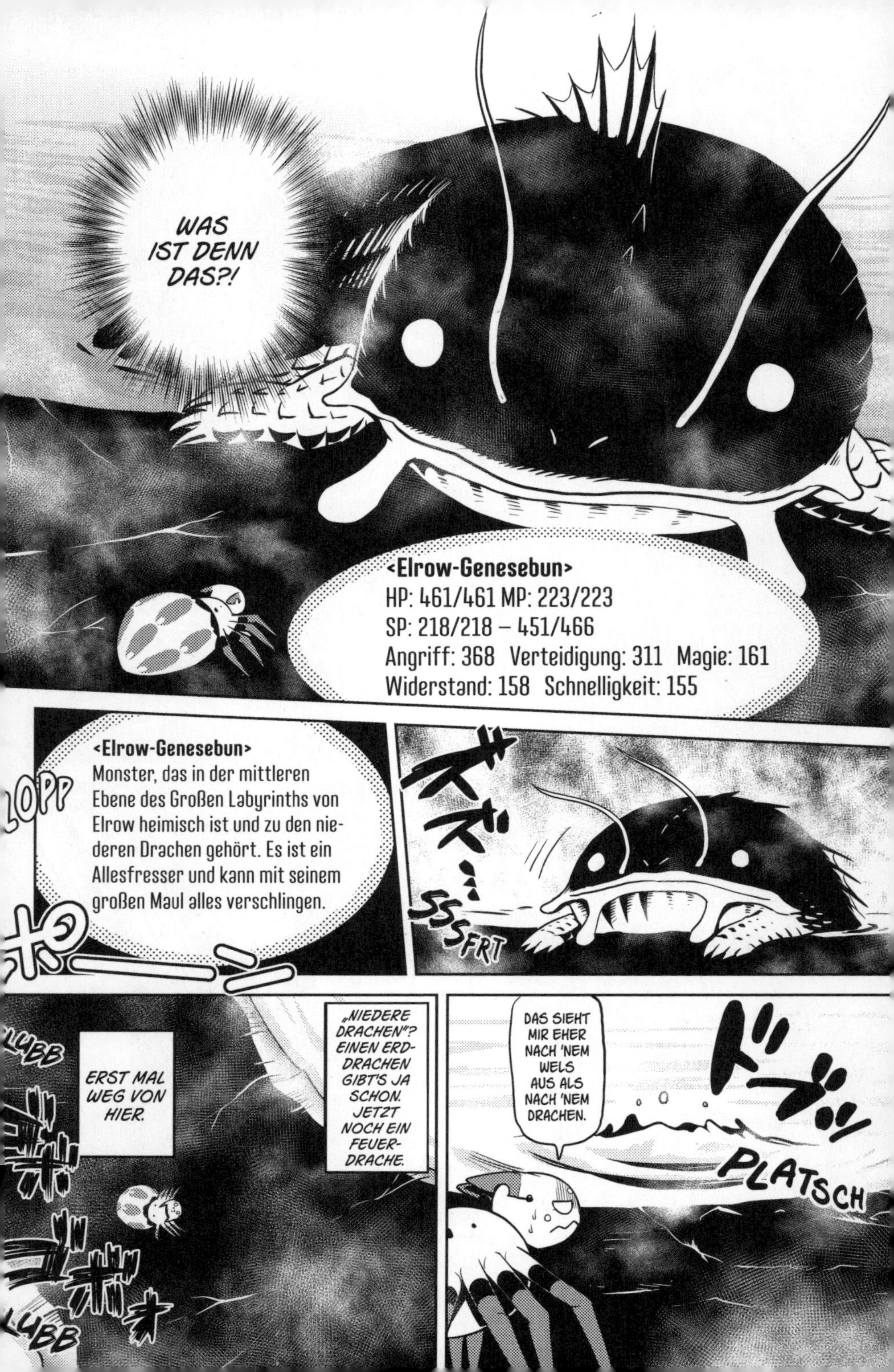

WAS IST DENN DAS?!
<Elrow-Genesebun>
HP: 461/461 MP: 223/223
SP: 218/218 – 451/466
Angriff: 368 Verteidigung: 311 Magie: 161
Widerstand: 158 Schnelligkeit: 155
SSSFRT
<Elrow-Genesebun>
Monster, das in der mittleren Ebene des Großen Labyrinths von Elrow heimisch ist und zu den niederen Drachen gehört. Es ist ein Allesfresser und kann mit seinem großen Maul alles verschlingen.
PLOPP
DAS SIEHT MIR EHER NACH 'NEM WELS AUS ALS NACH 'NEM DRACHEN.
PLATSCH
„NIEDERE DRACHEN"? EINEN ERD-DRACHEN GIBT'S JA SCHON. JETZT NOCH EIN FEUER-DRACHE.
ERST MAL WEG VON HIER.
LUBB
LUBB

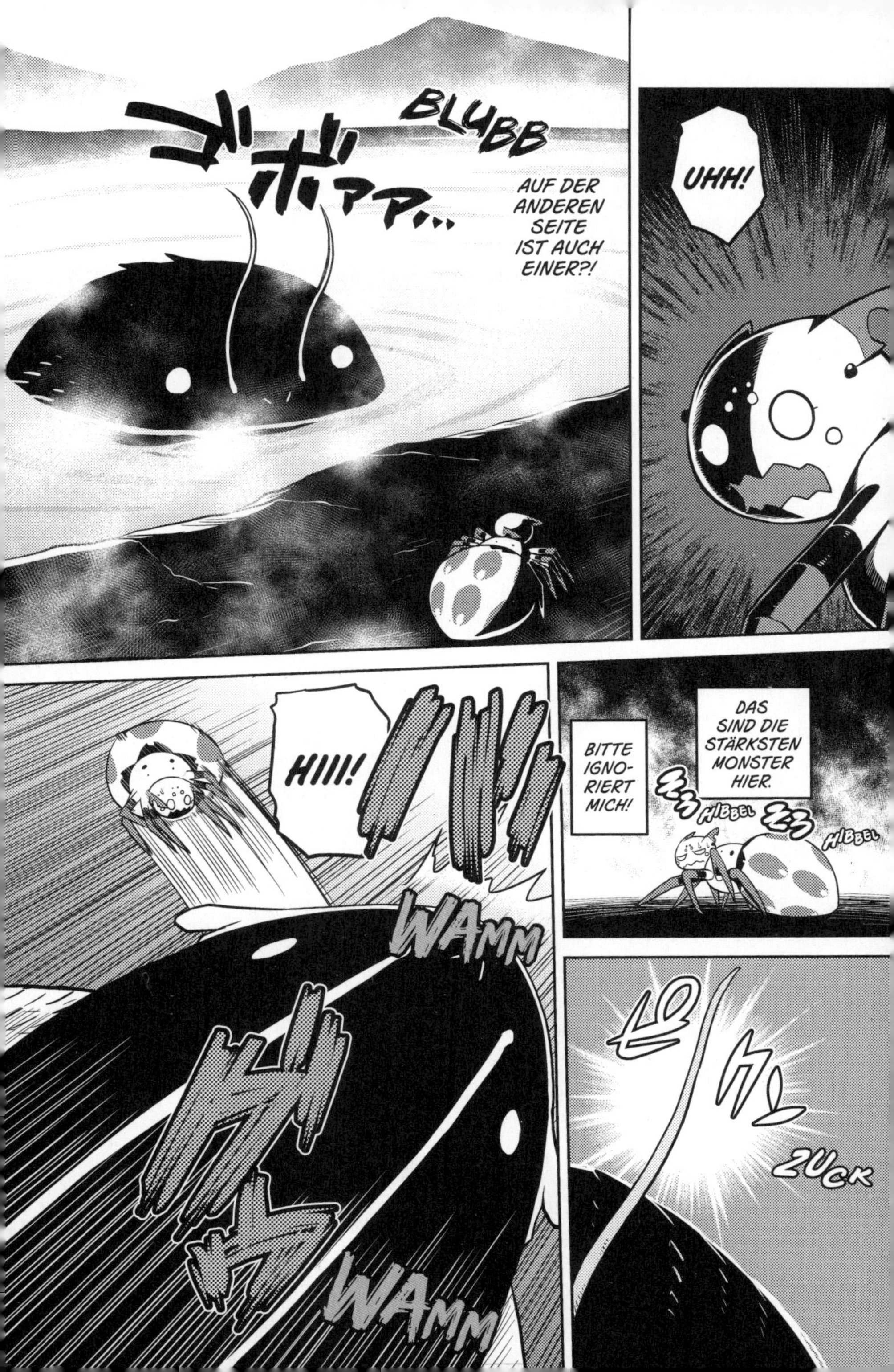
ゴボァァ…
BLUBB
AUF DER ANDEREN SEITE IST AUCH EINER?!
UHH!
DAS SIND DIE STÄRKSTEN MONSTER HIER.
BITTE IGNO-RIERT MICH!
HIBBEL
HIBBEL
HIII!
WAMM
WAMM
ZUCK

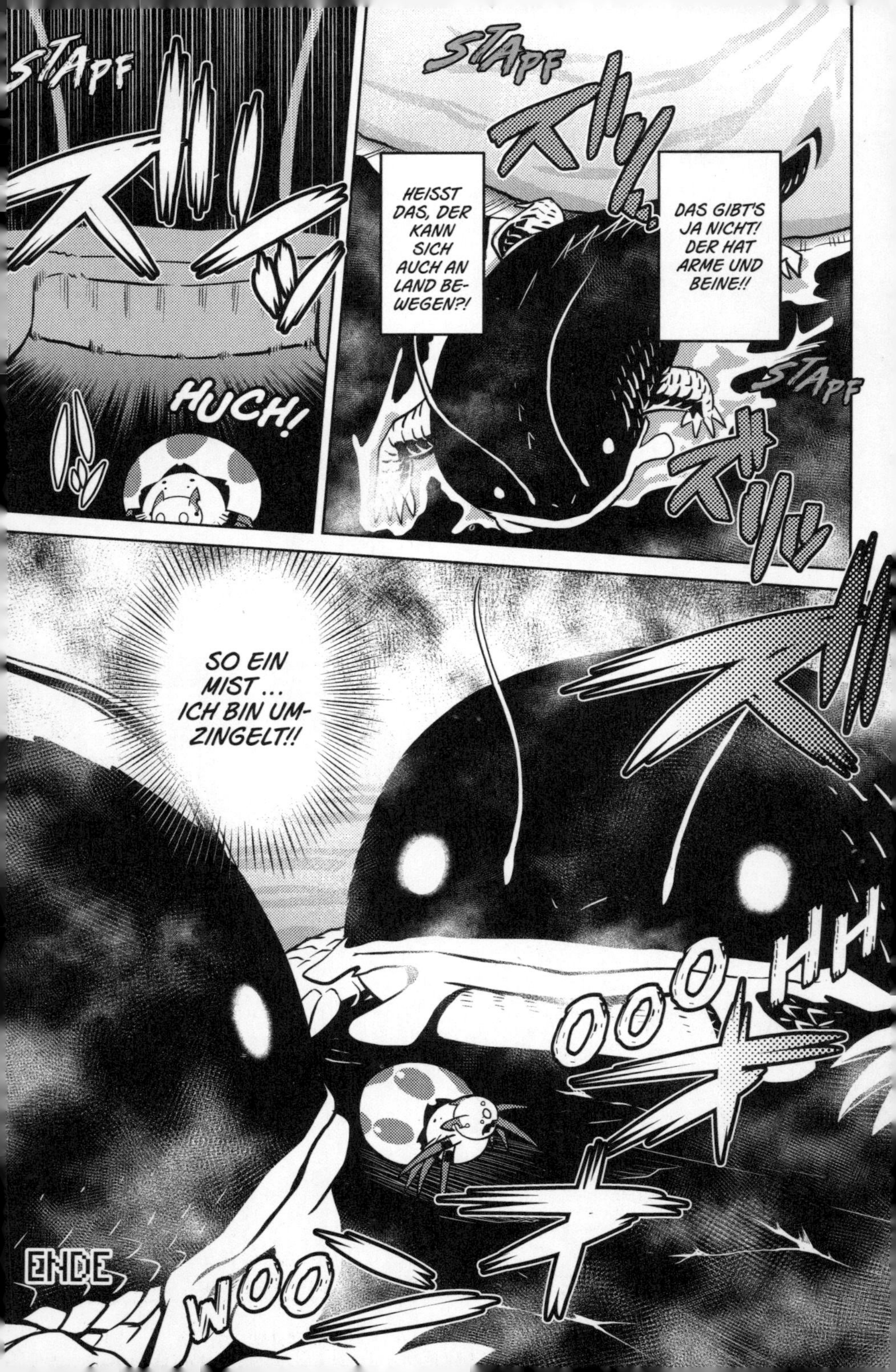
STAPF
DAS GIBT'S JA NICHT! DER HAT ARME UND BEINE!!
HEISST DAS, DER KANN SICH AUCH AN LAND BEWEGEN?!
STAPF
STAPF
HUCH!
SO EIN MIST … ICH BIN UMZINGELT!!
WOOOOOHH
ENDE

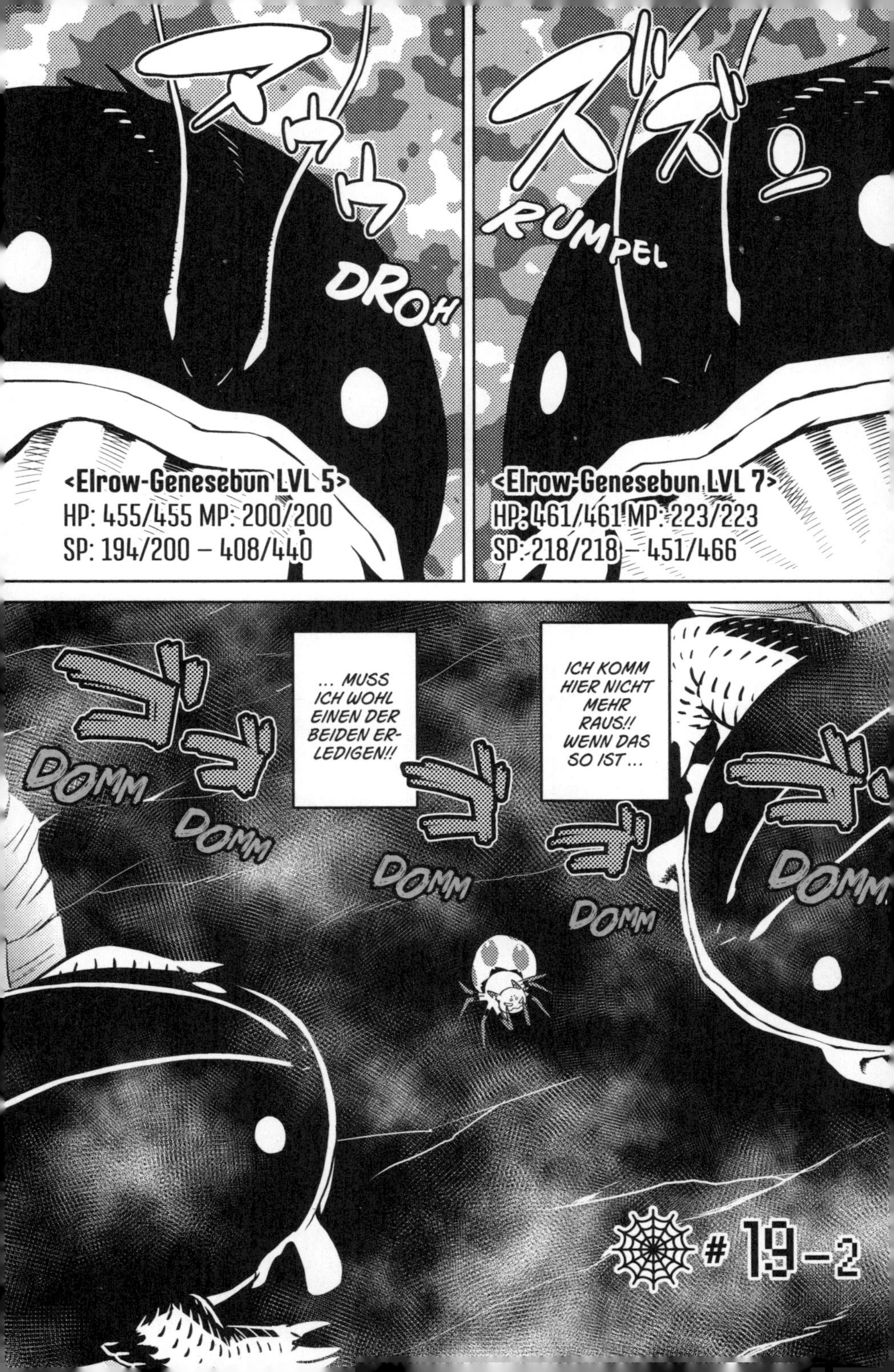
RUMPEL
<Elrow-Genesebun LVL 7>
HP: 461/461 MP: 223/223
SP: 218/218 – 451/466
DROH
<Elrow-Genesebun LVL 5>
HP: 455/455 MP: 200/200
SP: 194/200 – 408/440
ICH KOMM HIER NICHT MEHR RAUS!! WENN DAS SO IST ...
... MUSS ICH WOHL EINEN DER BEIDEN ER-LEDIGEN!!
DOMM
DOMM
DOMM
DOMM
DOMM
#19-2

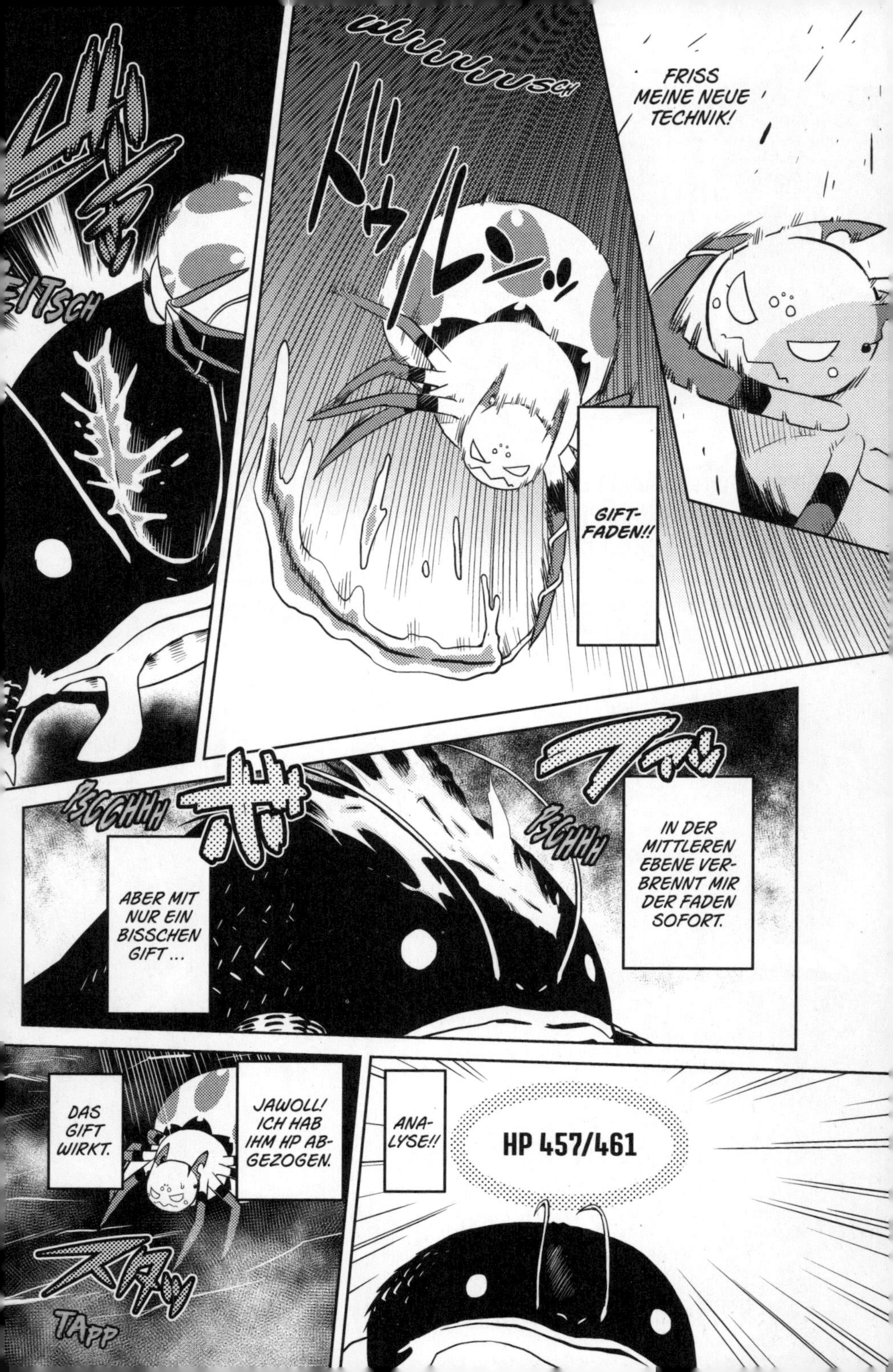

FRISS MEINE NEUE TECHNIK!
WUUUUUUUUSCH
GIFT-FADEN!!
…ITSCH
IN DER MITTLEREN EBENE VERBRENNT MIR DER FADEN SOFORT.
PSCHHH
PSCHHHH
ABER MIT NUR EIN BISSCHEN GIFT …
ANA-LYSE!!
HP 457/461
JAWOLL! ICH HAB IHM HP ABGEZOGEN.
DAS GIFT WIRKT.
TAPP

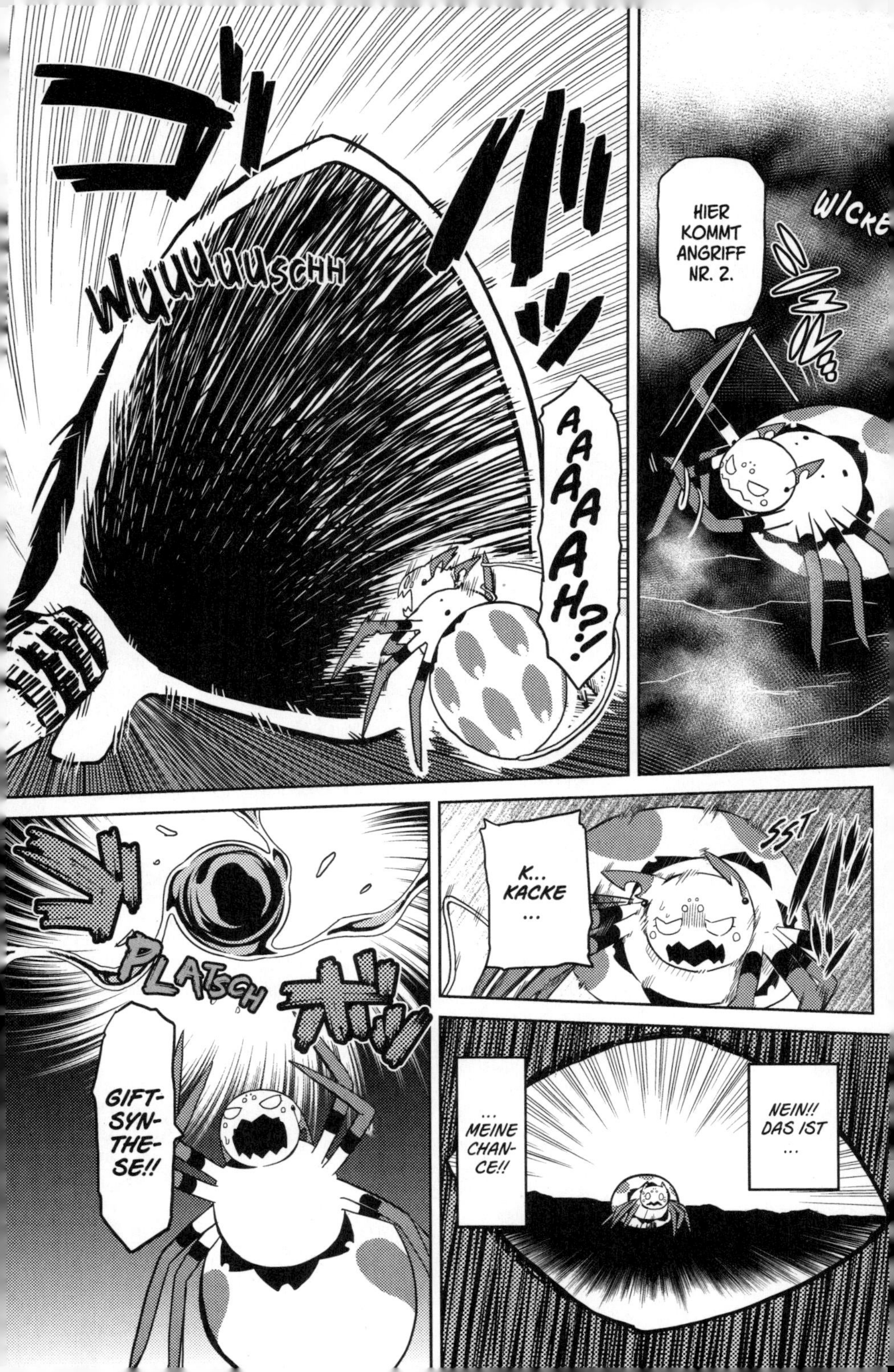

HIER KOMMT ANGRIFF NR. 2.
WICKE
WUUUUUUSCHH
AAAAAAH?!
K... KACKE ...
SST
PLATSCH
GIFT-SYN-THE-SE!!
NEIN!! DAS IST ...
... MEINE CHAN-CE!!

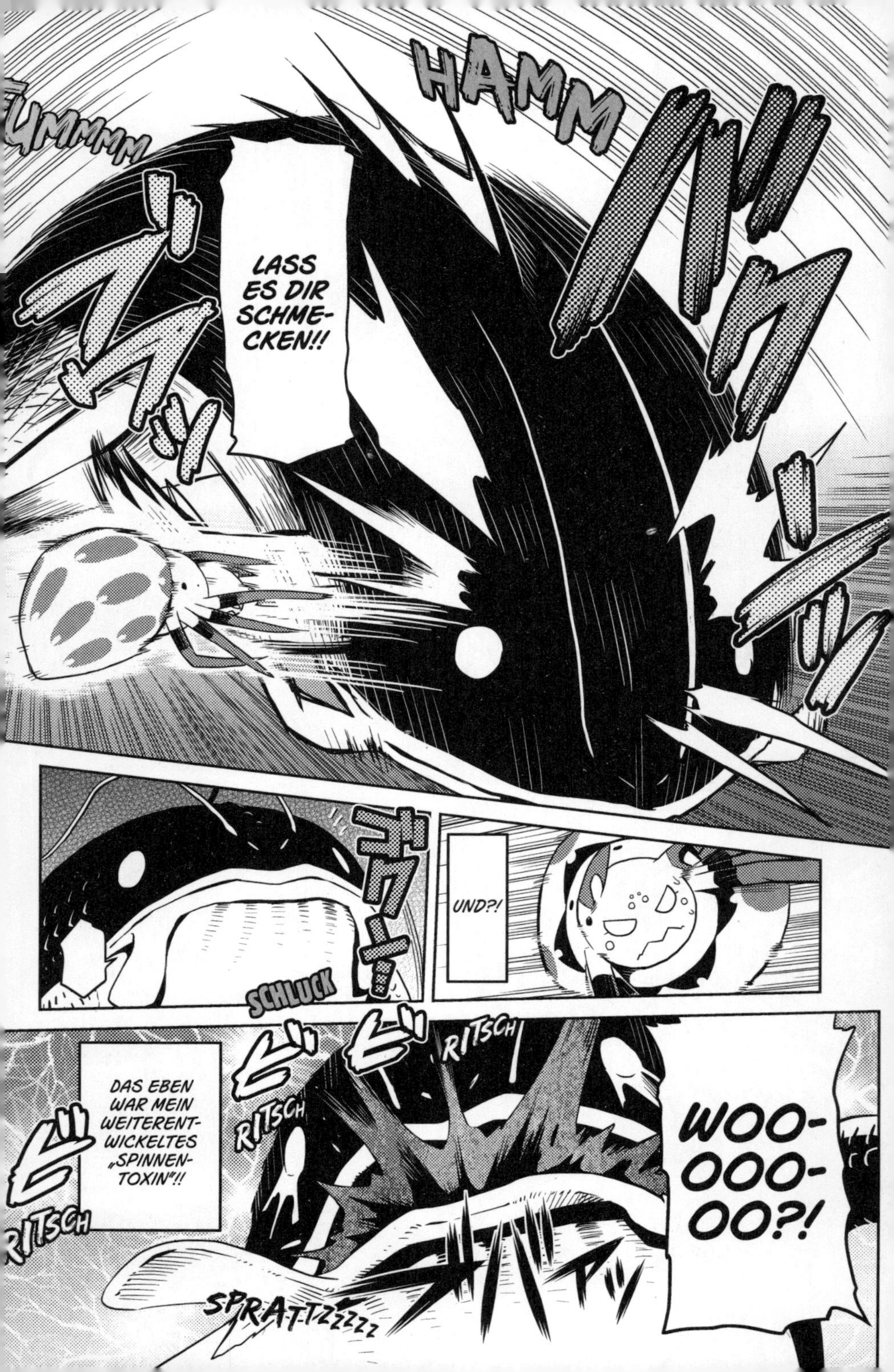

HAMM
LASS ES DIR SCHMECKEN!!
SCHLUCK
UND?!
DAS EBEN WAR MEIN WEITERENTWICKELTES „SPINNENTOXIN"!!
RITSCH
RITSCH
RITSCH
WOO-OOO-OO?!
SPRATTZZZZZ

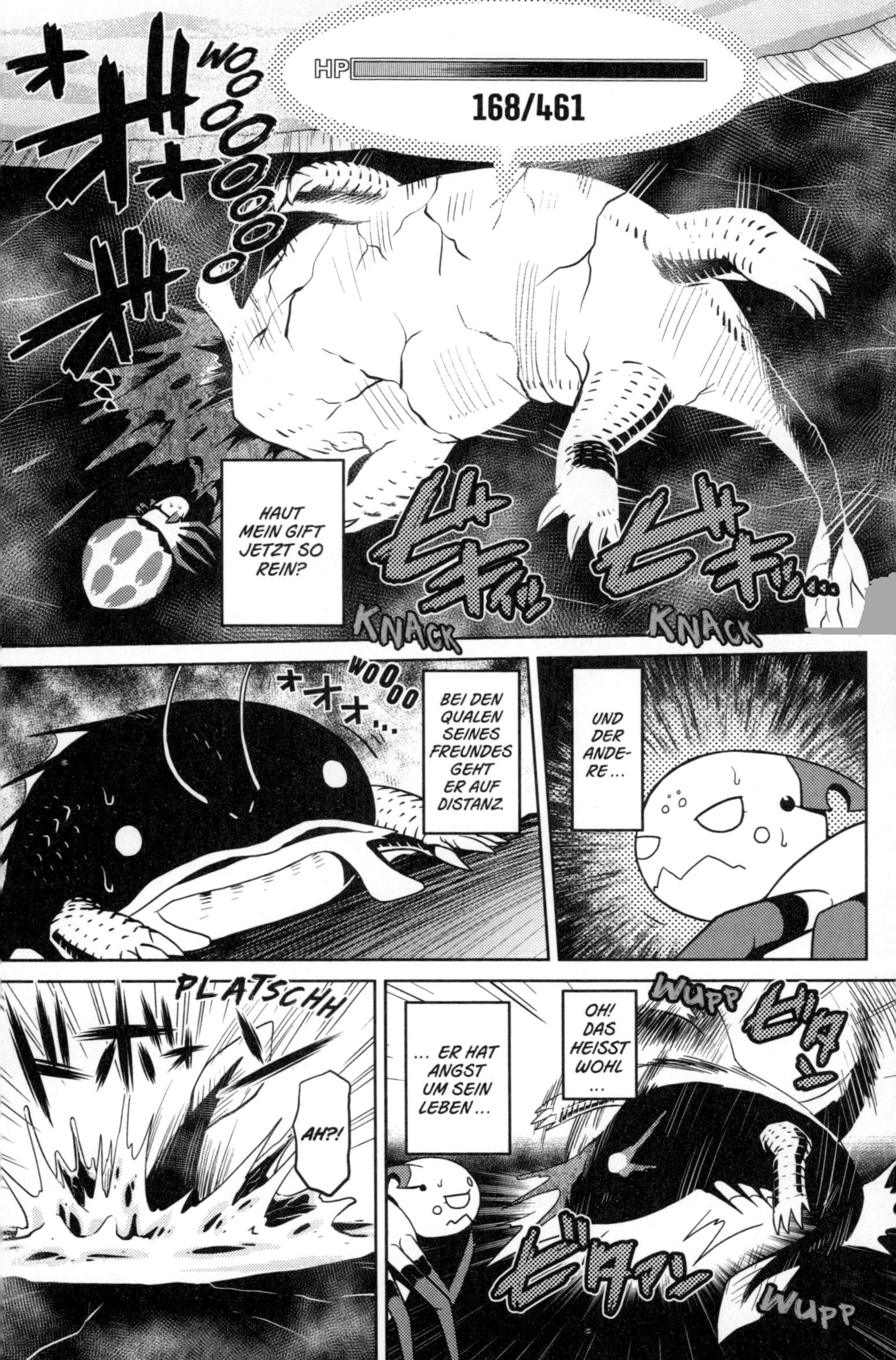
HP
168/461
WOOOOOOOOO
HAUT MEIN GIFT JETZT SO REIN?
KNACK
KNACK
UND DER ANDE- RE …
BEI DEN QUALEN SEINES FREUNDES GEHT ER AUF DISTANZ.
WOOOO
OH! DAS HEISST WOHL …
… ER HAT ANGST UM SEIN LEBEN …
WUPP
WUPP
PLATSCHH
AH?!

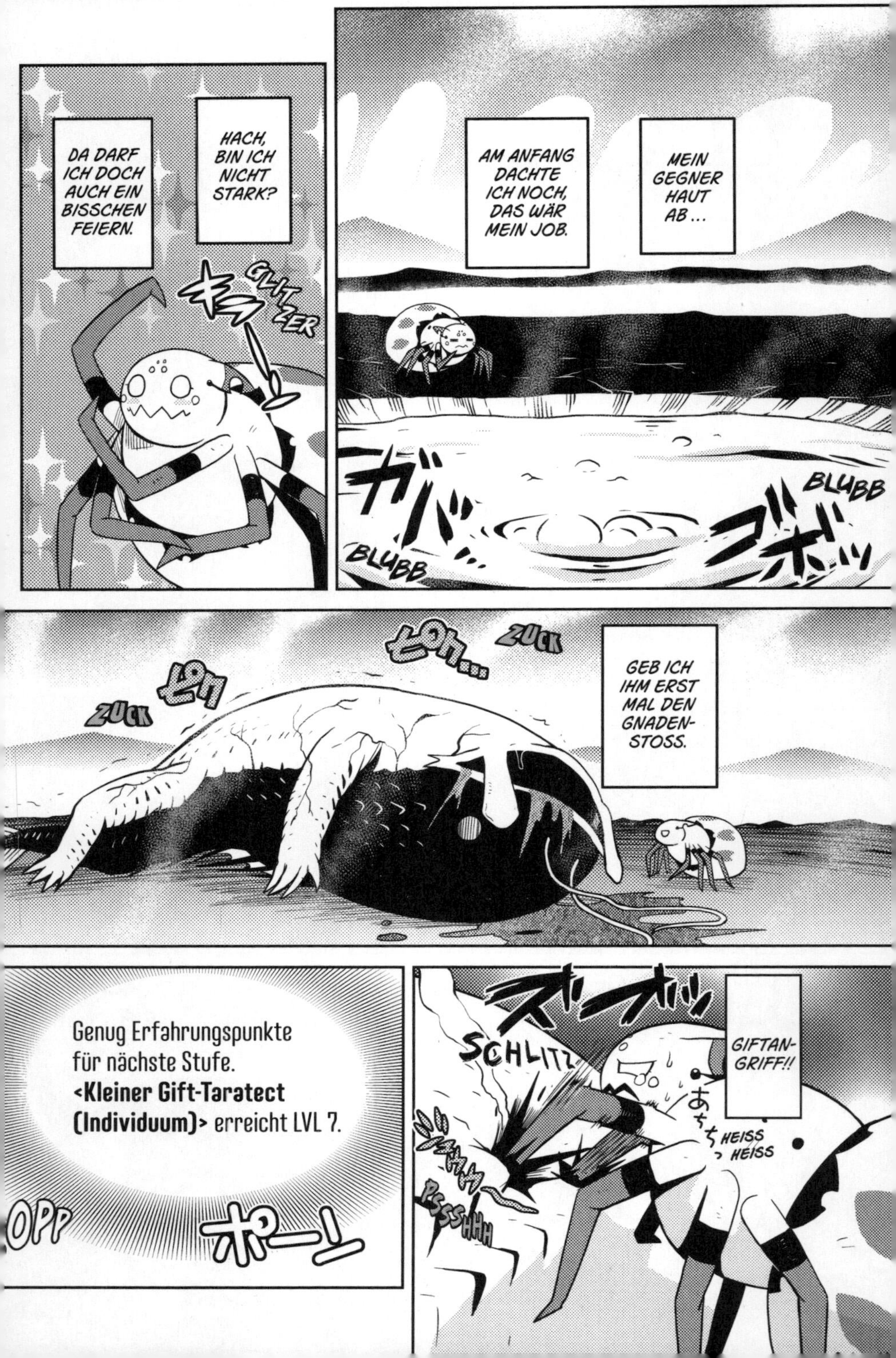

MEIN GEGNER HAUT AB …
AM ANFANG DACHTE ICH NOCH, DAS WÄR MEIN JOB.
BLUBB
BLUBB
HACH, BIN ICH NICHT STARK?
DA DARF ICH DOCH AUCH EIN BISSCHEN FEIERN.
GLITZER
GEB ICH IHM ERST MAL DEN GNADEN-STOSS.
ZUCK
ZUCK
GIFTAN-GRIFF!!
SCHLITZ
HEISS HEISS
PSSSHHH
Genug Erfahrungspunkte für nächste Stufe.
<Kleiner Gift-Taratect (Individuum)> erreicht LVL 7.
PLOPP

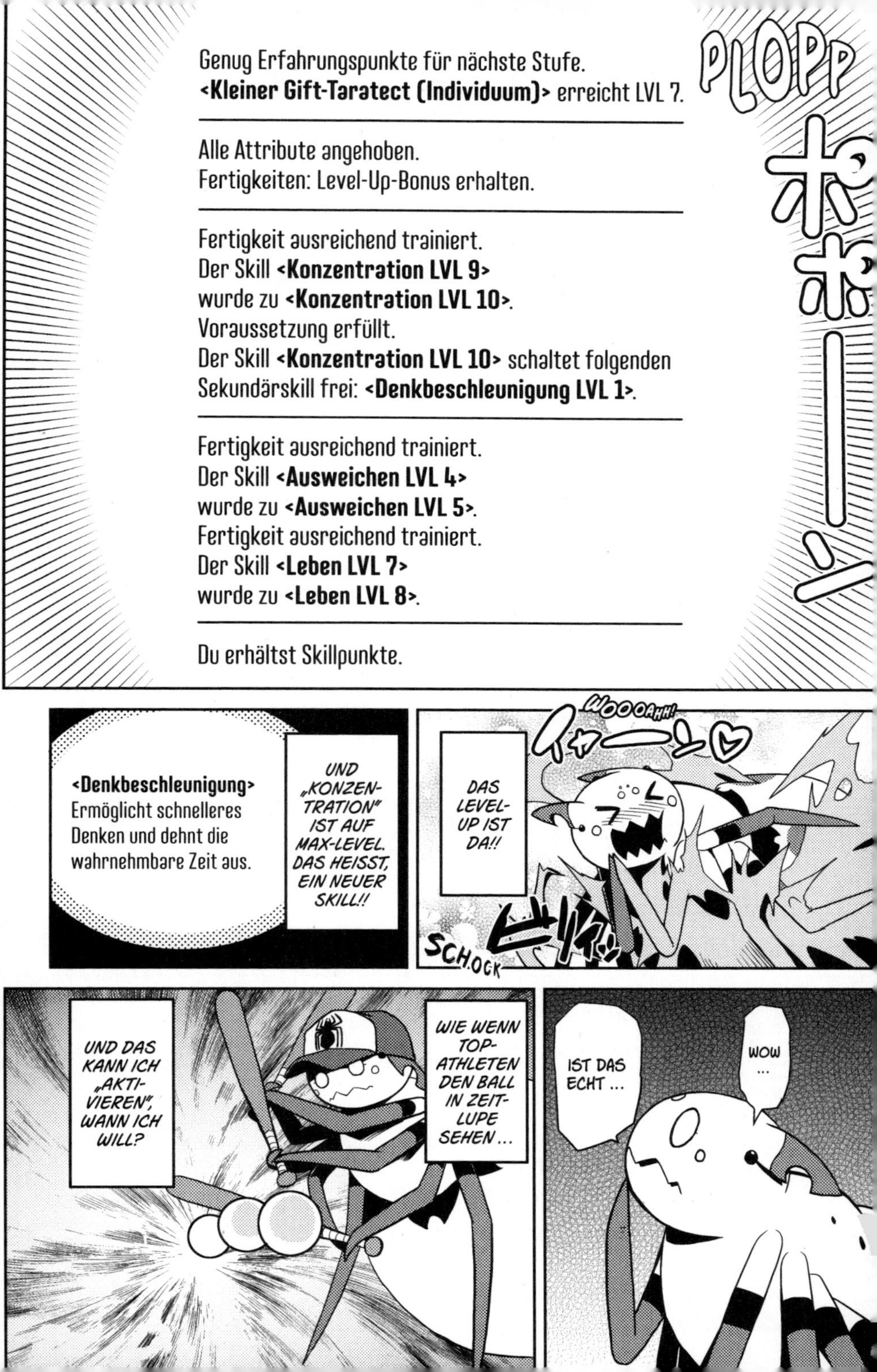
PLOPP
Genug Erfahrungspunkte für nächste Stufe.
<Kleiner Gift-Taratect (Individuum)> erreicht LVL 7.
Alle Attribute angehoben.
Fertigkeiten: Level-Up-Bonus erhalten.
Fertigkeit ausreichend trainiert.
Der Skill <Konzentration LVL 9>
wurde zu <Konzentration LVL 10>.
Voraussetzung erfüllt.
Der Skill <Konzentration LVL 10> schaltet folgenden
Sekundärskill frei: <Denkbeschleunigung LVL 1>.
Fertigkeit ausreichend trainiert.
Der Skill <Ausweichen LVL 4>
wurde zu <Ausweichen LVL 5>.
Fertigkeit ausreichend trainiert.
Der Skill <Leben LVL 7>
wurde zu <Leben LVL 8>.
Du erhältst Skillpunkte.
WOOOAHH!
DAS LEVEL-UP IST DA!!
SCHOCK
UND „KONZENTRATION" IST AUF MAX-LEVEL. DAS HEISST, EIN NEUER SKILL!!
<Denkbeschleunigung>
Ermöglicht schnelleres Denken und dehnt die wahrnehmbare Zeit aus.
WOW …
IST DAS ECHT …
WIE WENN TOP-ATHLETEN DEN BALL IN ZEITLUPE SEHEN …
UND DAS KANN ICH „AKTIVIEREN", WANN ICH WILL?

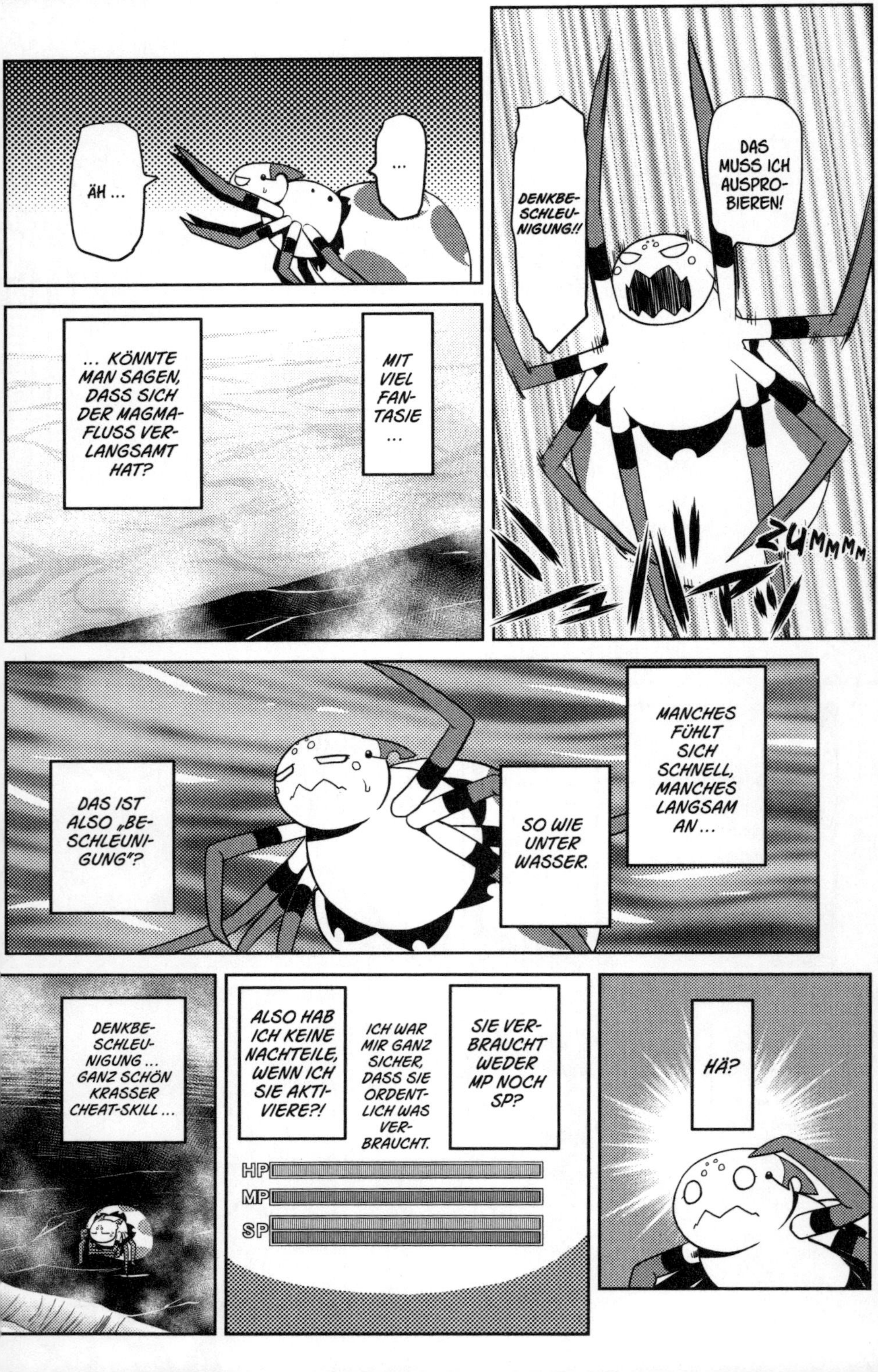
DAS MUSS ICH AUSPROBIEREN!
DENKBESCHLEUNIGUNG!!
ZUMMMM
…
ÄH …
MIT VIEL FANTASIE …
… KÖNNTE MAN SAGEN, DASS SICH DER MAGMAFLUSS VERLANGSAMT HAT?
MANCHES FÜHLT SICH SCHNELL, MANCHES LANGSAM AN …
SO WIE UNTER WASSER.
DAS IST ALSO „BESCHLEUNIGUNG“?
HÄ?
SIE VERBRAUCHT WEDER MP NOCH SP?
ICH WAR MIR GANZ SICHER, DASS SIE ORDENTLICH WAS VERBRAUCHT.
ALSO HAB ICH KEINE NACHTEILE, WENN ICH SIE AKTIVIERE?!
HP
MP
SP
DENKBESCHLEUNIGUNG … GANZ SCHÖN KRASSER CHEAT-SKILL …

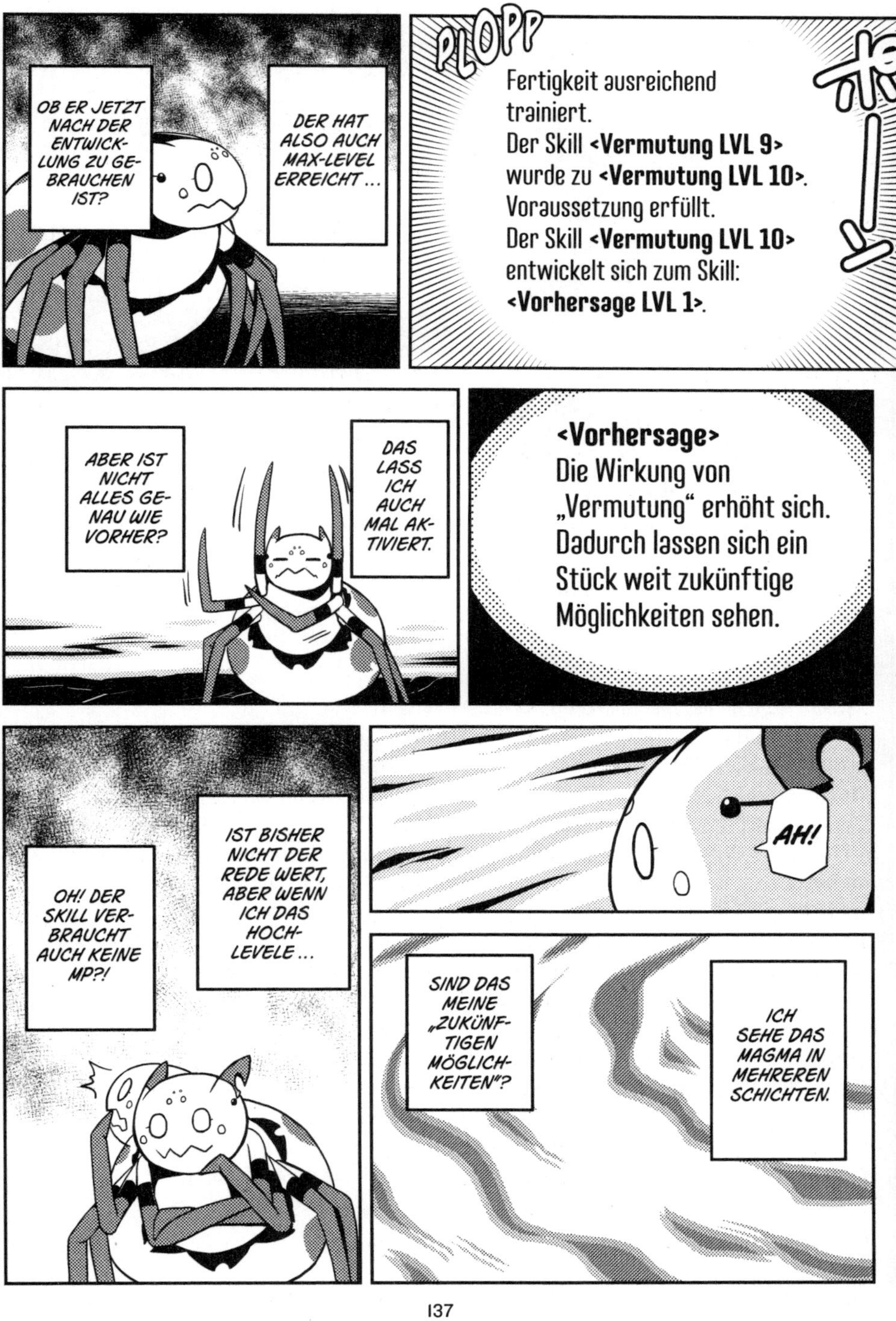
PLOPP
Fertigkeit ausreichend trainiert.
Der Skill <Vermutung LVL 9> wurde zu <Vermutung LVL 10>.
Voraussetzung erfüllt.
Der Skill <Vermutung LVL 10> entwickelt sich zum Skill: <Vorhersage LVL 1>.
DER HAT ALSO AUCH MAX-LEVEL ERREICHT …
OB ER JETZT NACH DER ENTWICKLUNG ZU GEBRAUCHEN IST?
<Vorhersage>
Die Wirkung von „Vermutung" erhöht sich. Dadurch lassen sich ein Stück weit zukünftige Möglichkeiten sehen.
DAS LASS ICH AUCH MAL AKTIVIERT.
ABER IST NICHT ALLES GENAU WIE VORHER?
AH!
ICH SEHE DAS MAGMA IN MEHREREN SCHICHTEN.
SIND DAS MEINE „ZUKÜNFTIGEN MÖGLICHKEITEN"?
IST BISHER NICHT DER REDE WERT, ABER WENN ICH DAS HOCHLEVELE …
OH! DER SKILL VERBRAUCHT AUCH KEINE MP?!

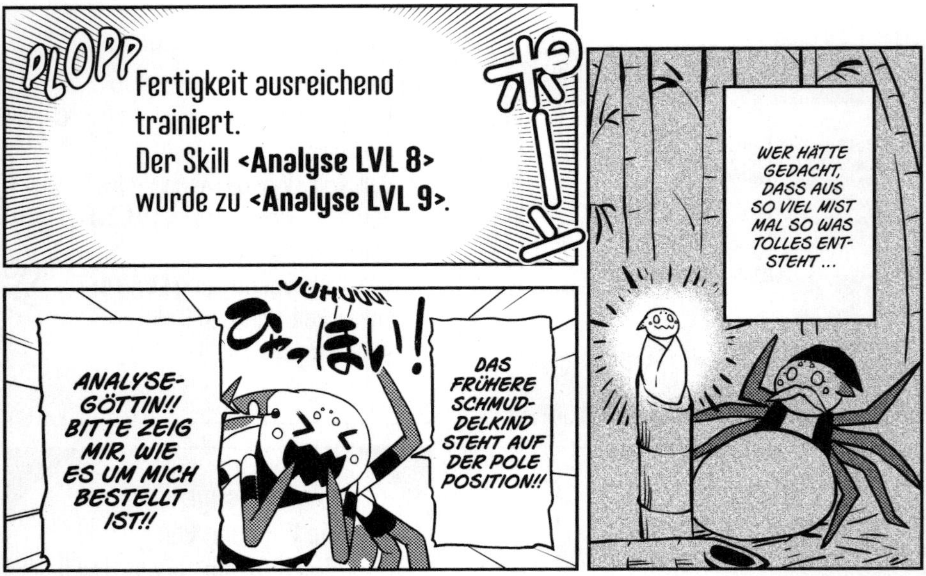

Status
HP: 88/88 MP: 185/185 SP: 88/88 – 88/88+612
Angriff: 109 Verteidigung: 108 Magie: 139 Widerstand: 173 Schnelligkeit: 956

Skills
Automatische HP-Regeneration LVL 5 MP-Regenerationstempo LVL 3
MP-Verbrauchsmilderung LVL 2 SP-Regenerationstempo LVL 2 SP-Verbrauchsmilderung LVL 3
Zerstörungsstärke LVL 1 Schwertstärke LVL 1 Giftstärke LVL 3 Kampfgeist LVL 1
Willensstärke LVL 2 Toxinangriff LVL 3 Giftsynthese LVL 7 Fadentalent LVL 3
Spinnenfaden LVL 9 Killerfaden LVL 6 Fadenkontrolle LVL 8 Werfen LVL 7 3D-Manöver LVL 4
Treffen LVL 8 Ausweichen LVL 5 Stealth LVL 7 Konzentration LVL 10 Denkbeschleunigung LVL 1
Vorhersage LVL 1 Parallelgedanken LVL 4 Prozessoperation LVL 6 Analyse LVL 9
Entdeckung LVL 6 Ketzermagie LVL 3 Schattenmagie LVL 2 Giftmagie LVL 2
Tiefenmagie LVL 10 Zerstörungsresistenz LVL 1 Schlagresistenz LVL 2 Schwertresistenz LVL 3
Feuerresistenz LVL 1 Finsterresistenz LVL 1 Toxinresistenz LVL 2 Paralyseresistenz LVL 3
Versteinerungsresistenz LVL 3 Säureresistenz LVL 4 Verwesungsresistenz LVL 3
Ohnmachtsresistenz LVL 2 Angstresistenz LVL 7 Ketzerresistenz LVL 3
Schmerzimmunität Schmerzlinderung LVL 7 Gesteigertes Sehvermögen LVL 8
Nachtsicht LVL 10 Sichtfelderweiterung LVL 2 Gesteigertes Hörvermögen LVL 8
Gesteigerter Geruchssinn LVL 7 Gesteigerter Geschmackssinn LVL 5
Gesteigerter Tastsinn LVL 6 Leben LVL 8 Magiemenge LVL 8 Schnellkraft LVL 8
Ausdauer LVL 8 Kraft LVL 3 Stabilität LVL 3 Schutz LVL 3 Blitzkrabbeln LVL 3
Hochmut Überfressen LVL 7 Höllenschlund Tabu LVL 4 n%I=W

Titel
Bitterfresser Spinnenfresser Attentäter Monsterschlächter Giftmischer Fadenprofi
Herzloser Monstermassakrierer Herrscher des Hochmuts

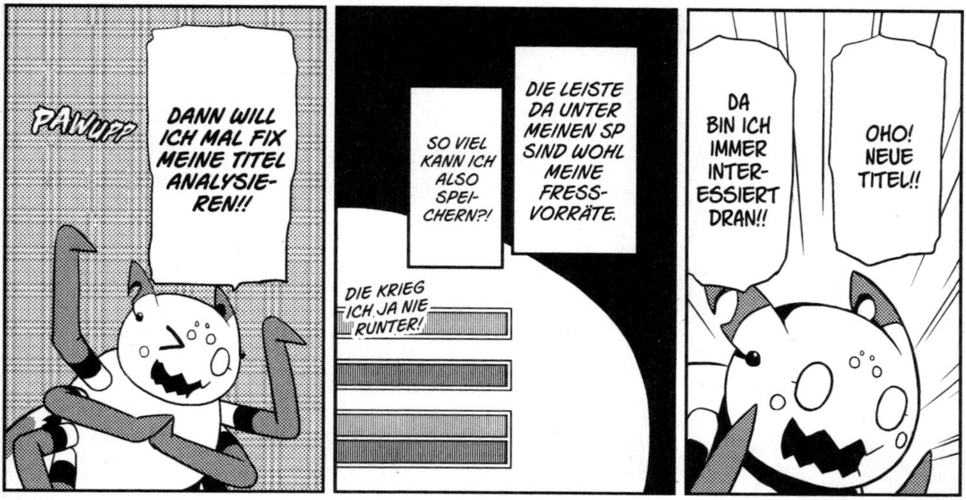

<Bitterfresser>
- Giftresistenz LVL 1
- Verwesungsresistenz LVL 1

Voraussetzung: In kurzer Zeit giftige Nahrung in großen Mengen aufnehmen.
Effekt: Stärkerer Magen.
Titel: Wer giftige Nahrung verspeist.

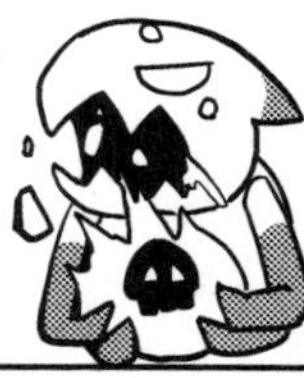

<Spinnenfresser>
- Tabu LVL 1
- Ketzermagie LVL 1

Voraussetzung: Zum Kannibalen werden.
Effekt: Keiner.
Titel: Wer seine Artgenossen verspeist.

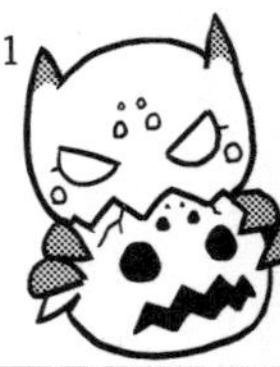

<Attentäter>
- Stealth LVL 1
- Schattenmagie LVL 1

Voraussetzung: Eine bestimmte Anzahl Überraschungsangriffe erfolgreich ausführen.
Effekt: Attentate erhalten Schadensboni.
Titel: Wer wiederholte Attentate ausgeführt hat.

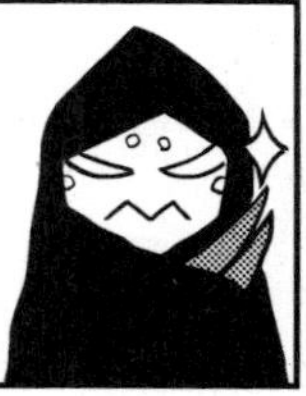

<Monsterschlächter>
- Stärke LVL 1
- Robustheit LVL 1

Voraussetzung: Eine bestimmte Menge Monster töten.
Effekt: Bonusschaden gegen Monster.
Titel: Wer eine außerordentlich große Zahl Monster getötet hat.

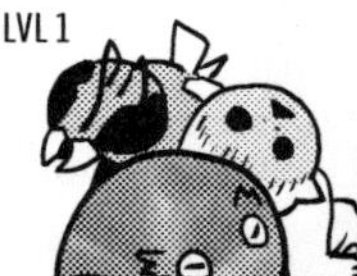

<Giftmischer>
- Giftsynthese LVL 1
- Giftmagie LVL 1

Voraussetzung: Eine bestimme Menge Gift verwenden.
Effekt: Verstärkt das Giftattribut.
Titel: Wer Gift verwendet hat.

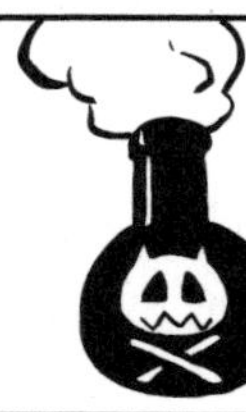

<Fadenprofi>
- Fadenkontrolle LVL 1
- Killerfaden LVL 1

Voraussetzung: Eine bestimme Menge Fadenangriffe ausführen.
Effekt: Verstärkt die Angriffskraft des Fadens.
Titel: Wer den Faden als Waffe verwendet.

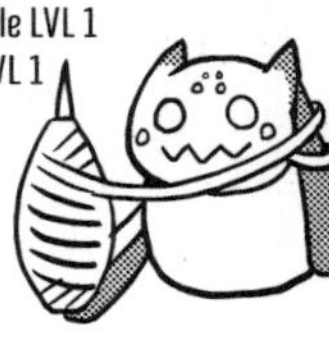

<Grausamkeit>
- Ketzermagie LVL 1
- Ketzerresistenz LVL 1

Voraussetzung: Grausame Aktionen vollführen.
Effekt: Keine Schuldgefühle mehr.
Titel: Wer grausam ist.

<Monstermassakrierer>
- Kraft LVL 1
- Stabilität LVL 1

Voraussetzung: Eine bestimmte Menge Monster töten.
Effekt: Bonusschaden gegen Monster.
Titel: Wer eine außerordentlich große Zahl Monster getötet hat.

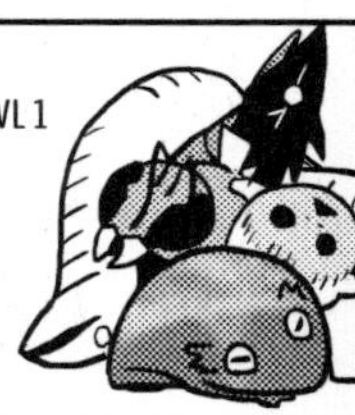

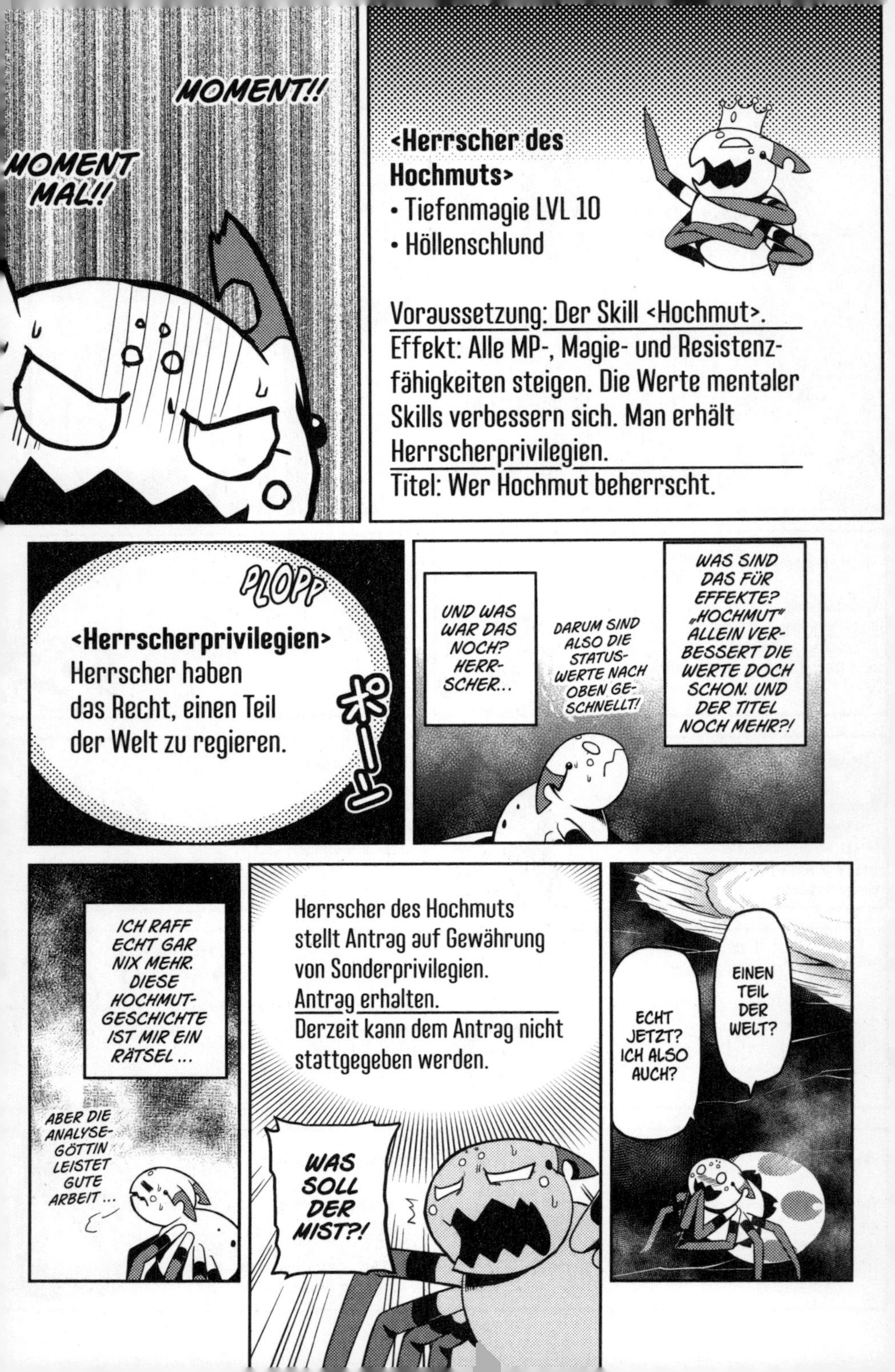

<Herrscher des Hochmuts>
• Tiefenmagie LVL 10
• Höllenschlund
Voraussetzung: Der Skill <Hochmut>.
Effekt: Alle MP-, Magie- und Resistenzfähigkeiten steigen. Die Werte mentaler Skills verbessern sich. Man erhält Herrscherprivilegien.
Titel: Wer Hochmut beherrscht.
MOMENT!!
MOMENT MAL!!
WAS SIND DAS FÜR EFFEKTE? „HOCHMUT" ALLEIN VERBESSERT DIE WERTE DOCH SCHON. UND DER TITEL NOCH MEHR?!
DARUM SIND ALSO DIE STATUSWERTE NACH OBEN GESCHNELLT!
UND WAS WAR DAS NOCH? HERRSCHER …
PLOPP
<Herrscherprivilegien>
Herrscher haben das Recht, einen Teil der Welt zu regieren.
ポーン
EINEN TEIL DER WELT?
ECHT JETZT? ICH ALSO AUCH?
Herrscher des Hochmuts stellt Antrag auf Gewährung von Sonderprivilegien.
Antrag erhalten.
Derzeit kann dem Antrag nicht stattgegeben werden.
WAS SOLL DER MIST?!
ICH RAFF ECHT GAR NIX MEHR. DIESE HOCHMUT-GESCHICHTE IST MIR EIN RÄTSEL …
ABER DIE ANALYSE-GÖTTIN LEISTET GUTE ARBEIT …

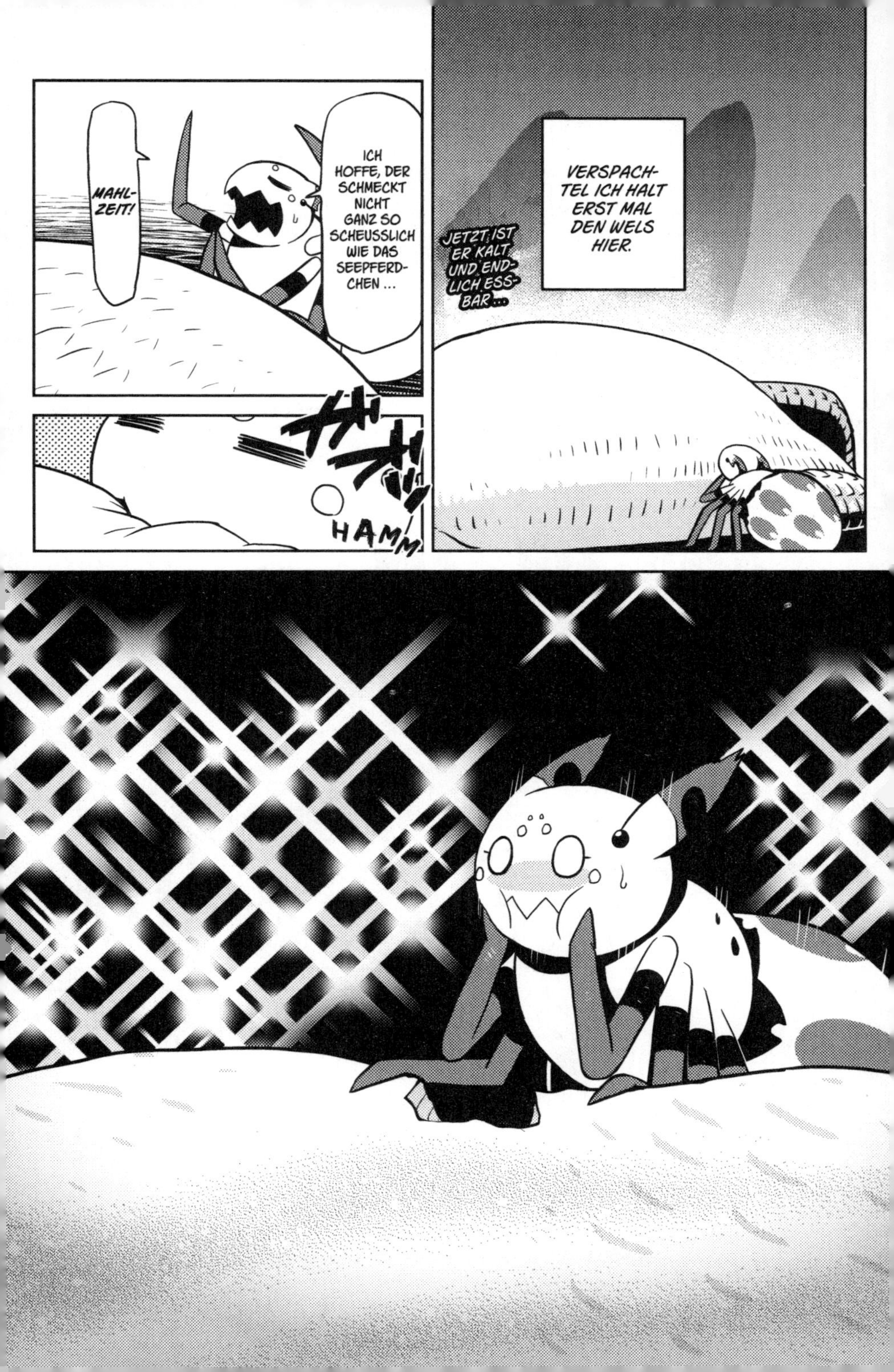
VERSPACHTEL ICH HALT ERST MAL DEN WELS HIER.
JETZT IST ER KALT UND ENDLICH ESSBAR ...
ICH HOFFE, DER SCHMECKT NICHT GANZ SO SCHEUSSLICH WIE DAS SEEPFERDCHEN ...
MAHLZEIT!
HAMM

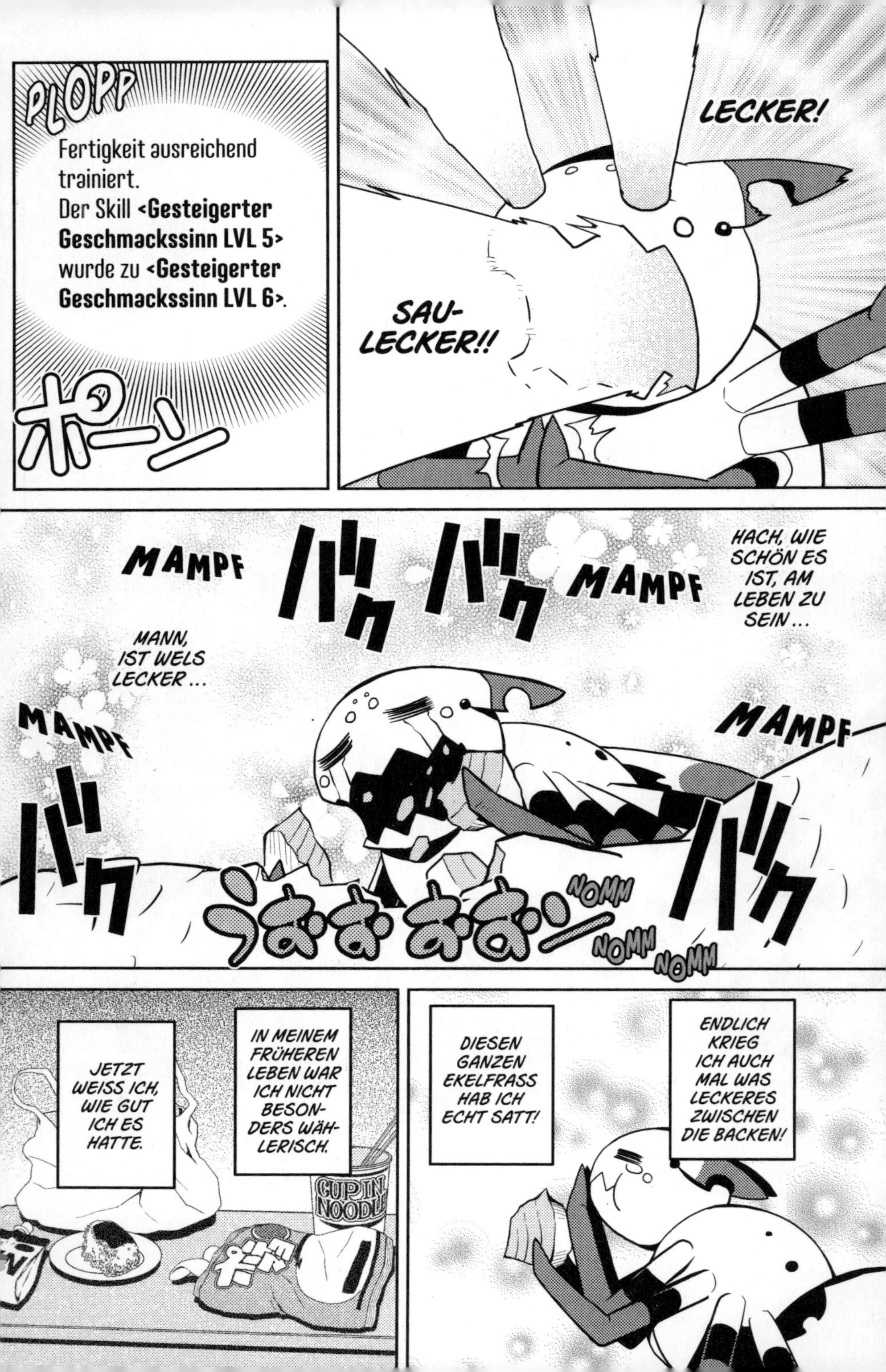

LECKER!
SAU-LECKER!!
PLOPP
Fertigkeit ausreichend trainiert. Der Skill **<Gesteigerter Geschmackssinn LVL 5>** wurde zu **<Gesteigerter Geschmackssinn LVL 6>**.
ポーン
HACH, WIE SCHÖN ES IST, AM LEBEN ZU SEIN …
MAMPF
バク
バク
MAMPF
MANN, IST WELS LECKER …
MAMPF
バク
MAMPF
バク
うおおおおン
NOMM NOMM NOMM
ENDLICH KRIEG ICH AUCH MAL WAS LECKERES ZWISCHEN DIE BACKEN!
DIESEN GANZEN EKELFRASS HAB ICH ECHT SATT!
IN MEINEM FRÜHEREN LEBEN WAR ICH NICHT BESON-DERS WÄH-LERISCH.
JETZT WEISS ICH, WIE GUT ICH ES HATTE.

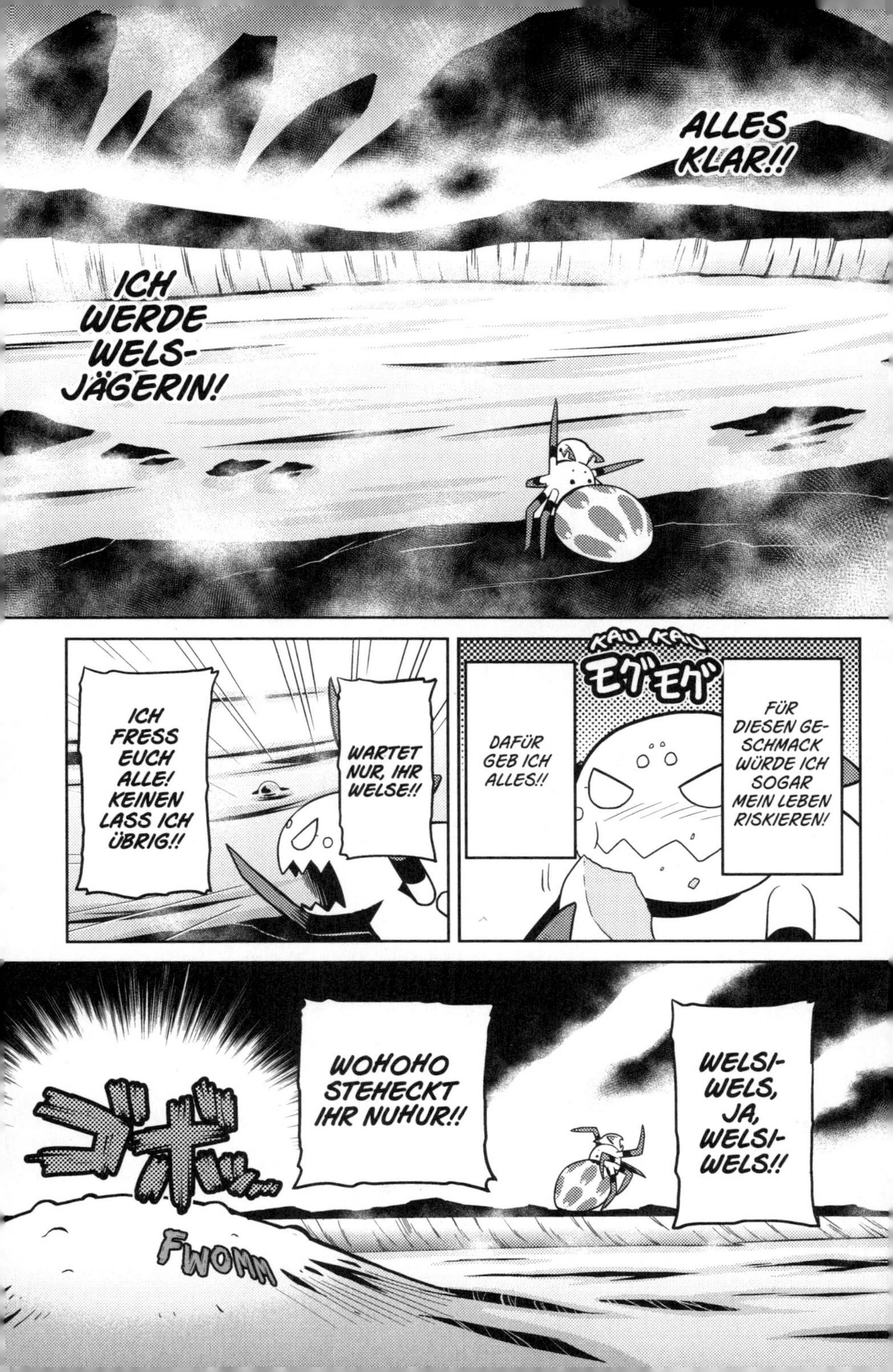
ALLES KLAR!!
ICH WERDE WELS-JÄGERIN!
KAU KAU
モグモグ
FÜR DIESEN GESCHMACK WÜRDE ICH SOGAR MEIN LEBEN RISKIEREN!
DAFÜR GEB ICH ALLES!!
WARTET NUR, IHR WELSE!!
ICH FRESS EUCH ALLE! KEINEN LASS ICH ÜBRIG!!
WELSI-WELS, JA, WELSI-WELS!!
WOHOHO STEHECKT IHR NUHUR!!
ゴボッ…
FWOMM

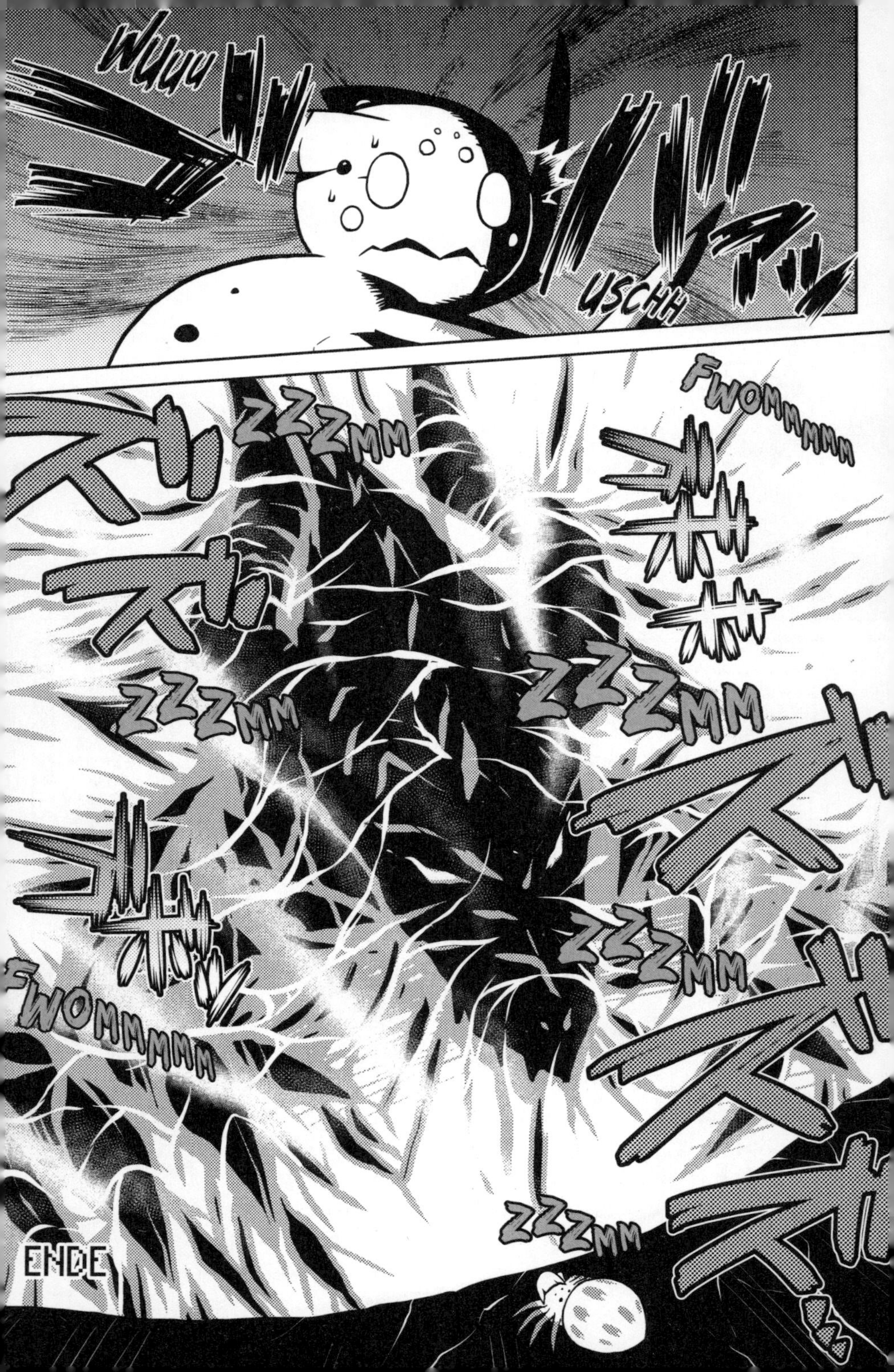
Wuuu
USCHH
ZZZMM
FWOMMMMM
ZZZMM
ZZZMM
FWOMMMMM
ZZZMM
ZZZMM
ENDE

Bonusmanga

Noch ein „Wiedergeborener“

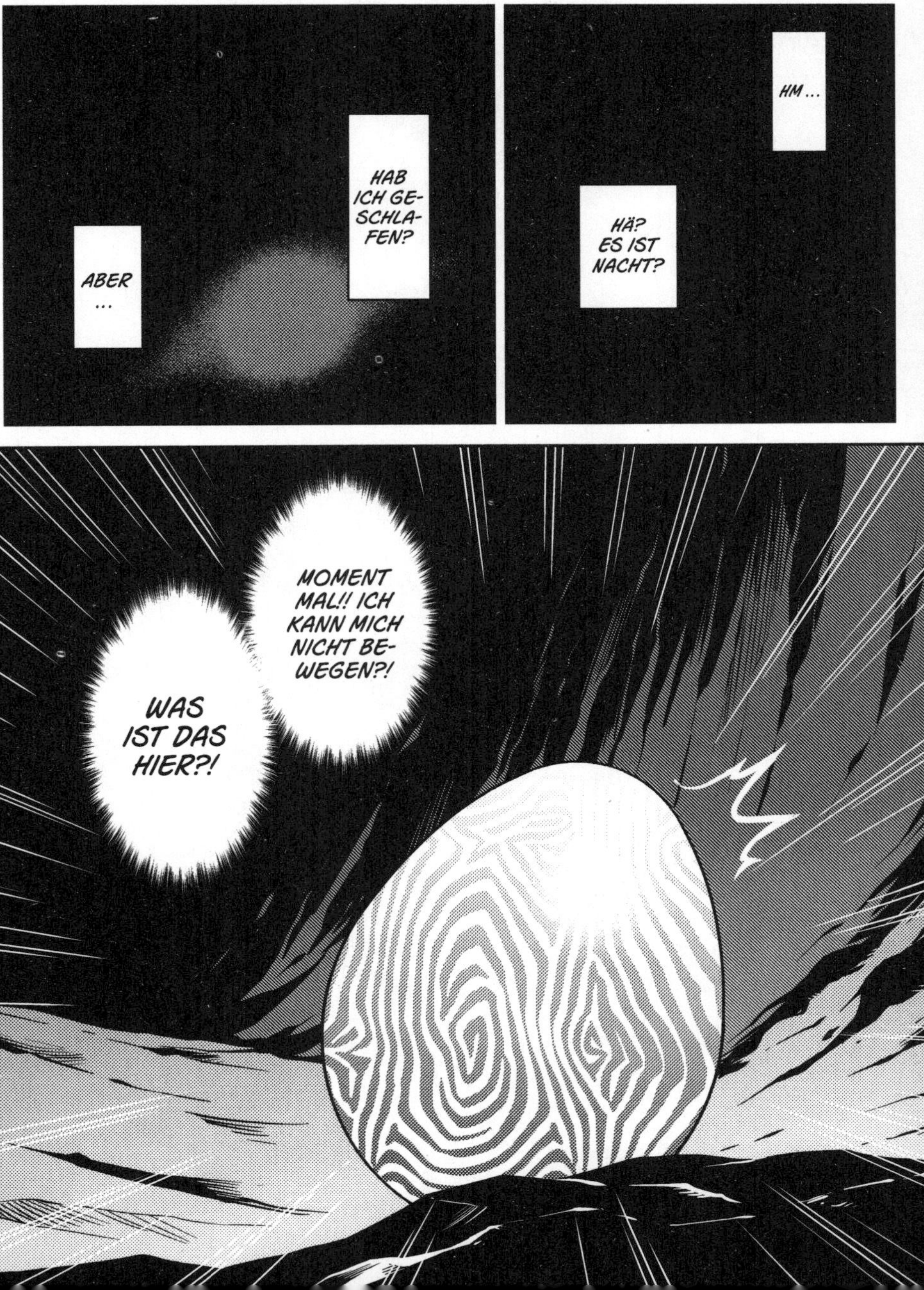

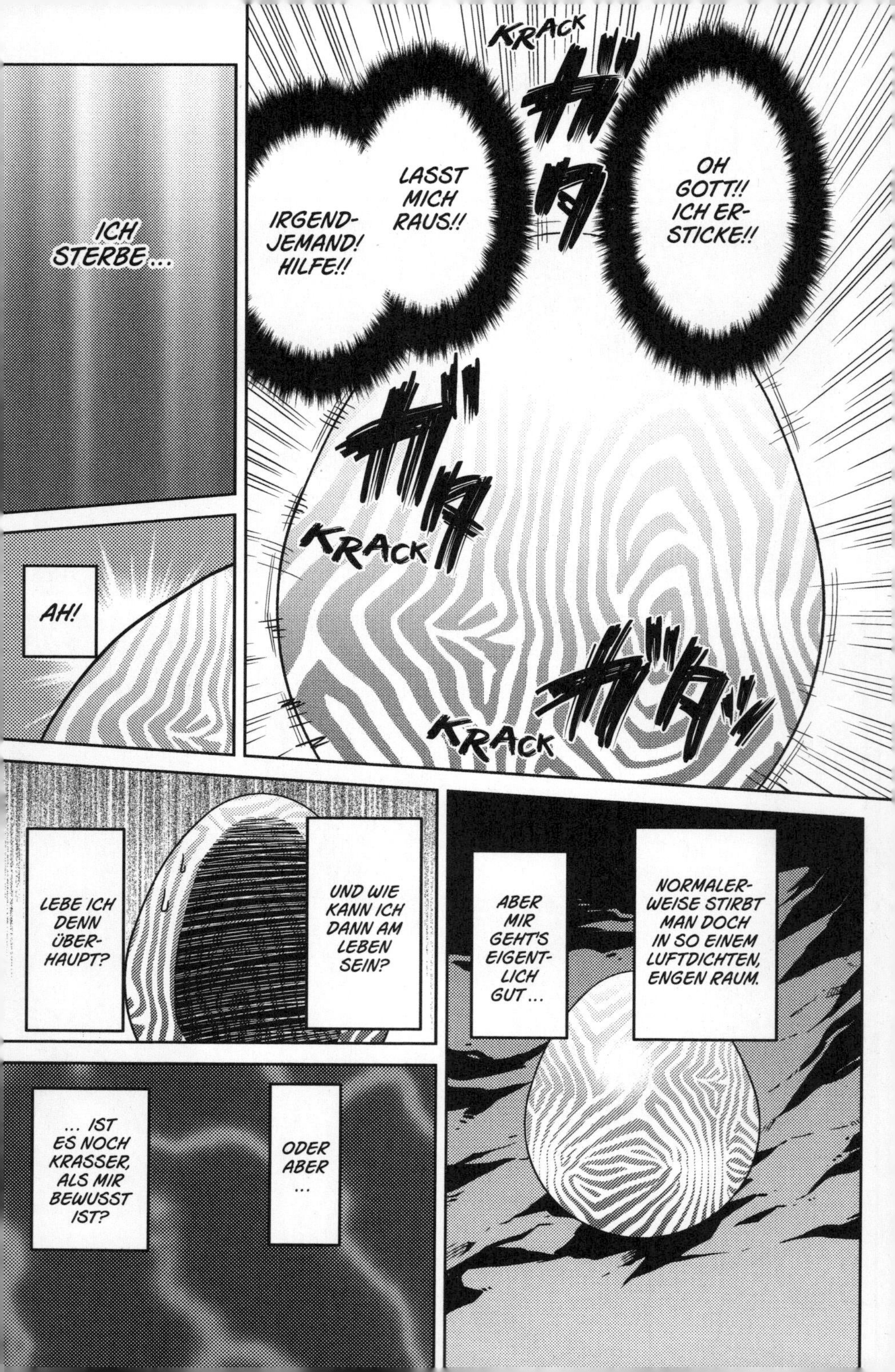
KRACK
OH GOTT!! ICH ERSTICKE!!
LASST MICH RAUS!!
IRGENDJEMAND! HILFE!!
ICH STERBE …
KRACK
KRACK
AH!
NORMALERWEISE STIRBT MAN DOCH IN SO EINEM LUFTDICHTEN, ENGEN RAUM.
ABER MIR GEHT'S EIGENTLICH GUT …
UND WIE KANN ICH DANN AM LEBEN SEIN?
LEBE ICH DENN ÜBERHAUPT?
ODER ABER …
… IST ES NOCH KRASSER, ALS MIR BEWUSST IST?

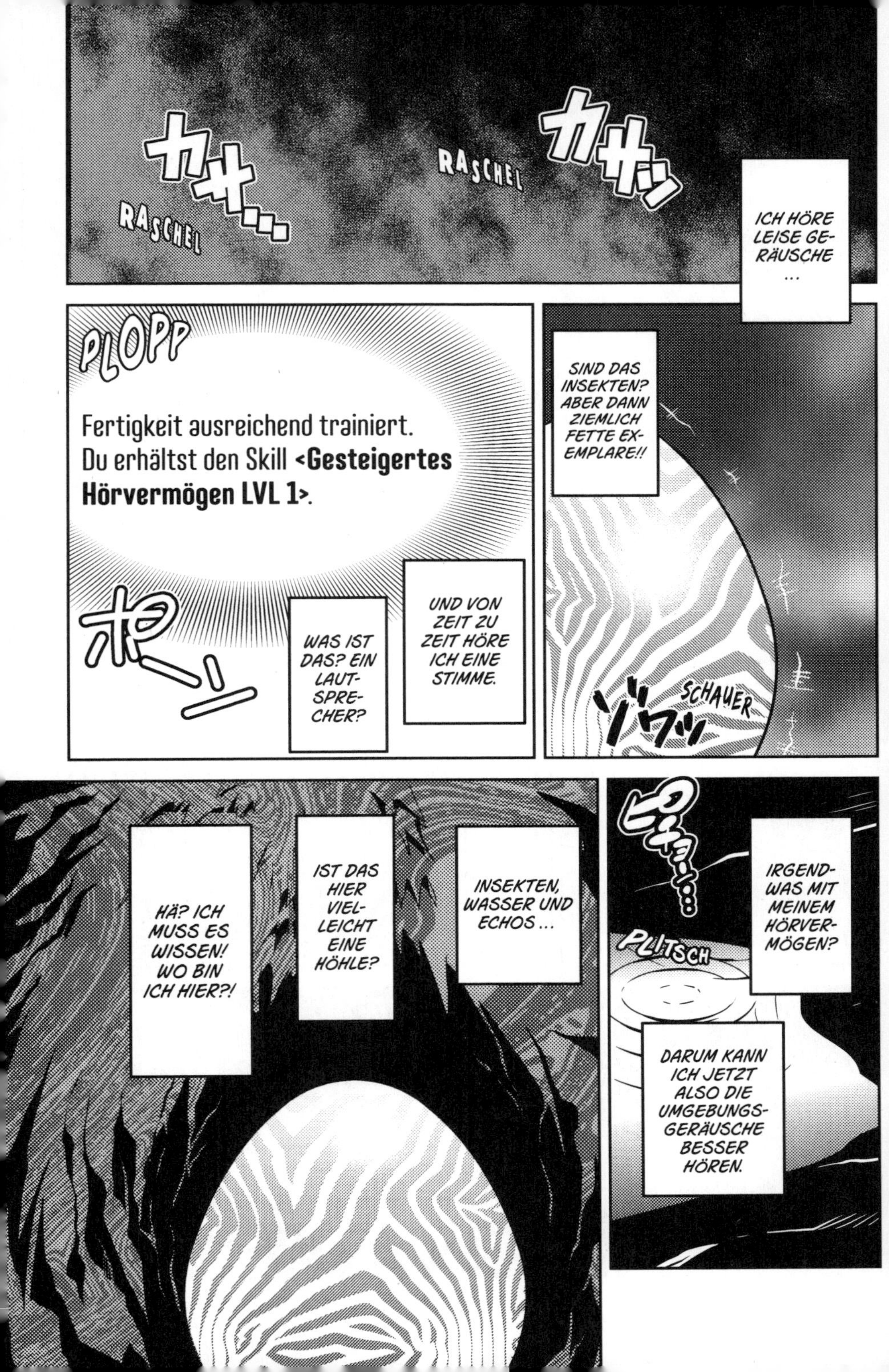
ICH HÖRE LEISE GE-RÄUSCHE …
カサッ
RASCHEL
カサ…
RASCHEL
SIND DAS INSEKTEN? ABER DANN ZIEMLICH FETTE EX-EMPLARE!!
SCHAUER
ゾワッ
PLOPP
Fertigkeit ausreichend trainiert. Du erhältst den Skill **<Gesteigertes Hörvermögen LVL 1>**.
UND VON ZEIT ZU ZEIT HÖRE ICH EINE STIMME.
WAS IST DAS? EIN LAUT-SPRE-CHER?
ポーン
ピチョーン…
IRGEND-WAS MIT MEINEM HÖRVER-MÖGEN?
PLITSCH
DARUM KANN ICH JETZT ALSO DIE UMGEBUNGS-GERÄUSCHE BESSER HÖREN.
INSEKTEN, WASSER UND ECHOS …
IST DAS HIER VIEL-LEICHT EINE HÖHLE?
HÄ? ICH MUSS ES WISSEN! WO BIN ICH HIER?!

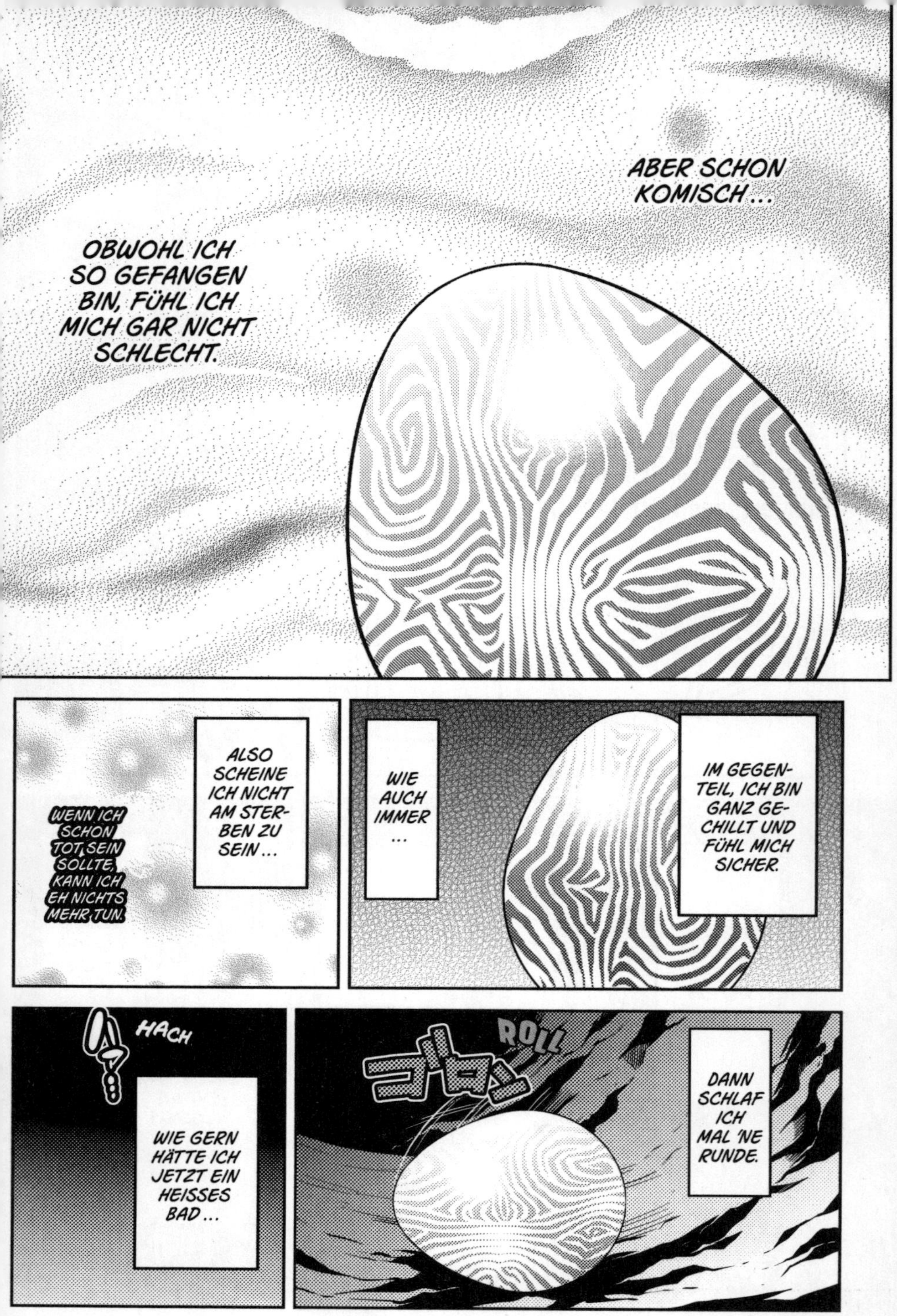
ABER SCHON KOMISCH …
OBWOHL ICH SO GEFANGEN BIN, FÜHL ICH MICH GAR NICHT SCHLECHT.
IM GEGENTEIL, ICH BIN GANZ GECHILLT UND FÜHL MICH SICHER.
WIE AUCH IMMER …
ALSO SCHEINE ICH NICHT AM STERBEN ZU SEIN …
WENN ICH SCHON TOT SEIN SOLLTE, KANN ICH EH NICHTS MEHR TUN.
ROLL
DANN SCHLAF ICH MAL 'NE RUNDE.
HACH
WIE GERN HÄTTE ICH JETZT EIN HEISSES BAD …

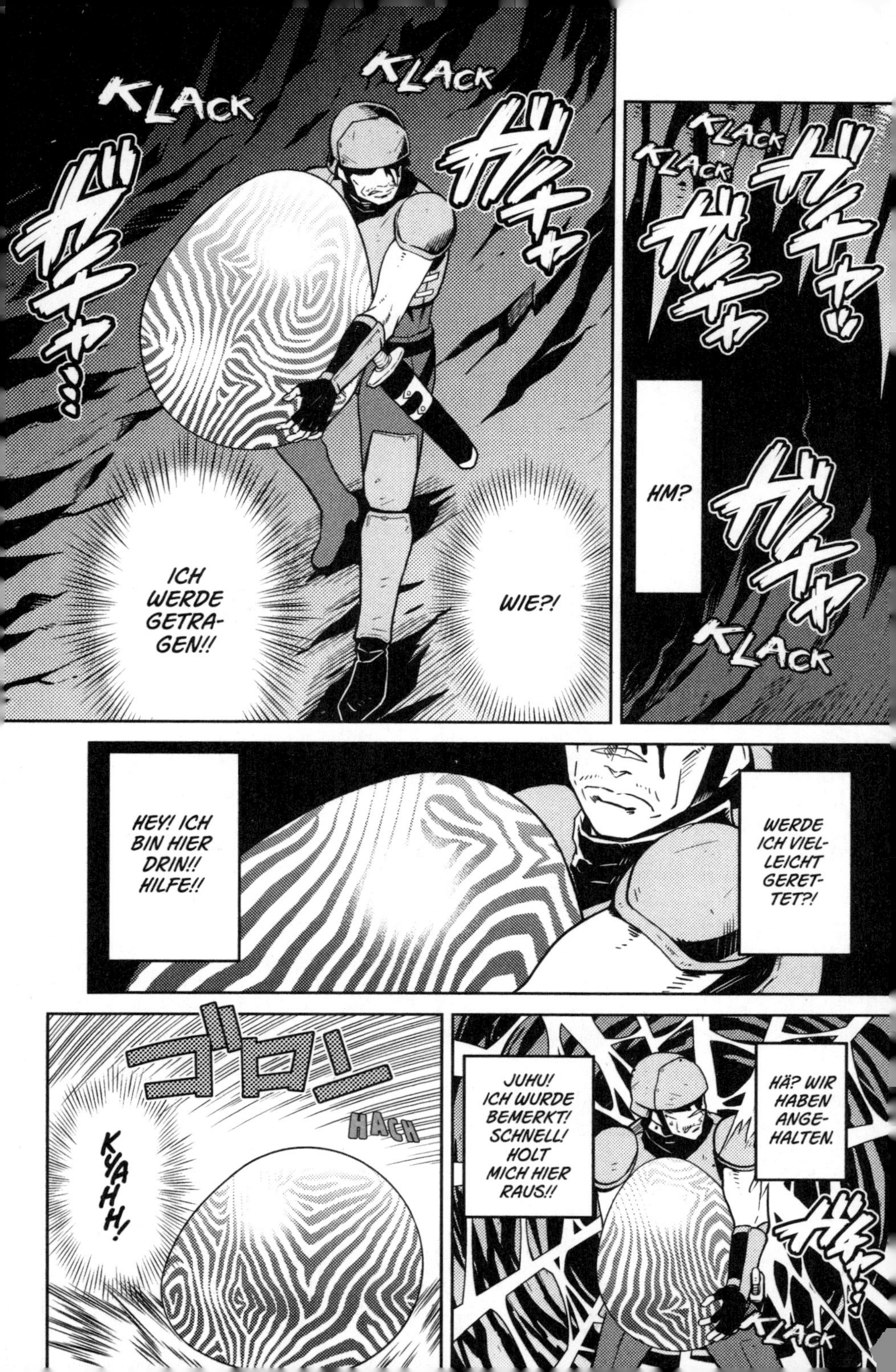
KLACK
KLACK
ICH WERDE GETRAGEN!!
WIE?!
KLACK KLACK
HM?
KLACK
HEY! ICH BIN HIER DRIN!! HILFE!!
WERDE ICH VIELLEICHT GERETTET?!
KYAHH!
HACH
JUHU! ICH WURDE BEMERKT! SCHNELL! HOLT MICH HIER RAUS!!
HÄ? WIR HABEN ANGEHALTEN.
KLACK

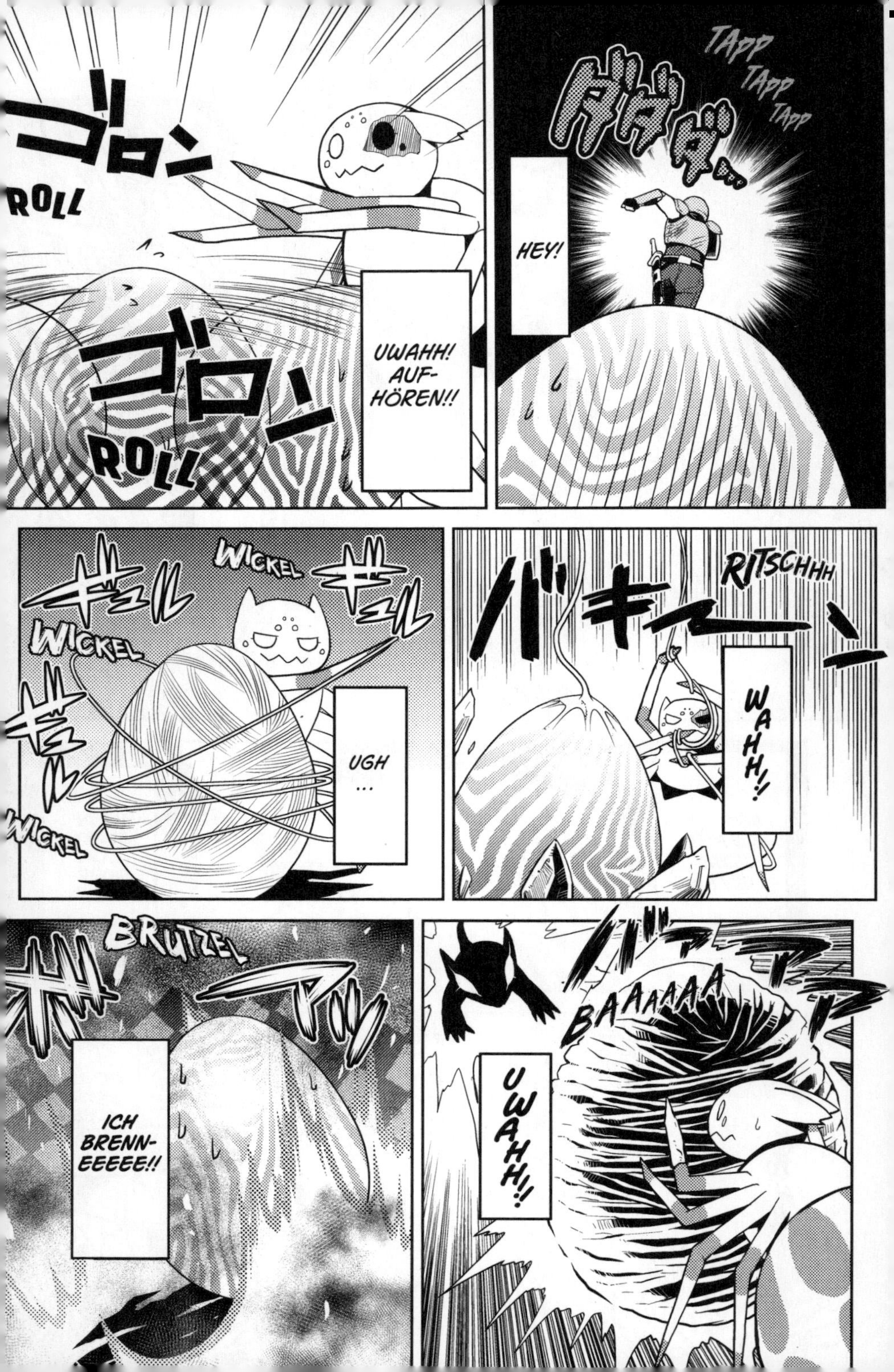
TAPP
TAPP
TAPP
HEY!
ROLL
ROLL
UWAHH! AUF-HÖREN!!
RITSCHHH
WAHH!!
WICKEL
WICKEL
WICKEL
UGH ...
BAAAAAA
UWAHH!!
BRUTZEL
ICH BRENN-EEEEE!!

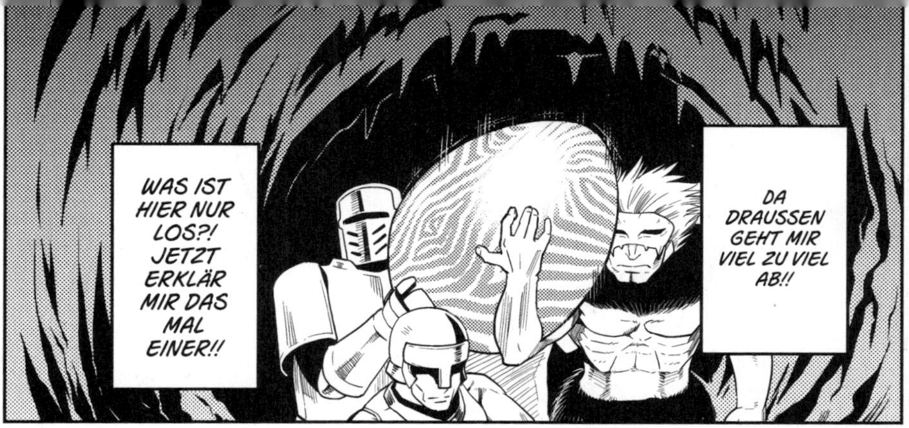
DA DRAUSSEN GEHT MIR VIEL ZU VIEL AB!!
WAS IST HIER NUR LOS?! JETZT ERKLÄR MIR DAS MAL EINER!!

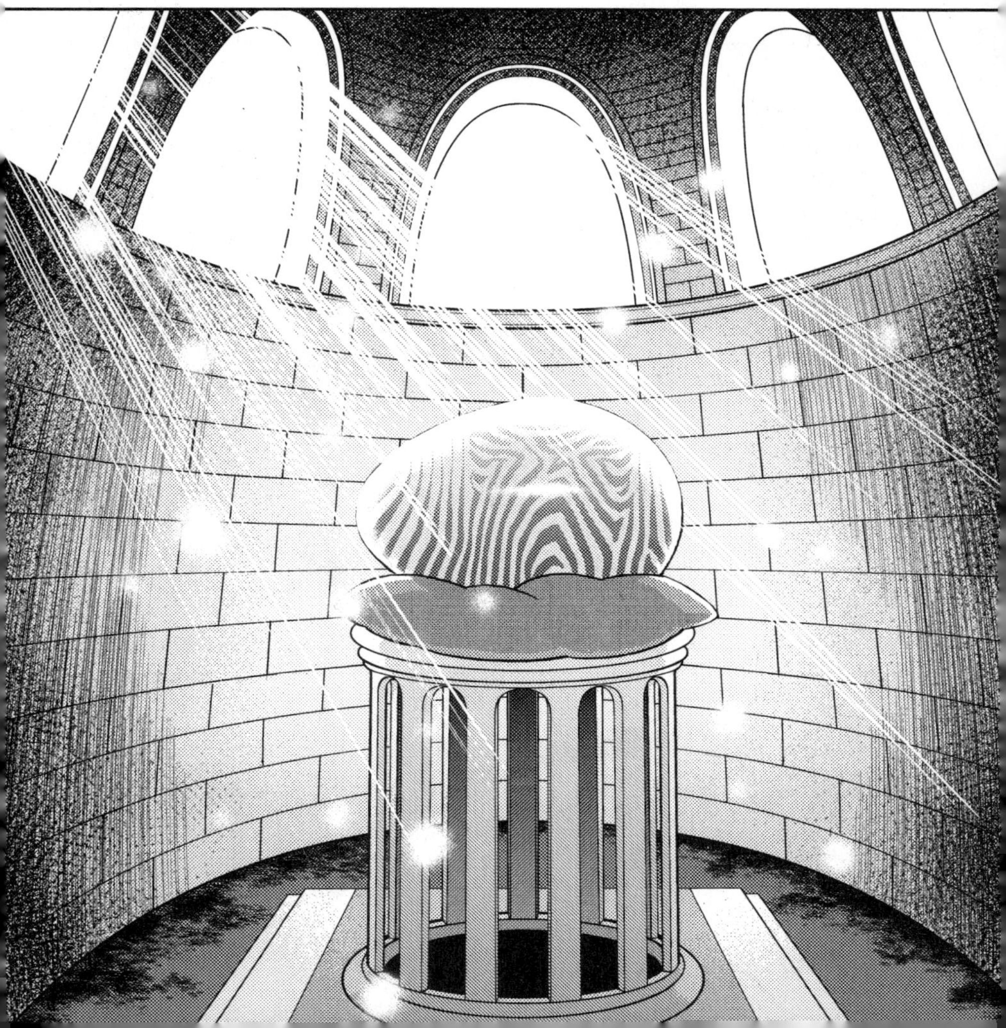

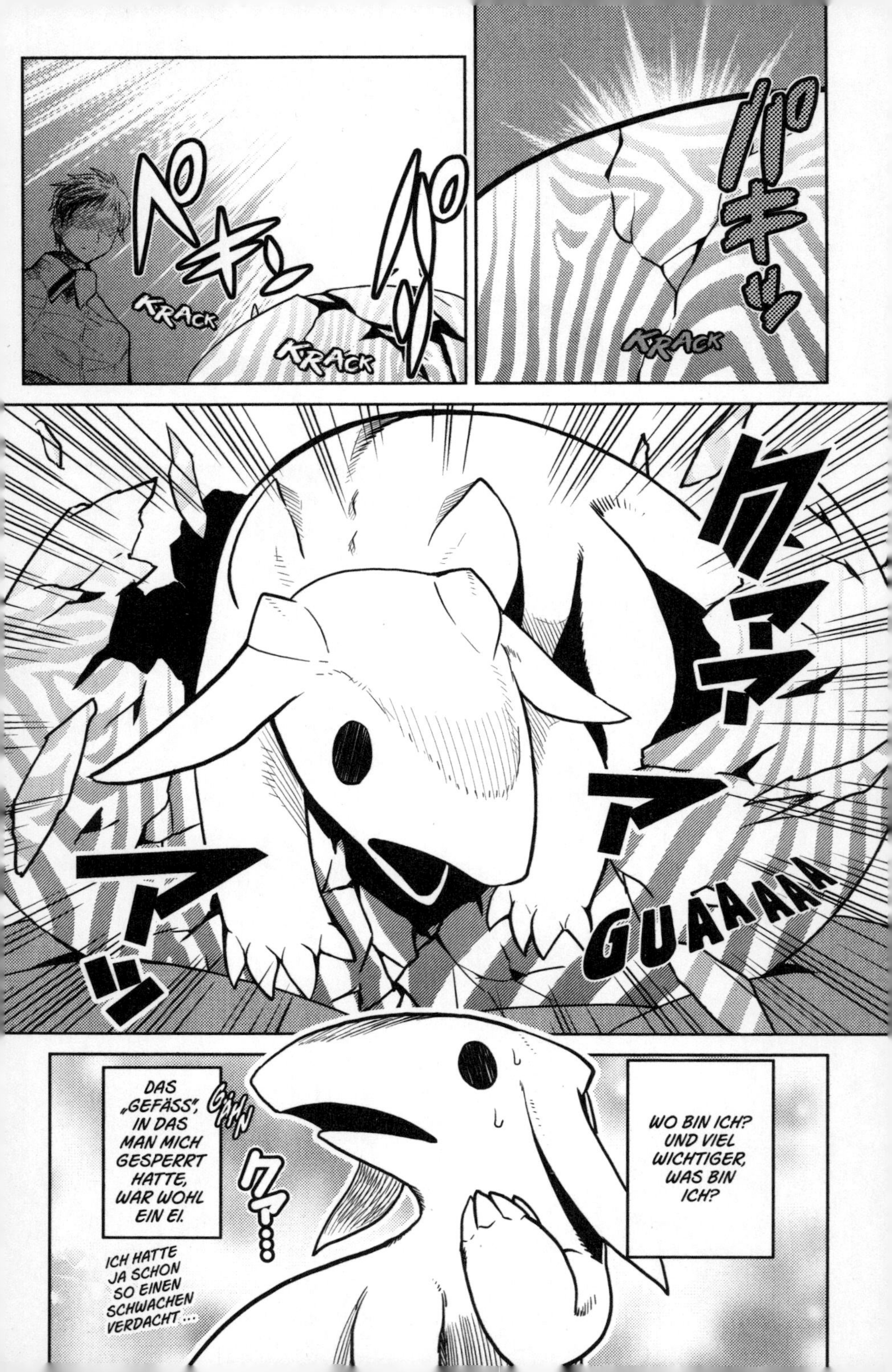
KRACK
KRACK
KRACK
GUAAAAAA
DAS „GEFÄSS", IN DAS MAN MICH GESPERRT HATTE, WAR WOHL EIN EI.
ICH HATTE JA SCHON SO EINEN SCHWACHEN VERDACHT ...
WO BIN ICH? UND VIEL WICHTIGER, WAS BIN ICH?

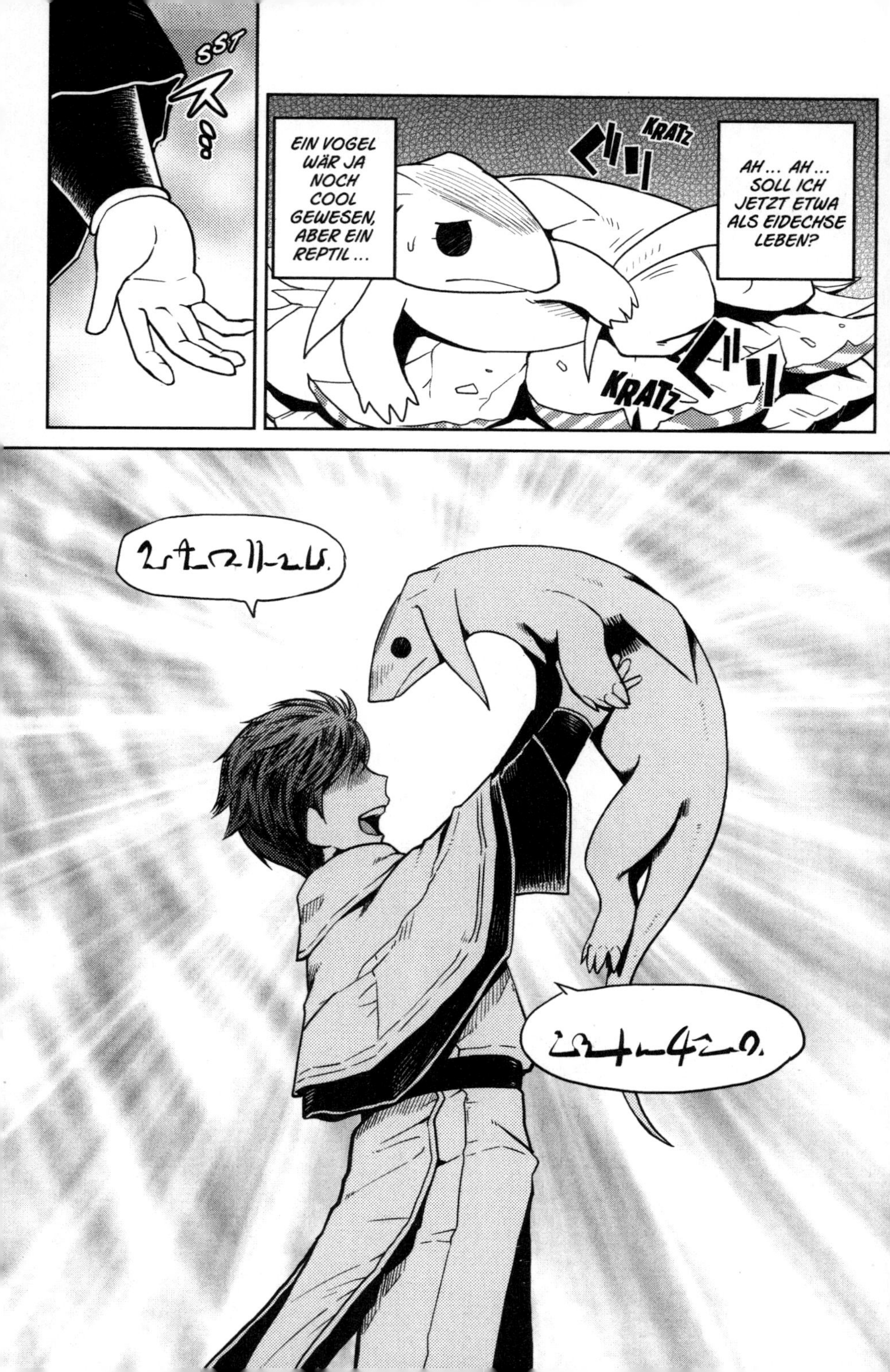
AH … AH … SOLL ICH JETZT ETWA ALS EIDECHSE LEBEN?
KRATZ
EIN VOGEL WÄR JA NOCH COOL GEWESEN, ABER EIN REPTIL …
KRATZ
SST

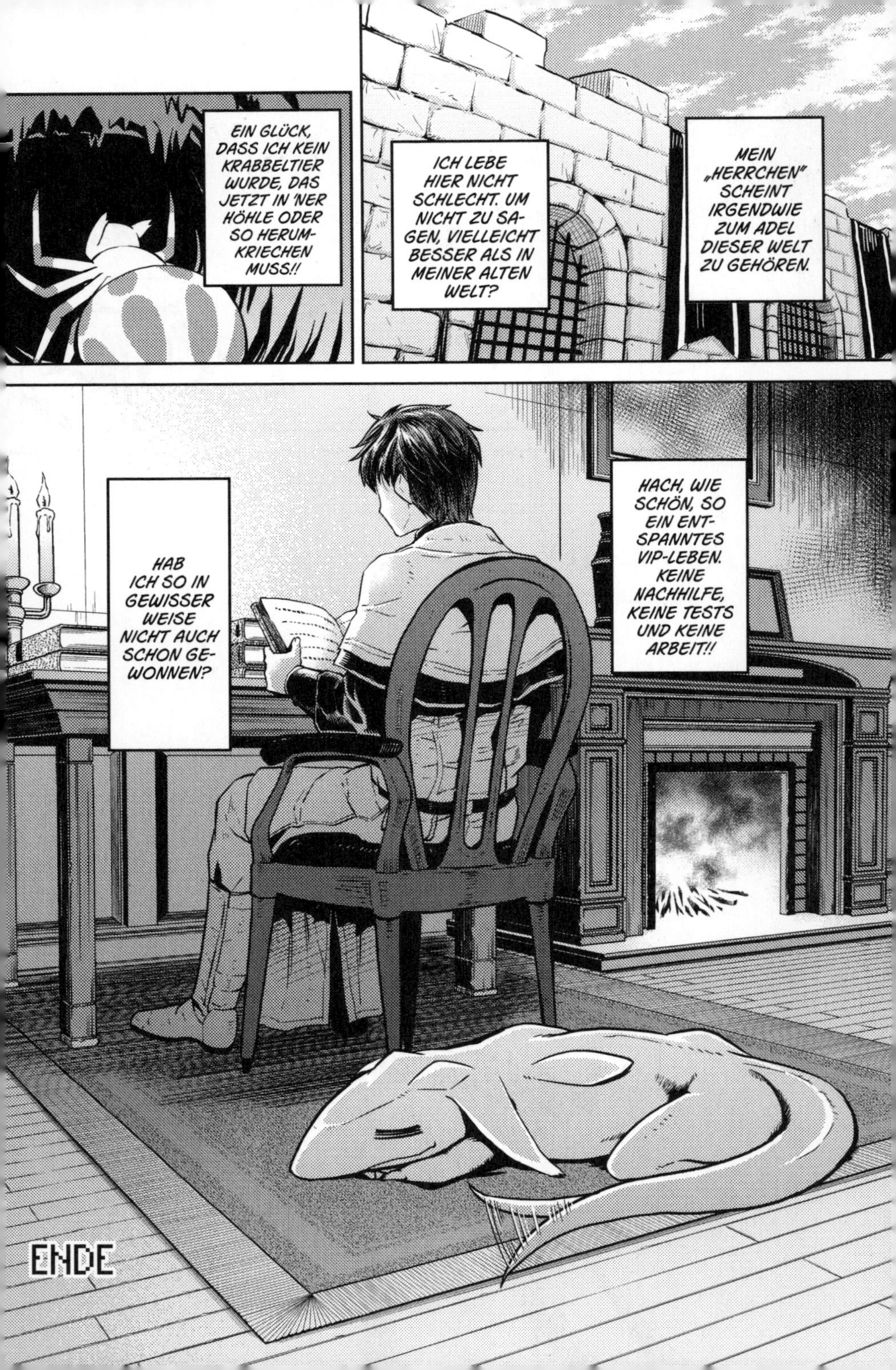
MEIN „HERRCHEN“ SCHEINT IRGENDWIE ZUM ADEL DIESER WELT ZU GEHÖREN.
ICH LEBE HIER NICHT SCHLECHT. UM NICHT ZU SAGEN, VIELLEICHT BESSER ALS IN MEINER ALTEN WELT?
EIN GLÜCK, DASS ICH KEIN KRABBELTIER WURDE, DAS JETZT IN 'NER HÖHLE ODER SO HERUMKRIECHEN MUSS!!
HACH, WIE SCHÖN, SO EIN ENTSPANNTES VIP-LEBEN. KEINE NACHHILFE, KEINE TESTS UND KEINE ARBEIT!!
HAB ICH SO IN GEWISSER WEISE NICHT AUCH SCHON GEWONNEN?
ENDE

Bonusgeschichte:

Ich bin eine Spinne, na und?

Gegrillter Affe

Okina Baba

Okay, da wäre ich endlich. Dies ist die mittlere Ebene!

Auch heute ist es hier wieder so heiß, dass es jeden Augenblick durch das gleißende Licht des Magmas zu einem Flammeninferno kommen könnte!

Kann sein, dass sich „gleißendes Licht des Magmas“ etwas komisch anhört, aber überlest das einfach bitte!

Die Hauptsache ist, ich kann den Leserinnen und Lesern vermitteln, wie heiß es hier ist. Das ist schließlich meine Aufgabe als Reporterin!

Also dann, ich bin heute nicht nur hier, um den Wetterbericht zu machen!

Sondern um euch die lokalen Spezialitäten hier vorzustellen!

Tadaa!

Treten Sie näher! Nur keine falsche Bescheidenheit!

Hier hätten wir einen Affen, so frisch, er dampft noch! Ich hab ihn gerade erst gekillt. Frischer geht's echt nicht!

Bei Lebensmitteln gilt doch, je frischer, desto besser. Außerdem ist dieser Affe nicht durch Gift, sondern durch meinen Killerfaden ums Leben gekommen. Es befindet sich also kein Quentchen Gift in ihm! Eine wahre Rarität!

Darauf wollte ich nur aufmerksam machen.

Denn ist es nicht so, dass bei einem Gifttod das Fleisch total ekelhaft schmeckt?

Affen haben nun mal von Haus aus kein Gift im Körper, und da ist dieses Exemplar hier ein wirklicher Glücksfall. Ich sage doch, kein Quentchen Gift!

Er muss einfach göttlich schmecken!

Dieses Affenfleisch schmeiß ich gleich noch auf den Grill!

Genau, ich grille ihn!

Bisher hab ich ja nur rohes Fleisch gefuttert, das ist echt zum Kotzen!

Fleisch gehört auf den Grill.

Das ist gesunder Menschenverstand.

Und trotzdem hab ich's bisher roh verputzt.

Warum, fragt ihr euch?!

Natürlich, weil ich bisher kein Feuer nutzen konnte!

Wie sollte das bei Spinnenkörpern auch möglich sein?

Allerdings ...

Hier in der mittleren Ebene ist ein ganzes Gebiet eine Art Gluthölle! Ohne, dass ich irgendwas tue, fängt mein Faden Feuer und ich nehme Schaden. Dieser Ort ist perfekt, um Fleisch zu braten.

Oh, schon fertig!

Heiß, heiß, heiß!

Egal, wie eklig das Fleisch am Anfang auch gewesen sein mag, haut es übers Feuer und das Ergebnis wird perfekt!

Essen über Feuer zu grillen war überhaupt der Beginn der Kochkultur.

Und so habe ich einen gewaltigen Schritt nach vorne gemacht! Also dann, ich will mir jetzt was zwischen die Backen schieben!

Guten Appetit!

... Wäh! Ekelhaft?!

Was ist denn das? Schmeckt ja zum Kotzen!

Und wie das stinkt! Ich krieg die Krise!

Der hat ja schon vor dem Grillen gestunken, aber dieser abartige Geruch hat sich jetzt noch verstärkt!

Außerdem ist der voll hart!

Er ist zäh wie Gummi, und je mehr ich kaue, desto großflächiger verbreitet sich der Gestank in meinem Mund!

Wa... Was geht denn hier ab ...

Der ist jetzt ja noch viel ekliger als vor dem Grillen!

Und zwar bei Weitem!

Das hätte doch gar nicht passieren dürfen!

Das sollte doch ein Feinschmeckerreport sein, kein Kotztütenreport …

Man kann die Zutaten penibel vorbereiten, wenn sie von vornherein nichts taugen, ist alle Mühe umsonst.

Die heutige Lektion: Ekliges Essen bleibt eklig, basta.

Und wenn man die Lebensmittel falsch zubereitet, bringt man nur die schlechten Eigenschaften der Zutaten hervor.

Ich empfehle somit allen Leserinnen und Lesern, immer mit guten Zutaten zu kochen und diese sorgfältig zuzubereiten.

Das war's dann. Ich schalte aus der mittleren Ebene zurück ins Studio.

Hach, jetzt hab ich wieder Hunger …

<ENDE>

Nachwort

von Okina Baba

Wer hat sich so ein Labyrinth nur ausgedacht? Na ich! Hier bin ich, Okina Baba, zuständig für die Vorlage dieses Mangas! Na ja, das Labyrinth ist aber auch wirklich verzwickt (Haha!).
Wenn ich es verzwickt finde, dann muss es Herrn Kakashi gleich doppelt treffen. Es muss ganz schön heftig sein, bei einer Riesenhorde Affen jedes Tier einzeln zu zeichnen.
Wie ich hörte, war diese Spinnenszene am Anfang von Band 1 auch schon anstrengend.
Die Szene, in der es von Spinnen nur so wimmelt, war ja gleich am Anfang und auch ziemlich schnell vorbei, aber der Kampf mit den Affen dauert dagegen schon eine ganze Weile.
Wer hätte gedacht, dass nicht nur Kumoko, sondern auch Herr Kakashi ganz schön verbissen sein können …
Was für böse Äffchen!
Und nach den ganzen Strapazen war der Affenteil dann abgeschlossen.
Das haben Sie gut gemacht, Herr Kakashi! Mein großes Lob!
Als Nächstes kommen die mittlere Ebene und das Magmafeld mit den schwierigen Hintergründen! Herrn Kakashis Kampf ist also noch nicht beendet!
Bitte feuert ihn auch weiterhin an!

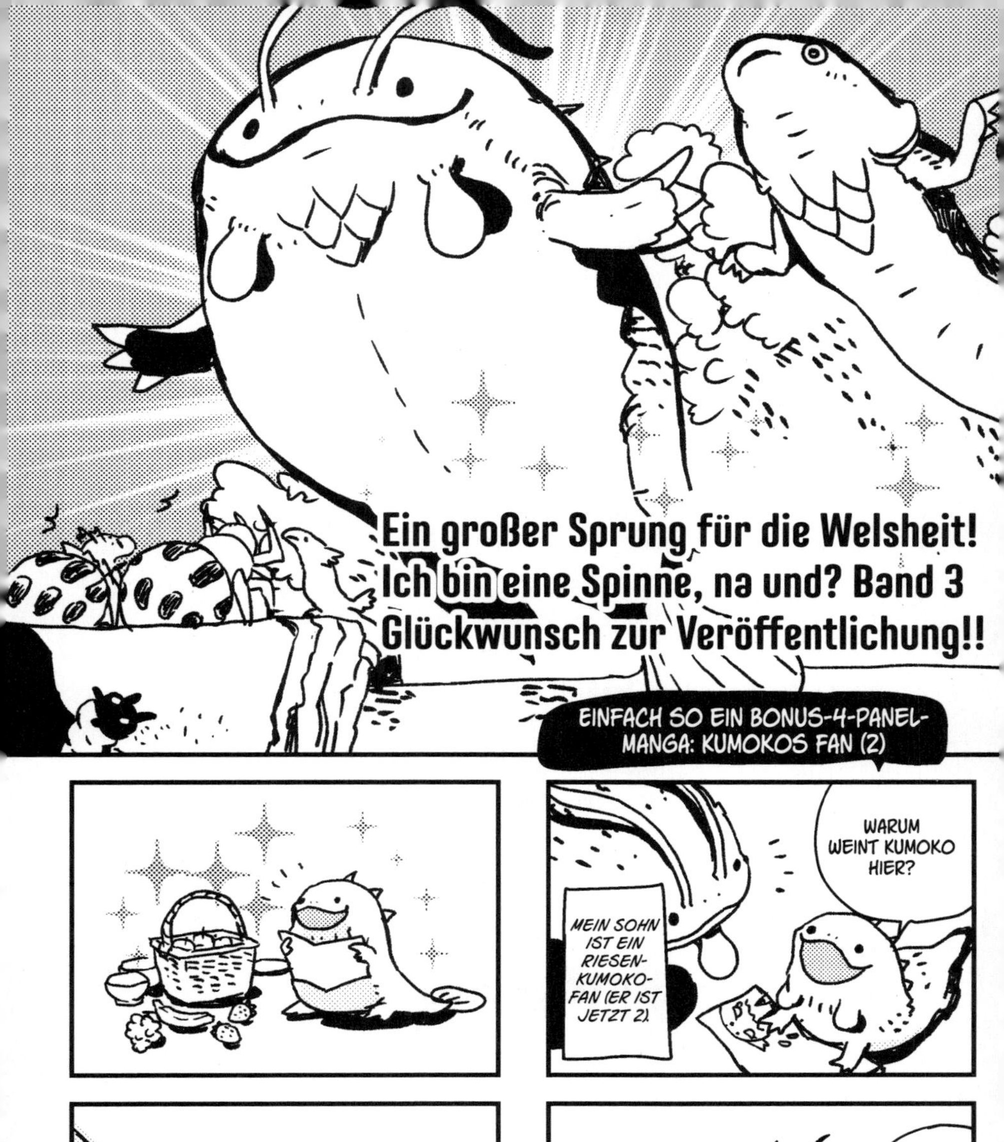

ICH BIN SUPERGLÜCKLICH, DASS ES BEI HERRN KAKASHI JETZT VOLLE KANNE WELS-POWER GIBT (ICH LIEBE ELROW-GENESEBUN).

Das Team

Der Autor
Asahiro Kakashi

Assistenten
Teruo Hatanaka
Rei Hasekura
Mimasaka

Design
R design studio
(Shinji Yamaguchi, Sanae Kogure, Akira Endo)

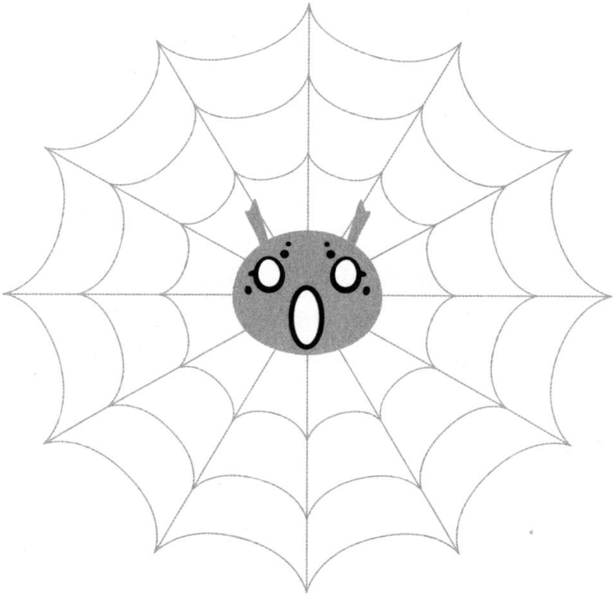

STOPP!

STOPP!
DIES IST DIE LETZTE SEITE!

Dies ist ein Manga, und einen japanischen Comic liest man von hinten nach vorne. Auch die Lesereihenfolge der Bilder und Sprechblasen auf den Seiten ist anders als gewohnt: von rechts oben nach links unten.

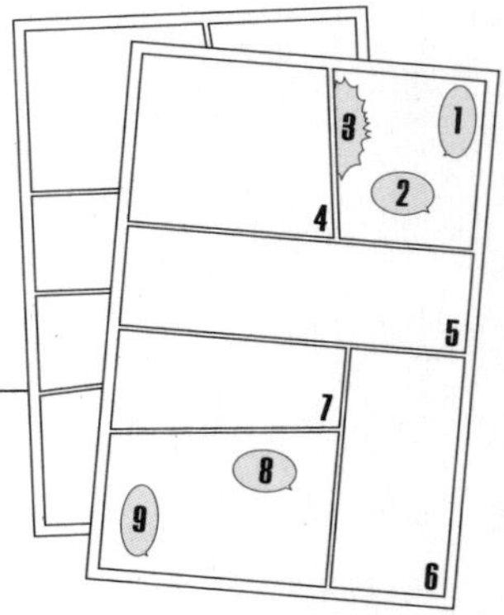

ICH BIN EINE SPINNE, NA UND? 03
von Asahiro Kakashi, Okina Baba & Tsukasa Kiryu

4. Auflage, März 2026
Deutsche Ausgabe/German Edition
Cross Cult Entertainment GmbH | Manga Cult, Teinacher Straße 72, 71634 Ludwigsburg („CCE")
CCE ist ein Unternehmen der Penguin Random House Verlagsgruppe
CCE-Verlagsleitung: Andreas Mergenthaler

Aus dem Japanischen von Jan-Christoph Müller

Redaktion: Lea Heidenreich
Lektorat: Anna Franziska Horne
Grafik/Produktionsleitung: Elke Epple
Layout und Lettering: Manga Cult
Herstellung: Gerald Schmitt
Druck und Bindung: Druckhaus Sportflieger, Berlin

produktsicherheit@cross-cult.de
(Vorstehende Angaben sind zugleich Pflichtinformationen nach GPSR)

Print-ISBN: 978-3-96433-186-1

www.manga-cult.de